Das Innere Taijiquan

Das Innere Taijiquan

Einführung in den
authentischen Yang-Stil
für beide Atemtypen

1. Auflage 2011

Autor: Frieder Anders
Umschlagfotos: ©iStockphoto.com – ooyoo, ©Adobe Stock – Robert Kneschke
Lektorat/Korrektorat: Susanne Klein, www.kleinebrise.net
Weitere Mitwirkende: Layout/Satz: Ingeburg Zoschke
Fotos im Innenteil: ©Harry Tränkner
Zeichnungen: ©Rosario Young-Poblete
Berechnungstabellen: ©Bert Aufdemkamp

Verlag: tao.de in Kamphausen Media GmbH, Bielefeld,
www.tao.de, eMail: info@tao.de
Herstellung: tredition GmbH, Halenreie 40–44, 22359 Hamburg

Bibliografische Information der Deutschen Nationalbibliothek:
Die Deutsche Nationalbibliothek verzeichnet diese Publikation
in der Deutschen Nationalbibliografie;
detaillierte bibliografische Daten sind im
Internet über http://dnb.d-nb.de abrufbar.

ISBN Hardcover: 978-3-96240-496-3
ISBN Paperback: 978-3-96240-495-6
ISBN e-Book: 978-3-96240-497-0

Auflage: Unveränderter Nachdruck der völlig überarbeiteten
und erweiterten Neuauflage von 2011.

Inhalt

Teil 2: Die Form

Anhang

Vorwort

Taiji (oder Taichi) ist keine Entspannungstechnik. Wird es so verstanden und praktiziert, wirkt es vielleicht entspannend, aber sein Kern, der es so einzigartig macht, wird verfehlt. Entspannung – besser: Lockerheit – ist der Weg, zu diesem Kern zu gelangen, aber nicht das Ziel, um das es geht.

Taiji oder Taijiquan ist ein ganzheitlicher Weg zu sich selbst. Es ist Körpertherapie, weil es einen lehrt, die eigene Haltung und Bewegung zu verbessern und dadurch Krankheiten und Beschwerden, die durch »Fehlhaltung« bedingt sind, zu lindern und zu heilen. Es ist »Energiearbeit«, weil seine Bewegungen den Fluss der inneren Energie Qi freilegen und aktivieren. Es ist praktizierte Spiritualität, weil es die eigene Individualität vom Ich zum Selbst durch die Erfahrung erweitert, Bestandteil des Kosmos zu sein. Es ist ein Weg der Selbstbehauptung, die nicht auf Kosten anderer realisiert wird, sondern mit der Entwicklung eines »Spürbewusstseins« einhergeht, das gleichermaßen Eigenes und Fremdes zu unterscheiden und anzuerkennen lernt. Es ist ein Weg zur inneren Kraft, die die eigene Aggressivität transformiert und umwandelt in eine reale Kraft, die ohne willkürliche Muskelanspannung und Einsatz des Körpergewichts andere abwehren kann, ohne sie verletzen zu müssen. Es ist ein Weg, ein »energetischer Mensch« zu werden.

»Der energetische Mensch empfindet kein Bedürfnis, sich Menschen und Dingen aufzuzwingen und einzuprägen. Er lebt aus dem erregenden Gefühl, dass Menschen und Dinge auf ihn zukommen und ihn ›in das Abenteuer der Erfahrung verwickeln‹ (Sloterdijk). Er liefert sich nicht aus, sondern lässt geschehen. Er stimmt dem zu, was sich ereignet. Er weiß, dass es unmöglich ist, zweimal in denselben Fluss zu steigen (Heraklit), und hält sich frei und verfügbar. Er kommt dem schläfrigen Widerstand zuvor und ist von entspannter Wachheit. Weil er Menschen nicht festhält, gedeihen seine Beziehungen. Weil er nichts erreichen will, gelingt ihm vieles. Er zielt nicht darauf ab, eine originelle Persönlichkeit zu sein; vielmehr liegt ihm an Verständigung und Beziehung. Und doch prägt sich gerade in ihm das Leben auf eigentümliche Art aus.«[1]

Diese Einzigartigkeit besitzt Taiji nur als »inneres Taiji«. Dieser Begriff, von meinem langjährigen Lehrer, Meister K. H. Chu, für seine Arbeit verwendet und von mir 2004 in der ersten Auflage dieses Buches veröffentlicht, ist ganz konkret zu verstehen.

Begreift man »Taiji« als den höchsten Pol, der Himmel und Erde verbindet – also als Achse vom Erdmittelpunkt zum Polarstern –, dann bedeutet »inneres Taiji«, diese Achse »innen«, also »in sich«, zu haben und mit seiner Körperhaltung Erde und Himmel zu verbinden. »Achse« ist durchaus mechanisch zu verstehen: Um Teil der Weltachse zu werden, müssen Rumpf- und Beinachse zu einer einzigen werden. Im Qigong und der daoistischen Meditation wird der Rumpf aufrecht getragen, damit der »Taiji-Pol«, die Verbindung der Energiezentren (»Dantian«, den Chakren vergleichbar), realisiert werden kann. Beim inneren Taiji geht es darum, den solchermaßen aufrechten Rumpf so mit den Beinen zu tragen, dass eine durchgehende Körperachse (in den jeweiligen Endpositionen) erreicht wird – eben »Taiji«. Gelingt das nicht, bleiben die Bewegungen »äußeres Taiji«, dem die Verbindung von Himmel und Erde fehlt, nicht nur im physikalischen Sinn.

Nach meiner Trennung von Meister Chu 2005 begann ich, die Lehre von den Atemtypen in meine Arbeit zu integrieren, was ohne die Mitarbeit und Unterstützung meiner Schülerinnen und Schüler nicht möglich gewesen wäre. Die Darstellung der Bedeutung der Atemtypen für Taiji – AtemtypTaiji – war das Motiv, dieses Buch zu überarbeiten und in einem erheblich erweiterten Fototeil anschaulich zu machen. Die Einführung und Kapitel 1 bis 9 wurden – mit geringen Korrekturen – beibehalten und in ihrer Aussage, die meinem heutigen Blick entspricht, unverändert gelassen, lediglich die Transkription der chinesischen Namen wurde verändert.

Die Lehre von den Atemtypen wurde vor etwa 60 Jahren von dem deutschen Musiker Erich Wilk formuliert und ist heute als Terlusollogie® bekannt. Sie besagt, dass entweder aktives Einatmen oder aktives Ausatmen der Weg zur eigenen Kraft ist. Die Terlusollogie® unterscheidet zwei konstitutionelle Typen von Menschen, deren Organismus und deren Verhalten in einer erstaunlich deutlichen Abhängigkeit von Sonne und Mond stehen. Gemäß deren Stand zum Zeitpunkt der Geburt wird ein eher sonnenabhängiger, *solarer* Typ oder sein Gegenstück, ein mehr mondabhängiger, *lunarer* Typ, bestimmt. Ich habe diese Lehre nicht in das Taiji hineingetragen, sondern die Atemtypen durch eigene Praxis und Quellenstudium darin entdeckt, sozusagen das »ausgegraben«, was immer im Taiji vorhanden war, aber nie systematisch unterschieden und formuliert wurde; die Unterschiede, die auf die Atemtypen zurückzuführen sind, galten und gelten im traditionellen Taiji immer als individuelle Vorlieben.

Mein Dank gilt zunächst Judith Hechler und Daniela Wernli, beide solar und mit großem »Spürbewusstsein« begabt; Judith gab den ersten Anstoß, die Atemtypen in Taiji zu untersuchen, und Daniela wies mich auf die subtileren energetischen Unterschiede der Atemtypen in Taiji hin, die ich in einem späteren Werk darlegen möchte. Ebenfalls Dank gilt Antie Keiser-Kamer, Aleksandra Pavic und Winfried Huthmacher (alle solar) und Matthias Kamer (lunar) für ihre Offenheit und Bereitschaft, ihre Erfahrungen zu kommunizieren, sowie Bianca Breitfeld, Katharina Kadler, Roland Pohl und Florian Siebert (alle solar) sowie den Lunaren Taly Duenas, Marion Schnoor und Andreas Korycik darüber hinaus für ihre Mitwirkung im Fototeil. Auch den Lunaren verdanke ich – als Lunarer – viel für ihr Feedback und ihre Kritik, zuvörderst meinem ersten Meisterschüler (und Zen-Lehrer) Taiji-Meister Klaus Vorpahl, der unsere Arbeit mit seinen im Zen gemachten Erfahrungen bereichert und mit buchhändlerischer Akribie das Literaturverzeichnis aktualisiert hat, sowie meinem zweiten Meisterschüler Andreas Korycik für die Überarbeitung und Sevil Demirsan für die Formatierung der Beschreibungen der Bewegungsabläufe. Dank auch an Harry Tränkner für die Fotos, Rosario Young-Poblete für die Erstellung der Zeichnungen im Übungsteil, Bert Aufdemkamp für Anregungen, die Terlusollogie betreffend, Dr. Hermann Schultz für seine Übertragung der chinesischen Namen der Einzelformen sowie Hans-Kurt Schäfer für die Besorgung der Pinyin-Umschrift der chinesischen Namen im Textteil. Und besonderen Dank an Susanne Klein, Programmleiterin des Theseus-Verlags, für ihre Unterstützung und Anregung meiner – inzwischen drei – von ihr betreuten Projekte. Last but not least Dank an Karin Rumpf, die mir seit Anfang 2010 als Mitarbeiterin der Akademie nicht nur den Rücken frei hält von administrativen Aufgaben aller Art, sondern auch ihren hellen, guten Geist immer von Neuem einbringt.

Der praktische Teil dieses Buches soll als Übungshilfe für den Anfänger, aber auch als Orientierung für Fortgeschrittene dienen und ihnen helfen, ihre Praxis immer neu zu überprüfen. In diesem Sinne ist es als Begleitbuch auf dem Taiji-Weg gedacht, ähnlich wie mein zweites Buch (Anders 2) als rein theoretisches Begleitbuch konzipiert war und diese Rolle jetzt schon 25 Jahre lang ausfüllt. Anderen, die auf der Suche nach dem für sie richtigen Taiji-Stil sind, mag es als Orientierungshilfe dienen. Wer es als Lehrbuch zum Selberlernen ohne Lehrer nutzen möchte, dem sei die Doppel-DVD *Das innere Taijiquan* aus dem Frühjahr 2011 als Ergänzung empfohlen, und dem, der tiefer einsteigen möchte in das AtemtypTaiji, mein Buch von 2009 (Anders 3).

Frankfurt am Main, im März 2011
Frieder Anders

Einführung

Taijiquan ist ein inneres System (der Kampfkunst): Wenn die Bewegungen richtig ausgeführt und die Prinzipien verstanden werden, dann ist dies Taijiquan. Werden die Bewegungen nicht richtig ausgeführt und die inneren Prinzipien nicht verstanden, dann besteht kein Unterschied zu den äußeren Kampfkünsten, selbst wenn die Bewegungen so aussehen wie Taijiquan.

Dong Yingjie (1898–1961), Yang-Stil-Meister der 4. Generation

Was ist Taijiquan?

Was ist eigentlich Taijiquan (oder Tai Chi Chuan)? Als 1977 mein erstes Taiji-Buch[1] erschien, führte es noch die Bezeichnung »Das chinesische Schattenboxen« im Titel. Ein solcher Zusatz war bei diesem ersten deutschsprachigen Lehrbuch unabdingbar, weil sonst zu wenige potenzielle Leser überhaupt gewusst hätten, worum es sich handelt. Das kleine Lehrbuch der VR China, das in deutscher Sprache 1983 erschien, setzte sogar ausschließlich auf den Begriff »Schattenboxen«.[2] Diese Bezeichnung ist westlichen Ursprungs: »shadow boxing« wurden Kampfübungen im Boxtraining genannt, die man für sich allein, das heißt ohne Gegner ausführte, den man sich – eben wie einen Schatten – dazu dachte. Heute, am Anfang des 21. Jahrhunderts, ist Taijiquan so verbreitet, dass es der Bezeichnung »Schattenboxen« nicht mehr bedarf. Auch das Taiji-Symbol, auch »Yin-Yang-Symbol«, ist allgemein bekannt.

Der Name »Taijiquan« setzt sich zusammen aus dem philosophischen Begriff »Taiji«, der die höchste Wirklichkeit zum Ausdruck bringen soll und meistens mit »das Höchste Letzte« oder »das Höchste Prinzip« umschrieben wird, und dem Wort »Quan«, welches »Faust« bedeutet und die Übersetzung »Faustkampf« oder »Kampfkunst« zulässt; »Quan« meint aber auch den Ablauf der vorgegebenen Bewegungen – die »Form« – die man im Taijiquan ausführt. Ursprünglich war »Taiji« der Name des »Weltenbaumes«, des Pfeilers, der, fest in der (flachen) Erde verankert, das (gewölbte) Himmelszelt stützt. Auch für das Bild des »Firstbalkens«, der das Dach abschließt und trägt, wurde der Begriff »Taiji« gebraucht, wobei hier die beiden Dachhälften als Beispiele für Yin und Yang, die im Taiji gründen, das Bild noch symbolhafter werden lassen. Taijiquan ist also die Bewegungskunst, die – ursprünglich als Kampfkunst entstanden – nach dem Prinzip des Taiji aufgebaut ist.

Heute

Heute weiß fast jeder, dass diese Zeitlupenbewegungen, die in aufrechter Haltung weich und fließend ausgeführt werden und die man Menschen im Sommer in den Parks machen sieht, Taiji heißen: In jedem größeren Ort in Deutschland gibt es Taiji-Lehrerinnen und -Lehrer. Es wird in Volkshochschulkursen unterrichtet, die guten Zulauf haben, weil es so gut für die Gesundheit sein soll, dass sogar die Krankenkassen einen Teil der Kosten übernehmen; und es gibt eigenständige Taiji-Schulen. In den anderen westlichen Ländern sieht es ähnlich aus.

Diese allgemeine Akzeptanz täuscht leicht darüber hinweg, dass noch viel Unwissen herrscht. Nur wenige wissen, dass es verschiedene Stile des Taijiquan gibt; dass innerhalb eines Stils, beispielsweise des Yang-Stils, viele Varianten existieren; und wenn sie es denn wissen, kennen sie die Unterschiede nicht, wie auch der Unterschied zwischen Taijiquan und Qigong kaum bekannt ist. Deswegen können sich auf diesem Gebiet auch so viele Lehrer tummeln, die nach den Maßstäben des traditionellen Taijiquan selbst noch als Schüler gelten, denn Kriterien dafür, was eigentlich »richtiges« Taijiquan ist, sind nicht bekannt beziehungsweise nicht allgemein akzeptiert. So kommt es dazu, dass die Krankenkassen bis heute nur die Kurse solcher Lehrerinnen und Lehrer bezuschussen, die eine pädagogische oder psychologische (Zusatz-)Qualifikation haben. Nach deren Taiji-Qualifikation wird dabei allerdings nicht gefragt – außer in der Form der Frage nach einer Mindestanzahl von Ausbildungsstunden – und auch nicht danach, ob das eigentlich wirklich gut ist für die Gesundheit, was da gelehrt wird. Und Bezeichnungen wie »authentisches« oder »Inneres« Taijiquan sind, zumindest in ihrer eigentlichen Bedeutung, weitgehend unbekannt.

Diese verwirrende Vielfalt hat im Wesentlichen zwei Gründe: Der eine Grund ist, dass Taijiquan in China im 19. Jahrhundert und im 20. Jahrhundert bis etwa zum Beginn des Zweiten Weltkriegs grundsätzlich – und zwar durch alle Stile hindurch – in zwei Richtungen existierte. Es gab das Taijiquan, das nur innerhalb einer Familie weitergegeben wurde (in die auch wenige nichtverwandte »tudi«, Meisterschüler, aufgenommen wurden), und es gab das Taijiquan für die Öffentlichkeit. Etwas überspitzt formuliert existierten Original und Kopie. Der zweite Grund liegt darin, dass das Taijiquan, wie es heute bei uns existiert, je nach Herkunftsland verschieden aussieht. Stammt es aus China aus der Zeit bis zum Zweiten Weltkrieg, aus Taiwan, Südostasien oder den USA von emigrierten chinesischen »Übersee-Meistern« oder kam oder kommt es aus der Volksrepublik China, die seit 1955 ganz andere Schwerpunkte in der Theorie und Praxis des Taijiquan gesetzt hat? Das macht einen erheblichen Unterschied aus, der sich auch in den verschiedenen westlichen Schreibweisen von »Taijiquan« widerspiegeln kann. In der Literatur vor der Gründung der VR China findet sich meistens »T'ai Chi Ch'uan«, vereinfacht »Tai Chi Chuan«; in der Literatur der VR China heißt es »Taijiquan« (nach der von dieser eingeführten Pinyin-Umschrift).[3]

Geschichte

Taiji-Historiker – zumal chinesische – unterscheiden zwischen dem historischen und dem mythologischen Zugang zur Geschichte des Taijiquan; dazu kommt noch der »theoretische« Zugang und – in diesem Buch zum ersten Mal thematisiert – die Unterscheidung von Innerem und Äußerem Taijiquan durch den Bezug auf die Atemtypen.

Als Begründer des Taijiquan gilt nach der Mythologie allgemein der Kampfkunst-Meister und daoistische Weise Zhang Sanfeng, der gegen Ende der Song-Dynastie oder etwas später, also im 13. oder 14. Jahrhundert, gelebt haben soll. Als bestenfalls »halb-historische« Figur wurde er wahrscheinlich in dem Bestreben, einen Ahnherrn für Taijiquan zu finden, aus mehreren historischen Personen »zusammengesetzt«. Das Oszillieren zwischen Historie und Legende ist kennzeichnend für die Patriarchen in China, die politische oder religiöse Reiche begründeten – und davon gab es viele. Das Lebensalter von 114 Jahren, das manchmal für Zhang Sanfeng angegeben wird, ist historisch vielleicht vertretbar, aber 200 Jahre, wie andere Quellen behaupten, gehören sicherlich ins Reich der Legende. In der mythologischen Betrachtungsweise steht Zhang Sanfeng am Ende einer Tradition, die mit dem daoistischen Weisen Laozi beginnt und über den Dichter Xu Xuanping der Tang-Dynastie zu ihm führt.

Der theoretische Ansatz konzentriert sich auf überlieferte Texte, die die Innere Kampfkunst beschreiben. Der früheste stammt aus dem 17. Jahrhundert. Theoretisch ist dieser Ansatz deswegen, weil er die Bewegungsformen der Kampfkunst nicht berücksichtigen kann, denn diese sind unbekannt; es scheint aber sicher zu sein, dass sie wohl keine Ähnlichkeit mit dem heute bekannten Taijiquan gehabt haben.[4]

Der historische Zugang findet den Ursprung von Taijiquan im Dorf Chen Jiagou in Wen Xian (Provinz Henan), der Heimat der Familie Chen. Von Chen Changxing (1771–1853) gehen die drei bekanntesten Stile aus: sein eigener Chen-Stil, der Yang-Stil, den sein Schüler Yang Luchan (1799–1872) begründete, und der Wu-Stil, der auf Wu Yuxiang (1812–1880) zurückgeht, der ebenfalls ein Schüler der Chen-Familie war.

Historisch greifbar ist Taijiquan also erst seit Beginn des 19. Jahrhunderts. Es waren die Familien-Clans, die es pflegten und entwickelten – vielleicht sogar begründeten – und die klar trennten zwischen den Geheimnissen ihres Stils – seiner Essenz –, die nur hinter der »geschlossenen Tür« der Familie weitergegeben wurden, und den Inhalten, die durch die bestenfalls »halboffene Tür« nach außen, in die Öffentlichkeit gelangen durften, sozusagen »entschärfte« Formen, das heißt ohne die Geheimnisse, mit denen die Innere Energie entwickelt werden konnte.

Der Grund dafür ist leicht nachvollziehbar. Es war in den Kampfkünsten gängige Praxis, einen berühmten Meister herauszufordern, um selber bekannt zu werden, und dieser durfte nicht ablehnen, wollte er nicht sein Gesicht verlieren; von anderen Anlässen, sich zu »duellieren«, deren es genug gab, nicht zu reden. Die Fähigkeit, zu gewinnen, war daher doppelt wichtig: einmal, um die eigene gesellschaftliche Stellung zu bewahren, zum andern, um zu überleben; gingen die Zweikämpfe doch nicht selten, wenn vorher vereinbart, um Leben und Tod. Wer also die Geheimnisse seiner Überlegenheit nicht bewahrte, begab sich in Gefahr.

Seine Blütezeit erlebte Taijiquan im China des 19. und beginnenden 20. Jahrhunderts; es galt als die berühmteste Kampfkunst, weil deren Meister die Fähigkeit besaßen, zu siegen, ohne zu kämpfen: Sie konnten einen Angreifer von sich abprallen lassen, ohne ihn zu verletzen. Es gilt darüber hinaus als die chinesischste aller Methoden der sogenannten Selbstkultivierung; so ist seine Blütezeit auch als

Traditionslinie des Taijiquan

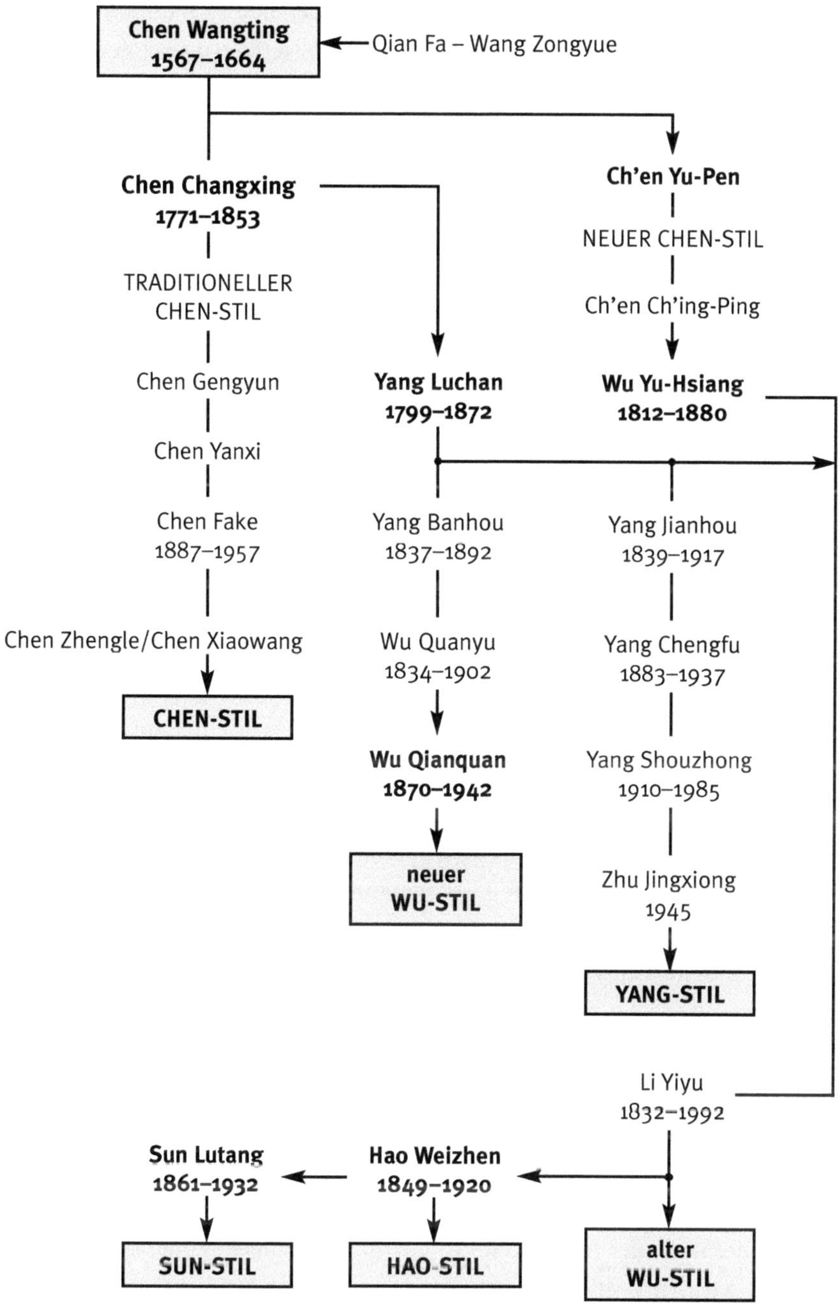

Zeichen nationaler Selbstbehauptung im 19. Jahrhundert zu verstehen, als China politische Niederlagen und Demütigungen hinnehmen musste. Auch die Suche nach einer nationalen Identität, die nach 1911 in der neu gegründeten Republik einsetzte, führte verstärkt zur Rückbesinnung auf diese Kunst und deren Verbreitung im gesamten Land, an welcher Yang Chengfu (1883–1936) maßgeblich beteiligt war.

Innen und außen

Zhang Sanfeng gilt nicht nur als der Begründer von Taijiquan, sondern auch als Ahnherr der sogenannten »Inneren Kampfkünste«, die zusammen mit den »Äußeren« die Gesamtheit der Wushu-(Kampfkunst-)Stile ausmachen.

Von den Äußeren Kampfkünsten (Waijia Quan) gibt es in China mehrere hundert Stilarten. Sie gleichen sich darin, dass sie »Auge, Faust und Fuß« trainieren, also den Körper zur Waffe ausbilden, um ihn – reaktionsschnell – im Kampf einsetzen zu können. Im Westen identifiziert man die Äußeren Kampfkünste mit dem Begriff »Gongfu« (Kung Fu).[5]

Innere Kampfkünste (Neijia Quan) gibt es dagegen nur drei: neben Taijiquan noch Xingyi Quan und Bagua Zhang, die eine bestimmte Art der Inneren Energie entwickeln, welche zur Selbstverteidigung eingesetzt werden kann und die sich grundsätzlich von der Kraft der äußeren Kampfkünste unterscheidet. Die Kraft, die man durch Übung einer Kampfkunst entwickelt, heißt in China »Jin« – egal, ob es sich um die »innere« oder »äußere« Richtung handelt – im Unterschied zur naturwüchsigen »rohen« Kraft, die »Li« genannt wird.

Wie Wolfgang Bauer gezeigt hat[6] kann man unter die Begriffe »innen« und »außen« alle Erscheinungen der chinesischen Kultur subsumieren beziehungsweise diesen zuordnen. So bezeichnen die weiteren Definitionen der Begriffe Innere und Äußere Kampfkünste auch die Herkunft der Kampfkunst und bedeuten in diesem Zusammenhang so viel wie »in- oder ausländisch«. Taijiquan ist überwiegend vom Daoismus geprägt, und weil der Daoismus eine ureigene chinesische Lehre ist, wird Taijiquan als »innere«, das heißt in China entstandene Disziplin bezeichnet. Die Äußeren Kampfkünste dagegen entstanden unter dem Einfluss des Buddhismus, der nach der Legende im 6. Jahrhundert unserer Zeitrechnung durch den indischen Mönch Bodhidharma (chin. Da Mo) nach China gelangte. Dieser verordnete den Mönchen im Kloster Shaolin Körperübungen als Ausgleich für das lange Sitzen, aus denen dann das »Shaolin Gongfu«, die heute bekannteste

Äußere Kampfkunst, entstanden ist. Und schließlich dienen beide Begriffe noch zur Unterscheidung der Stilvarianten, die, wie bereits erwähnt, entweder innerhalb einer Familie oder außerhalb – öffentlich – weitergegeben wurden. Noch andere Deutungen sprechen davon, dass die Inneren Künste innerhalb der Familie – sprich: der Gesellschaft – entwickelt wurden, die Äußeren dagegen außerhalb, das heißt hinter Klostermauern. Klöster, besonders buddhistische, wurden im konfuzianisch geprägten China als etwas Fremdes angesehen.

In diesem Buch bedeuten die Begriffe »inneres« und »äußeres« vor allem die Qualität und Art der Kraft beziehungsweise Energie, die durch die Übung eines Stils entwickelt werden kann. Diese Kriterien mit den Begriffen »Inneres Taijiquan« und »Äußeres Taijiquan« bereitzustellen ist ein Ziel dieses Buches, und hier hat sich die Rolle der Atemtypenlehre als überaus nützlich erwiesen, Klarheit zu schaffen.

Die Meister-Schüler-Beziehung und die Tradition

Die Meister-Schüler-Beziehung in China – und das gilt für alle Disziplinen, in denen Meister ihr Können an Schüler weitergaben – trägt Züge, die für westliches Denken schwer verständlich sind: Der Meister beherrscht nicht nur seine Kunst, sondern besitzt auch absolute Autorität. Pädagogisches Interesse, wie es von einem westlichen Lehrer erwartet wird, ist ihm in der Regel fremd. Er redet wenig, gibt keinen theoretischen Unterricht und vor allem keine Garantie für den Lernerfolg. Fragen beantwortet er, wenn es die richtigen sind; manchmal heißt die Antwort auf die Frage, wie eine Bewegung richtig auszuführen sei, einfach »Ja«.

Seine unantastbare Stellung verdankt der Meister dem Geschichtsverständnis der Chinesen, das Erfolg und Moral verbindet: Erfolgreiche Herrscher der Vergangenheit wurden für moralisch gehalten, erfolglose für unmoralisch. Diese Auffassung geht bis zu den legendären Urkaisern Yao und Shun zurück, die als erhabene sittliche Persönlichkeiten gelten. Es war das Bestreben aller spirituellen Disziplinen wie auch der Kampfkünste, wenn sie denn keinen historischen Begründer hatten, einen solchen Erhabenen zu (er)finden, um ihn als Ahnherrn zu verehren und die eigene Disziplin als besonders hochstehend darzustellen. So sieht die traditionelle chinesische Heilkunst ihren Patriarchen in der halbgöttlichen Figur des legendären Gelben Kaisers, und der Daoismus als Volksreligion machte Laozi zur göttlichen Gründergestalt. In einer solchen Ahnenreihe steht auch der Meister einer Kampfkunst – und deswegen genießt er höchste Autorität. Auch wenn diese inhaltlich nicht mehr gerechtfertigt sein sollte, weil der Meister vielleicht wesentliche Teile der überlieferten Lehre nicht mehr beherrscht, wird sie doch behauptet: Die Zugehörigkeit zum Stammbaum einer Tradition zählt in China so viel – oder vielleicht sogar noch mehr – wie die Lehre selbst.

Es leuchtet ein, dass der kostbare Besitz einer so überlieferten »authentischen« Lehre innerhalb der Familie gehütet wurde. Sie wurde nur an die Söhne des Meisters und an wenige auserwählte Meisterschüler, die quasi »adoptiert« wurden, weitergegeben; Töchtern wurde sie im Allgemeinen vorenthalten, weil der Meister befürchtete, die Tochter – und damit die Geheimnisse seiner Lehre – an ihren Ehemann zu verlieren, wenn diese das Haus verließ, um zu heiraten.[7]

Hier liegt ein wesentlicher Grund für die Trennung zwischen Innerem und Äußerem Taijiquan. Was innerhalb der Familie gelehrt wurde, war tatsächlich auch – zumindest bis zum Beginn des 20. Jahrhunderts – Inneres Taijiquan in dem Sinn, dass es Entwicklung und Gebrauch der Inneren Energie lehrte, die große Kräfte freisetzt. Und das, was außerhalb der Familie, in der Öffentlichkeit, praktiziert wurde, war auch Äußeres Taijiquan in dem Sinn, dass ihm das Wissen um die Innere Energie fehlte und es im Kampf äußere Körperkräfte – Muskel- und Schwungkraft – einsetzen musste wie die Äußeren Kampfkünste.

Diese Zuordnung – hier Familie, dort öffentlich – taugte aber bald nicht mehr zur inhaltlichen Unterscheidung von Innerem und Äußerem Taijiquan. Die offizielle Zugehörigkeit zu einer Traditionslinie – also zu einem Familienstil –, die mit der Verleihung des Meistertitels erfolgte, war keine Garantie mehr dafür, ob jemand tatsächlich auch Inneres Taijiquan beherrschte. Denn wegen der starken Konkurrenz untereinander wollten sich viele Meister profilieren und schufen eigene Stile – oder Stilvarianten –, um die eigene Handschrift zu zeigen. Unter Umständen sollte damit auch das Unvermögen kaschiert werden, selbst gar nicht die Innere Energie zu beherrschen – vielleicht weil sie der eigene Meister auch schon nicht mehr beherrscht hatte. Diese neuen Schöpfungen wurden dazu noch mit der eigenen, natürlich einzig wahren Version ihrer Herkunft versehen, die natürlich auf einen – halb historischen, halb legendären – unantastbaren Begründer zurückgeführt wurde. Das alles fügte sich zu einem verwirrenden Puzzle von Stilen, Meistern und Traditionen, aus dem sich jeder Taiji-Adept die Legitimation nehmen konnte und kann, wie er sie brauchte oder braucht.

Innerhalb der Traditionslinie eines Stils gibt es zwar eine gewisse Verlässlichkeit bezüglich der Authentizität eines Stils, denn zum Meisterschüler oder Meister ernannt wurden nur die Schüler, die es auch verdient hatten: entweder indem sie es in ihrer Kunst wirklich zur Meisterschaft gebracht hatten oder wenn sie sich um den Meister »verdient gemacht« hatten; da wurde der Titel denn auch schon mal wegen treuer Dienste vergeben. Im Übrigen war die Verleihung des Meistertitels eher eine Bescheinigung dafür, sich allein in der richtigen Richtung weiterentwickeln zu können, als eine Bestätigung, jetzt endlich vollkommen zu sein. Ob diese Weiterentwicklung dem neuen Meister dann auch gelang, steht auf einem anderen Blatt.

Jin-Kraft

Gibt es denn überhaupt ein Kriterium, die Qualität eines Lehrers oder Meisters einzuschätzen? Ja – die eigene Erfahrung. Zu prüfen ist, welchen Gebrauch jemand von Qi machen kann. »Qi«, ursprünglich Dampf, Luft, Atem, Energie[8], ist der wahrscheinlich wichtigste und deswegen auch der am meisten gebrauchte (und missbrauchte) Begriff in Taijiquan. Entscheidend ist, wie es gelingt, aus dem Zusammenspiel von Geist, Körper und Qi die Innere Energie zu entwickeln und sie, als Jin-Kraft, so einzusetzen, dass sie einen Angreifer abprallen lassen kann, ohne ihn zu verletzen. Gelingt das – und wenn auch nur in Ansätzen –, ist es Inneres Taijiquan; gelingt das nicht, weil Muskelkraft oder Schwungkraft eingesetzt werden müssen, um einen Angreifer abzuwehren – zu »entwurzeln«, wie es in Taijiquan heißt –, ist es Äußeres Taijiquan. Für das ungeübte Auge, zumal wenn es nur den Effekt sieht, dass jemand zurückgeworfen wird, scheinen beide Arten gleich zu sein; aber es geht nicht darum, dass jemand irgendwohin geschleudert wird, sondern darum, wie es geschieht – darin wird die Essenz von Innerem Taijiquan deutlich. Hier passt wirklich der abgegriffene Satz vom Weg, der das Ziel ist. Beide Arten der Kraft, die Jin-Kraft und die »schwerfällige« oder »rohe Kraft« Li, die aus angespannten Muskeln und dem Körperschwung kommt, fühlen sich verschieden an und sind so unterschiedlich wie ein Wirbelsturm und eine Axt. Beide »fällen« einen Baum: der Sturm mit seiner Energie und *ohne Absicht*, es zu tun, und die Axt als Werkzeug der Muskelkräfte eines Menschen, der in fällen *will*.

Inneres oder »wahres« Taijiquan wird von einem Meister der 4. Generation des Yang Stils, Chen Weiming (1881–1958), so beschrieben:

»Viele üben heute Taiji, aber es nicht das wahre Taiji. (...) Mit wahrem Taiji ist dein Arm wie Eisen, umwickelt mit Baumwolle. Er ist sehr weich und fühlt sich doch schwer an für jemanden, der ihn zu heben versucht. (...) Wenn du den Gegner berührst, sind deine Hände weich und leicht, aber er kann sie nicht loswerden. Dein Angriff ist wie eine Kugel, die glatt etwas durchschlägt (*Gan Cui*)[9] – ohne

Zuhilfenahme von ›schwerfälliger Kraft‹. Wenn er zehn Fuß weggestoßen wird, fühlt er ein wenig Bewegung, aber keine Kraft. Und er empfindet keinen Schmerz ... Wenn du (schwerfällige) Kraft einsetzt, kannst du ihn vielleicht bewegen, aber es ist nicht *Gan Cui*. Wenn er versucht, (schwerfällige) Kraft einzusetzen, um dich zu kontrollieren oder dich wegzustoßen, ist es, als wollte er den Wind oder die Schatten fangen. Überall ist Leere ... wahres Taiji ist wirklich wunderbar.«[10]

Spiritueller Materialismus im Taijiquan heute

Wenn es so schwierig ist, Inneres Taijiquan zu erlernen – einen Meister zu suchen und zu finden, von ihm zu lernen, ihm zu vertrauen, das Gelernte zu verstehen und umzusetzen –, liegt es nahe, es sich einfacher zu machen: viele Meister aufzusuchen, von ihnen zu lernen, das Beste – oder was man dafür hält – mitzunehmen und den großen Einkauf im eigenen Taiji-Supermarkt anzubieten. Diese Einstellung zum Erlernen einer spirituellen Disziplin – vom buddhistischen Lehrer Chögyam Trungpa als »spiritueller Materialismus« bezeichnet – führt vielleicht zum wirtschaftlichen Erfolg als Taiji-Unternehmer, aber nicht zum Kern von Innerem Taijiquan. Welcher ernstzunehmende Lehrer eines spirituellen Weges, zum Beispiel des Zen (chin. Chan), lehrt zwei oder gar mehr Richtungen auf einmal? Jeder vertritt *eine* Schule, denn nur in dem einen Weg, den man gewählt hat, ist die konsequente Verfolgung des Zieles möglich. Natürlich ist es nicht der allein selig machende, sondern es gibt andere, die ebenso wertvoll sind, und sicherlich sind die einzelnen Wege historisch als Synthesen verschiedener Richtungen entstanden – aber die Zeiten, etwas Vergleichbares erschaffen zu können, sind sicherlich vorbei.[11] Yang Chengfu sagte, drei Leben würden nicht ausreichen, Inneres Taijiquan neu zu entwickeln. Wir Heutigen können zufrieden sein, wenn unser einziges Leben ausreicht, den Weg des Inneren Taijiquan so weit zu gehen, dass wir seine Tiefe annähernd erfassen können.

Auf Entdeckungsreise

Die Arbeit der Taiji Akademie besteht seit 2005 darin, Schicht um Schicht der überlieferten Form des authentischen Yang-Stils freizulegen, um jeden einzelnen Schüler zu seiner inneren Kraft zu führen. Grundlage ist dabei die Form, wie sie Großmeister K. H. Chu (Zhu Jingxiong, 1945), der Lehrer des Autors über

26 Jahre, als für sich passend modifiziert hat und weitergibt; das ist die Form, wie sie für den Atemtyp des Einatmers oder Lunaren, wie ihn K. H. Chu darstellt, passt, um die Jin-Kraft zu entwickeln. Die Form, die er bei seinem Lehrer Yang Shouzhong (1910–1985), Urenkel des Begründers des Yang-Stils, erlernt hatte, war zwar im Ablauf die gleiche, sah aber ganz anders aus: Statt aufrechter, weiter Körperhaltung und großer runder Armbewegungen, wie sie K. H. Chu zeigt, waren es eine schräge Körperhaltung und eher ovalförmige, lange Armbewegungen, die die Form bei Yang Shouzhong bestimmten – anzuschauen im einzig erhaltenen bzw. veröffentlichten Film von ihm auf YouTube: Das ist die Form eines Solaren oder Ausatmers. Dabei erweist sich die personenbezogene individuelle Arbeit der Taiji Akademie gleichzeitig als quasi archäologische Forschungsarbeit, in welcher die Unterschiede der historisch belegten Stile, wie sie Rainer Landmann dokumentiert hat[12], individuell nachvollzogen werden können, weil sie offenbar auf die verschiedenen Atemtypen zurückzuführen sind. Ein spannendes Kapitel erschließt sich: Tradition zu entdecken und in der eigenen geistig-körperlichen Existenz evident nachzuvollziehen.[13]

TEIL 1

Theoretische Grundlagen

ERSTES KAPITEL

Philosophiegeschichtliche Hintergründe

Ein Mensch muss nicht religiös sein, aber es ist tatsächlich notwendig, dass er philosophisch ist. Ist er philosophisch, so besitzt er das Beste von den Segnungen der Religion. Feng Youlan

Die Entstehung des Taijiquan ist von drei Richtungen der chinesischen Philosophie geprägt: Konfuzianismus, Daoismus und Buddhismus. Wie groß die Anteile jeder Richtung an Taijiquan im Einzelnen sind, ist schwer zu sagen; der Haupteinfluss ist sicherlich jedoch daoistisch.

Beim Vergleich der chinesischen Philosophie mit der westlichen wird im Allgemeinen betont, dass sie lebensnäher und praktischer, weniger theorieorientiert sei als die westliche; chinesische Historiker sprechen von »Menschenlebentheorie«.[1]

Schon der Philosoph und Mathematiker Gottfried Wilhelm Leibniz (1646 bis 1716) bewunderte aufgrund der Kenntnisse, die ihm jesuitische Missionare über China vermittelten, die praktische Ethik der Chinesen. »Wenn wir daher in den handwerklichen Fähigkeiten und in den theoretischen Wissenschaften überlegen sind, so sind wir aber sicherlich unterlegen – was zu bekennen ich mich beinahe schäme – auf dem Gebiet der praktischen Philosophie, ich meine: in den Lehren der Ethik und Politik, die auf das Leben und die täglichen Gewohnheiten der Menschen ausgerichtet sind.«[2]

Dieser – eher konfuzianischen – Seite der chinesischen Philosophie steht eine eher mystisch-religiöse Ausrichtung gegenüber, die sich mit dem »Nicht- oder Nicht-nur-Menschlichen der ihm eigenen unberührten Natur und den sie bewegenden Kräften dahinter«[3] befasst, die dem Daoismus zugeordnet wird; beide Richtungen werden auch als »helle« und »dunkle« Seite der chinesischen Philosophie bezeichnet.

Wie unterschiedlich beide Seiten auch sein mögen, sie stimmen in der Vorstellung überein, dass der Mensch ein Teil der Schöpfung ist, eingebunden in die Hierarchie von Familie und Gesellschaft, die selbst wiederum ein Abbild der

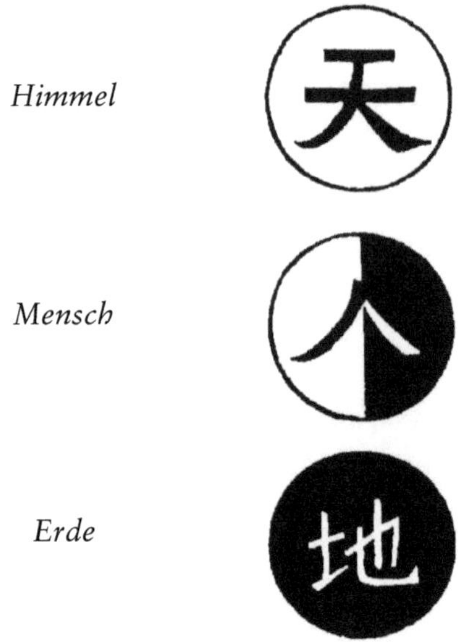

hierarchischen Beziehung von Himmel und Erde darstellt; sein Platz ist innerhalb der Triade Himmel – Erde – Mensch.[4]

Diese Einbindung in den Kosmos ist ganz verschieden von der Stellung des Menschen in der Welt nach jüdisch-christlichem Weltbild: Hier steht der Mensch auf der Erde und über der Natur, die er sich untertan machen soll, ein Ebenbild Gottes, das im Ringen mit ihm oder in der Unterwerfung unter seinen Willen sein Heil findet. Dass beide Grundbefindlichkeiten, die vielleicht mit Geborgenheit und Vereinzelung beschreibbar wären, nicht nur verschiedene Haltungen zur Welt, sondern auch verschiedene Arten des Umgangs mit sich selbst hervorgebracht haben, liegt auf der Hand.

Konfuzianismus

Konfuzius (Kongzi, 551–479 v. u. Z.) begründetet die erste Weisheitsschule Chinas. Sein Ziel war die Wiederherstellung früherer gesellschaftlicher Zustände; er wollte die bedrohten Ideale der Alten retten. Im Zentrum seiner Philosophie stehen die Begriffe »Menschlichkeit« (Ren) sowie »Sittlichkeit« und »Riten« (Li); er sieht die Fundamente der Gesellschaft in einer gut geordneten Familie und im beispielhaften moralischen Verhalten der Fürsten.

Die Einbindung des Einzelnen in die Hierarchie von Staat und Familie geschieht durch das Ritual. Erziehung und Bildung werden durch Rituale und Zeremonien, die wie eine zweite Haut das Verhalten prägen, eingeübt: von den Essensmanieren bis zum Gottesdienst. Von den Daoisten vielmals verspottet, war es gerade das Ritual, welches dem Konfuzianismus seinen Zusammenhalt und seine erstaunliche Lebensfähigkeit – bis ins 20. Jahrhundert hinein – verlieh.

Gegen diese gesellschaftliche Einbindung des Menschen wandte sich der Daoismus und verweigerte sich den moralischen Anforderungen des Konfuzianismus.

Daoismus

Der Daoismus besteht aus zwei unterschiedlichen Strömungen: dem »philosophischen Daoismus« (Dao Jia) mit seinen bedeutendsten Vertretern Laozi und Zhuangzi, und dem »religiösen Daoismus« (Dao Jiao) mit seinen verschiedenen Schulen; sein Ziel ist die Erlangung der Unsterblichkeit.

Der philosophische Daoismus ist in seiner Ausrichtung mystisch; zentrale Begriffe sind Dao (»Weg«) und Wuwei (»Nicht-Handeln« oder »absichtsloses Tun«). Drei Hauptrichtungen bestimmen das Gesicht des philosophischen Daoismus: Quietismus, Hedonismus und Sophismus. Mit Quietismus ist eine Art »Einsiedlerideologie« gemeint, »die davon ausgeht, dass jede Einflussnahme auf die Gesellschaft, ja auf die Welt überhaupt, von Übel sei« (Bauer); anstelle des durch die gesellschaftlichen Rituale »gemachten« Verhaltens des Menschen gehe es darum, seine Natürlichkeit wiederzuerlangen und die Reinheit und die Kraft der Person durch innerliche und äußerliche Ruhe zu bewahren. Dabei spielt die Meditation (Zuo Wang, »Sitzen in Vergessenheit«) eine wichtige Rolle.

Der quietistischen steht die hedonistische Richtung gegenüber, der es darum zu tun war, das ohnehin viel zu kurze menschliche Leben voll auszuschöpfen und sich für nichts und niemanden aufzuopfern; die Hedonisten wandten sich weniger gegen die Gesellschaft als solche, sondern gegen die Verplanung des Lebens, der der Mensch im Konfuzianismus unterworfen war.[5]

Die ursprüngliche Bedeutung des Schriftzeichens Dao ist »Weg«, es kann aber auch »Lehre« bedeuten. In den konfuzianischen Texten wird der Begriff im Sinn von »Weg des Menschen«, der moralischen Regeln folgt, gebraucht. Bei Zhuangzi bedeutet Dao die »unveränderliche Einheit, die die sich ständig verändernde Pluralität der Dinge durchgreift, gleichzeitig aber jede Form von Leben und Bewegung verursacht.«[6] Aus dem einheitlichen Wirken dieser Urkraft folgt, dass alles

Existierende gleich ist und – im Umkehrschluss – relativ. Ein Mensch, der das erkennt und danach lebt, ist der »wahre Mensch« (Zhen Ren): an ihm ist nichts künstlich oder »gemacht«, weil er dem »Nicht-Handeln« (Wuwei) folgt; er ist gleichmütig gegenüber dem Tod, weil er »den Kosmos seiner Person mit dem Kosmos des Alls gleichzusetzen vermag« (Bauer); er ist spontan, weil sein Geist durch nichts begrenzt ist.

Bei Laozi wird dem Dao erstmals eine metaphysische Bedeutung verliehen: Es ist dort das allumfassende Erste Prinzip, das allen Erscheinungen zugrunde liegt. Es ist eine Wirklichkeit, aus der das Universum entspringt und die Laozi nur in Ermangelung eines adäquaten Begriffs Dao nennt.

Das Dao ist die »Mutter« der »10 000 Wesen«, der Urquell allen Seins.

In das Dao kehren alle Dinge wieder zurück Erleuchtung (Ming) im daoistischen Sinn ist Einsicht in dieses universelle Gesetz der Rückkehr der Wesen ins Dao (Fu).

Das Dao wirkt spontan und gemäß seiner Natur (Ziran). Sein Handeln ist ohne Aktion und ohne Absicht (Wuwei), wodurch es nichts gibt, was ungetan bleibt.

Die Einheit mit dem Dao zu verwirklichen ist das Ziel aller Daoisten. Dies erfolgt durch intuitive Erkenntnis, der Erleuchtung. Rationales Denken vermag das Dao nicht zu erfassen.

Das Dao wird durch das Verweilen in Stille verwirklicht. Stille findet man durch die Methode des Verlierens, das Zurückkehren zum Ursprung ist Stille.

Der Daoismus entwickelte im Lauf seiner Geschichte eine Reihe von Methoden, das Dao zu erlangen. Hinweise auf Meditation finden sich bei Laozi und bei Zhuangzi; von besonderer Bedeutung sind die Atemübungen, die zur Unterstützung der Meditation empfohlen wurden. Sie wurden in der Schule des Inneren Elixiers (Nei Dan) ausgearbeitet.

Laozi

Laozi, wörtlich »Alter Meister« oder »Lao Tan« (»Langohr« = langes Leben), der Legende nach ein Zeitgenosse von Konfuzius, gilt als Autor des *Daodejing*, des Klassikers des Daoismus.

Er soll Archivar am Hofe des Königs von Zhou gewesen sein, der seine Stellung aufgab und nach Westen ging. Am Xian-Gu-Pass übergab er dem Wächter Yin Xi auf dessen Bitte das *Daodejing*, das so der Nachwelt erhalten blieb; Yin Xi wurde daraufhin in den Pantheon der Unsterblichen aufgenommen. Die Begegnungen mit Konfuzius (Kongzi), von denen unter anderem Zhuangzi berichtet, sind erfunden; ebenso seine Autorschaft am *Daodejing*, das aus dem 4. oder 3. Jahrhundert vor unserer Zeitrechnung stammt. Es besteht aus 81 kurzen Kapiteln, deren erste 37 vom Dao und deren restliche 44 von De, seiner Wirkkraft, handeln. »Die relative Kürze des Buches und seine vielen mysteriösen Passagen haben in China schon sehr früh zu den verschiedensten Kommentaren angeregt und im Westen zu zahlreichen, zum Teil sehr laienhaften Übersetzungen (heute ca. 200 bis 300!) geführt, die häufig nur Paraphrasen darstellen und damit, ähnlich wie manche chinesische Kommentare, das Buch nur als Aufhänger für völlig selbständige Ideen benutzten.«[7]

Zhuangzi

Das Buch *Zhuangzi* – auch unter den Namen »Das wahre Buch vom Südlichen Blütenland« bekannt – gilt als das Werk des daoistischen Weisen Zhuang Zhou (etwa 369–286 u. Z.) und als zweiter Klassiker des Daoismus. Zhuang Zhou stammte aus der heutigen Provinz Henan, war verheiratet und ein niederer Beamter. Da er sich weigerte, einem Fürsten zu dienen, lebte er in ärmlichen Verhältnissen. Sein Werk besteht aus 33 Kapiteln, von denen 26 wahrscheinlich von seinen Schülern stammen. Seine Sprachgewalt, Bildhaftigkeit und ironische Wandlungsfähigkeit machen es nicht nur zu einem bedeutenden Werk der chinesischen, sondern der Weltliteratur.

Sowohl Zhuangzi wie Laozi lehnen die Lehren des Konfuzius als künstliche Kategorien ab, weil sie die Menschen davon abhielten, die Einheit mit dem Dao zu erlangen und zu ihrer wahren Natur zurückzufinden.

Die Yin-Yang-Lehre (Yin-Yang Jia, Yin-Yang-Schule)

Ein wichtiger Bestandteil der chinesischen Philosophie ist das »Buch der Wandlungen« *Yi Jing*, das in den Zusammenhang der Yin-Yang-Lehre gehört.

Die Yin-Yang-Lehre erlebte gegen Ende der Zeit der »kämpfenden Reiche« (480–222 v. u. Z.) einen Aufschwung. In dieser Zeit blühte in den »Hundert

Schulen« die Philosophie. Fürsten und »Mäzene« sammelten Gelehrte, diese wiederum zahlreiche Schüler um sich und wetteiferten in dem Bestreben, mit ihren Lehren der Welt wieder eine Ordnung zu geben, die sie politisch nicht hatte. So der reiche Kaufmann Lu Buwei (3. Jh. v. u. Z.), der bis zu 10 000 Gelehrte um sich versammelte und ihre Lehren in seinen Werken niederlegte.[8] Auch das *Huainanzi* aus dem 2. Jh. v. u. Z. ist das Werk von Gelehrten, die der Prinz von Huainan um sich scharte.

Die Yin-Yang-Schule lehrte, alles Geschehen im Kosmos und im Staat werde durch das Zusammenspiel zweier Prinzipien hervorgerufen: des Yang mit den Eigenschaften männlich, fest, hart, hell, trocken, bewegt, und des Yin mit den Eigenschaften weiblich, weich, dunkel, feucht, kalt, still. Ursprünglich bezeichneten die Begriffe das südliche (schattige) Ufer (Yin) und das nördliche (sonnige) Ufer (Yang) eines Flusses. Später, in der Zeit der Han-Dynastie (207 v.–220 n. u. Z.) wurde auch die Lehre von den Fünf Elementen (eigentlich »Fünf Wandlungsphasen«) mit einbezogen, und es entwickelten sich zwei Richtungen, die eine spekulativ, die andere eher naturwissenschaftlich orientiert.

Die spekulative Richtung betonte, alle irdischen, besonders die politischen Handlungen müssten in genauer Übereinstimmung mit den jeweiligen kosmischen Konstellationen geschehen – sonst breche Unheil über die Welt hinein. Diesem »sozio-kosmischen« Denken stellte der »skeptische« Philosoph Wang Chong (1. Jh. n. u. Z.) das daoistische Prinzip des »Von-selber-so-Seins« (Ziran) gegenüber, das alle Abhängigkeiten des menschlichen Lebens von mythologischen Naturvorgängen leugnete. »Wenn die Lebensessenzen von Himmel und Erde zusammenkommen, so werden die Zehntausend Wesen ›von selber‹ geboren, wie die Kinder ›von selber‹ geboren werden, wenn die Lebensessenzen von Mann und Frau sich vereinen. Die Wesen mit Blut in den Adern aber empfinden Hunger und Kälte, und sobald sie merken, dass man [Gewebe aus] Hanf und Seide anziehen kann, machen sie Kleider daraus. Manche Leute aber beharren darauf, dass der Himmel die fünf Kornarten eigens hervorgebracht habe, um den Menschen damit zu ernähren, und den Hanf und die Seide, um ihn zu kleiden. So aber macht man aus dem Himmel einen Bauern und eine Maulbeerblattpflückerin, was sich mit dem Prinzip des ›Von-selber-so-Seins‹ in keiner Weise verträgt.« (Wang Chong)[9]

Die Begriffe Yin und Yang fungieren bei Wang Chong quasi als Naturgesetze; sie sind nicht personifiziert, haben weder Bewusstsein noch Absichten: So werden sie auch in diesem Buch gebraucht.

Das »Buch der Wandlungen« Yi Jing

Das *Yi Jing* (auch *I-Ching* oder *I-Ging*) ist ein Weisheits- und Orakelbuch etwa aus dem 11. Jh. v. u. Z., dessen wesentliche Gedanken dem Konfuzianismus entstammen – sie wurden später hinzugefügt –, in das aber auch daoistische Vorstellungen eingeflossen sind. Grundlage ist die Polarität von Yin und Yang.

Von allen chinesischen Büchern ist es sicherlich das bekannteste. Von seinem ursprünglichen Zweck als Wahrsagebuch rückte es bald in »die Position eines geradezu naturwissenschaftlich unanfechtbaren, über allem philosophischen Meinungsstreit stehenden, allgemein verbindlichen Weltentwurfs auf. An dem Wahrheitsgehalt des *Yi Jing* hat kaum je ein chinesischer Philosoph gezweifelt ... [als ein] Abbild der Welt, dessen Grundstruktur einen Einblick in den Bau und die Entstehung des Seins erlaubt.«[10] Es wurde sogar bei der Bücherverbrennung der konfuzianischen Klassiker in der kurzen Periode der legalistischen Qin-Dynastie (221–206 v. u. Z.) verschont.

Hier bekommt der Begriff ›Taiji‹ die Bedeutung in der Kosmologie, wie er sie später im Neokonfuzianismus einnimmt. »Im ›Buch der Wandlungen‹ befindet sich das ›Höchste Letzte‹ (Taiji). Dieses bringt die Urzustände (Yi) hervor, die wiederum die Vier Abbilder (Sixiang), und diese endlich die Acht Trigramme (Bagua).[11] Taiji, das »Höchste Letzte«, bezeichnet eine Art Urzustand des Seins, aus dem durch die Polarisierung in Yin und Yang die Welt entsteht.

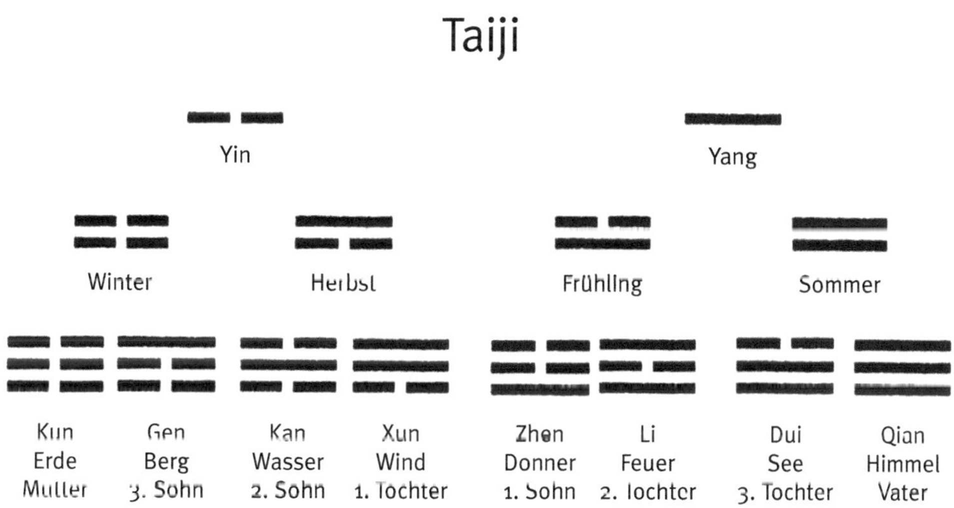

Die vier Jahrhunderte vom Ende der Han-Dynastie (220 u. Z.) bis zum Beginn der Tang-Dynastie waren Zeiten politischer Uneinigkeit und Instabilität. Die politische Unsicherheit lenkte das Denken der Menschen vom Staat weg zur individuellen Existenz und zur Religion. Einige Schulen des religiösen Daoismus, die gegen Ende der Han-Dynastie entstanden waren, verbreiteten ihren Einfluss – und der Buddhismus begann seinen Siegeszug durch China.

Der Buddhismus, von Missionaren aus Indien nach China gebracht, war eine hoch entwickelte Weltanschauung mit einer beeindruckenden Literatur; er war anderen Lehren gegenüber tolerant, und er war dem Daoismus – in der Form, den dieser im *Daodejing* gefunden hatte – in mancher Hinsicht recht ähnlich.[12]

Nach einer längeren Phase der Rezeption setzte eine eigenständige Weiterentwicklung des Buddhismus in China ein.

Nach buddhistischer Lehre ist das Leben letztlich Leiden, von welchem der Edle achtteilige Pfad[13] Erlösung bringen kann; es ist ein Leiden, das als tiefe Unruhe im Innern des Individuums verspürt wird. Obwohl nicht die Folge einer Erbsünde, ist es dennoch existenziell; zu erkennen, dass Ich und Seele nicht wirklich existieren, sondern »Illusionen« sind, macht die Erlösung vom Leiden möglich. Es ist der Zustand des »Nirvana«, welcher durch die Erkenntnis des »wahren So-Seins« erreicht werden kann, wobei mit »Nirvana« aber kein anderer – paradiesischer – Ort gemeint ist, sondern eine Stufe des Bewusstseins. Neben der Erkenntnis des wahren So-Seins kommen Meditation und Versenkung eine besondere – in den einzelnen Schulen verschieden akzentuierte – Bedeutung zu: Führt die Erkenntnis der Leidhaftigkeit der Existenz zur wesentlichen Erlösung vom Leiden und damit von der Unruhe, so dient die Meditation der unmittelbaren Beruhigung des Individuums.

Die Aufnahme des Buddhismus in China war jedoch von Missverständnissen geprägt; bei einem davon ging es um die Existenz bzw. Unsterblichkeit der Seele. In der Vorstellung der Chinesen bezeichnet »Shen« den persönlichen Geist eines Menschen, also seine Seele – die durch das Zusammenwirken zweier Lebenskräfte, nämlich Jing, der (biologischen) Essenz, und der (kosmischen) Energie Qi entsteht; sie tritt bei der Geburt in den Körper ein und verlässt ihn im Tod und kehrt wieder in die »Weltseele« zurück, deren Bestandteil sie ist. Im Buddhismus dagegen existieren weder eine Seele noch ein Ich, beide sind Illusionen; eine Art »Karma-Wirbel, ein sich fortpflanzender Lebensimpuls, der am ehesten wohl einer physikalischen Welle vergleichbar ist.« (Bauer) Dieses buddhistische Konzept wurde auf den Begriff Shen übertragen und dadurch eine Problematik in die buddhistische Philosophie hineingetragen, die dort ursprünglich gar nicht existieren konnte: »die Frage nach der Unsterblichkeit dieser fälschlich neu entdeckten Seele.«[14]

Ein weiterer Streitpunkt war die Frage, ob die »Erlösung« (von den Wiedergeburten im Nirvana) nicht mit der »Erleuchtung« (der Erkenntnis der Einheit allen Seins) gleichzusetzen sei »und ob diese mit der Erlösung identische Erleuchtung bloß in einem langen, entsagungsreichen, durch viele Inkarnationen führenden Erkenntnisprozess zu erlangen sei oder nicht ebenso auch, ja vielleicht sogar viel eher, in einem blitzartigen Erfassen der Wahrheit ... Die Lehre von der blitzartigen Erleuchtung, die zugleich die endgültige Erlösung in sich schließt, war tatsächlich wohl der wesentlichste Beitrag, den China zur Entwicklung des Buddhismus geleistet hat, so wesentlich freilich, dass er den Buddhismus selbst damit fast aus den Angeln hob, indem er eine ›buddhistische‹ Haltung ermöglichte, die selbst noch ohne die ausdrückliche Formulierung der buddhistischen Grundwahrheiten auskam.«[15]

Diese Lehre von der blitzartigen Erleuchtung verbreitete die Schule des »Meditations-Buddhismus«, den »Chan-Buddhismus« (im Folgenden Zen genannt).

»Die wichtigste Methode im Streben nach der Erleuchtung blieb allerdings auch im Zen-Buddhismus die Begegnung im Gespräch mit einem Meister. Es war aber nicht so sehr irgendeine Lehre oder Einsicht, die man von ihm erhoffte, als vielmehr eine Art geistiger Schlag, der, die Persönlichkeit des Schülers bis ins Mark durchzuckend, seine völlige Verwandlung bewirken sollte.«[16]

In der Tang-Dynastie (618–906) breiteten sich die verschiedenen Schulen des Buddhismus nach und nach in China aus und trugen wesentlich zur Blüte und Vielfalt des kosmopolitisch geprägten geistigen Lebens in dieser Periode – Chinas »Ritterzeit« – bei.

Im Laufe des 9. Jahrhunderts verlor der Buddhismus jedoch seine Führungsrolle. Gegen den Pluralismus der Meinungen setzte ein Streben nach Einheit und Einheitlichkeit ein mit der Bemühung um eine Wiederherstellung des unverfälscht Chinesischen im »Reich der Mitte«, dass sich – nicht nur politisch, sondern auch kulturell – gegen die »Barbaren« an den Rändern der Welt abgrenzen wollte. Die immer schon bestehenden Widerstände gegen den Buddhismus mit seiner Terminologie, die auch in chinesischer Übersetzung ein Fremdkörper geblieben war, und dem Mönchtum, das dem familienorientierten Konfuzianismus und dem Daoismus (dessen Eremiten und teilweise dessen Priester ja nicht streng zölibatär lebten) entgegenstand, weiteten sich zu antibuddhistischen Bewegungen und

Verfolgungen aus. Im Jahr 845 wurden auf Befehl des Kaisers über 200 000 buddhistische Mönche und Nonnen gezwungen, ins weltliche Leben zurückzukehren.[17] Der Anti-Buddhismus führte jedoch nicht zu dessen Ausgrenzung, sondern in der folgenden Periode der Song-Dynastie zu einer Synthese mit Konfuzianismus und Daoismus, in welcher auch die mystischen Traditionen des Daoismus wieder auflebten und in den konfuzianischen Kanon eingebracht wurden; diese Synthese – in China mit der Formel: »Die drei Lehren sind eins« bezeichnet – ist im Westen als »Neo-Konfuzianismus« bekannt.[18]

ZWEITES KAPITEL

Kosmologie – das ›Taiji‹-Diagramm des Zhou Dunyi

Die drei Lehren sind eins.[1]

Am Anfang war das Chaos oder die Große Leere. Darin waren die drei Urelemente des Universums – Kraft, Form und Substanz; sie waren noch nicht voneinander geschieden.

Zuerst erstand die Kraft aus dem Chaos, dann die Form, und zuletzt entstand die Substanz. Am reinsten war die Kraft, sie zeugte sich selbst. Die Form war nicht rein, weil sie mit der Kraft vermischt war und ohne diese nicht sein konnte; ihr Erscheinen heißt der »Große Anfang«.

Die Substanz war die gröbste unter den dreien, weil beide, Kraft und Form, in ihr waren und sie ohne diese nicht sein konnte, aber alle drei waren in ihr gleich.

So entstand das Universum, aber Himmel und Erde waren noch nicht voneinander getrennt. Dann stiegen die reinen und leichten Teile der Substanz empor und bildeten den Himmel, und die groben und schweren Teile der Substanz sanken nach unten und formten die Erde.

Diese »Schöpfungsgeschichte«[2] gilt als die älteste mythologische Darstellung der Entstehung von Himmel und Erde in China: Der Kosmos entstand durch die Trennung des Leichten und des Schweren; es waren *zwei* Kräfte, die die Welt erschufen – nicht eine, wie der Wille Gottes im jüdisch-christlichen Weltbild. Im *Huainanzi*, einer Sammlung von Schriften aus dem 2. Jh. v. u. Z., heißt es:

»In der Urzeit, als Himmel und Erde noch nicht existierten, gab es nur Erscheinungen, keine körperlichen Gestalten. Es war ein unermesslicher Abgrund, tief und dunkel, weit und unfassbar, unbeweglich und still, düster und verschwommen. Niemand weiß, wo er sich auftat. Daraus entstanden zusammen, in Vereinigung miteinander, zwei Gottheiten, um den Himmel zu planen und die Erde zu gestalten. Eine Öffnung! Niemand weiß, in welche Tiefe sie reichte. Eine Flut! Niemand weiß, wo sie zum Stehen kam. Darauf trennten sie sich und bildeten von nun an Schatten und Licht (Yin und Yang). Indem sie sich in die Acht Extreme

[Bagua] gliederten, erzeugten sich gegenseitig das Harte und das Weiche, und die Zehntausend (= alle) Wesen (Dinge) erhielten ihre körperlichen Gestalten.«[3]

Die Erschaffung des Kosmos durch die Polarität von Yin und Yang hat in der chinesischen Geistesgeschichte mehrere Formen der Darstellung gefunden: durch die Sprache, durch Zahlensymbolik und durch Grafiken; die Darstellungen sind so umfassend wie vielfältig, so dass sie hier auch nur ansatzweise angeführt werden könnten. Auch zum Taiji-Diagramm des Zhou Dunyi (1017–1073) gibt es Vorstufen, die hier unerwähnt bleiben; »Vorstufen« deswegen, weil das Taiji-Diagramm bis heute als eine abschließende Bestandsaufnahme der kosmologischen Auffassungen von Konfuzianismus, Daoismus und Buddhismus angesehen wird. Es bildet die Grundlage für das Gedankengebäude des Neokonfuzianismus, der Synthese der »Drei Lehren« in der Song-Dynastie (960–1280), welches von Zhu Xi (1130–1200), einem der bedeutendsten chinesischen Gelehrten, vollendet wurde. Von den Philosophen, die mit dem Neokonfuzianismus identifiziert werden, findet hier Zhang Zai (1020–1077) noch besondere Beachtung wegen seiner Sicht auf das Qi.[4]

Die Darstellung des Taiji-Diagramms (siehe S. 37) zeigt nach konfuzianischer Auffassung den Entstehungsprozess der Welt von der Einheit zur Vielfalt. Nach dieser Auffassung muss die Grafik von oben nach unten gelesen werden.

Der darin dargestellte Entstehungsprozess der Welt durchläuft dabei folgende Stufen:

1. Der oberste Kreis beschreibt das äußerste Nichts beziehungsweise die äußerste Diffusion in der Undifferenziertheit. Man kann die Erklärung Wuji Er Taiji übersetzen mit »aus dem Undifferenzierten entsteht das Differenzierte« oder »undifferenziert und doch differenziert«.
2. Der zweite Kreis von oben, welcher in den Farben Weiß und Schwarz die ineinandergreifenden Durchdringungen von Yin und Yang beschreibt, stellt bereits die tatsächliche voneinander sich differenzierende Welt dar, denn schließlich sind auch Yin und Yang voneinander unterscheidbar, was im undifferenzierten Urzustand nicht gegeben ist. Ein Hinweis, dass Yin und Yang die »Ersatzbezeichnung« für Qi sind, erkennen wir daraus, dass sie auch als »Zwei Qi« (Erqi) bezeichnet werden.
3. Der mittlere Komplex stellt das Gefüge der Welt dar, die sich aus den Durchdringungen der fünf Wandlungsphasen zusammensetzt. Durch die Komposition mittels der Striche, welche die verschiedenen Komponenten verbinden, erhält der Betrachter einen Hinweis darauf, welche der Wandlungsphasen sich

Wuji »das Ohne Firstbalken«
Taiji »das Höchste Letzte«
Yang
Bewegung
陽
動
陰
靜
Yin
Ruhe
Wuxing »Fünf Wandlungsphasen« (Fünf *Qi*)
火
Feuer
水
Wasser
土
Erde
木
Holz
金
Metall
乾
道
成
男
»Das *Dao* des *Qian* (Himmels) vollendet das Männliche«
坤
道
成
女
»Das *Dao* des *Kun* (der Erde) vollendet das Weibliche«
萬物化生
»Die zehntausend Wesen, sich wandelnd und wachsend«

etymologisch am nächsten stehen. Die Erde wird auch hier als absolutes Zentrum aufgefasst, ihr direkter Gegenpart ist auf der ontologischen und phänomenologischen Ebene der Himmel.

4. Der große Kreis unterhalb des Mittelteiles symbolisiert die Einheit von Himmel (links) und Erde (rechts), die Hexagramme Qian (männlich) und Kun (weiblich) als einen Komplex, aus dem alle Wesen und Dinge entstehen.
5. Der unterste Kreis schließlich symbolisiert die Entstehung aller Wesen und Dinge innerhalb der sichtbaren Welt.[5]

In der Lesart von unten nach oben gilt die Grafik (siehe S. 39) als daoistische Darstellung des Meditationsweges, ein »Unsterblicher« zu werden: Er verläuft genau umgekehrt, also von der Vielheit (Individualität) zur Einheit allen Seins.

1. Der unterste Kreis symbolisiert das »geheimnisvolle Tor«, aus dem alle Dinge und Wesen entstehen.
2. Der darüberliegende Kreis ist die Stufe, auf der sich Feinstoffe von Mann und Frau zu Qi vermischen und sich in Qi verwandeln, welches sich wiederum in Geist wandelt.
3. Der Mittelteil der Grafik zeigt an, dass die fünf Wandlungsphasen Wasser, Holz, Feuer, Erde und Metall wieder zu Qi zurückkehren.
4. Der darüberliegende Kreis mit den ineinandergreifenden schwarz-weißen Ringen symbolisiert das Durchdringen und alles Umfassende der Hexagramme Qian und Kun. Er stellt den Zustand des »weisen Menschen« dar.
5. Der oberste Kreis zeigt schließlich den vollständig entleerten Geist, der in das Undifferenzierte zurückgekehrt ist.[6]

Neben der philosophischen Definition von Taiji als »Urgrund allen Seins«, was durch die Bezeichnungen »Höchstes Letztes« oder »Höchstes Äußeres« umschrieben wird, spielten zwei weitere Begriffe in der Philosophie des Neokonfuzianismus eine Rolle, nämlich Qi und Li. Qi, das in diesem Zusammenhang am besten mit »Ätherstoff« wiedergegeben wird, bestimmte den Stoff und die Substanz, Li die Form und Gestaltung alles Bestehenden. Dieses Grundmodell erlaubte aber eine Vielzahl von Modifikationen der Vorstellung, wie und in welchem Verhältnis beide Kräfte zusammenwirkten, und auch die Definition der Begriffe war nicht einheitlich; zum Beispiel wurde Li, ursprünglich die Bezeichnung für die marmorähnliche Struktur von Jade, synonym für Dao gebraucht.

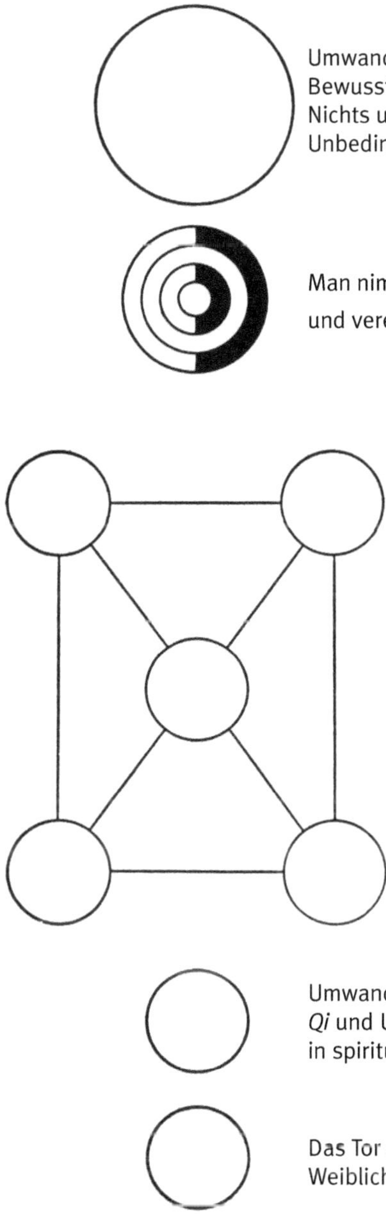
Umwandlung des spirituellen Bewusstseins zurück in das Nichts und Rückkehr in das Unbedingte
Man nimmt *Kan* ☵
und vereint es mit *Li* ☲
Die Fünf *Qi* an der Quelle versammelt
Umwandlung von Essenz in *Qi* und Umwandlung von *Qi* in spirituelles Bewusstsein
Das Tor der Dunklen Weiblichkeit

Bei Zhang Zai, dem Zeitgenossen Zhou Dunyis, gewinnt der Begriff dann eine allumfassende Bedeutung: Er setzt Qi mit allen Begriffen gleich, die bis dahin die höchste Wirklichkeit bezeichnet hatten, nämlich Dao, Höchste Leere (Taixu) oder eben Taiji – alles sei Qi, das in zwei Aggregatzuständen existiere, nämlich in der Formlosigkeit der Höchsten Leere und in einem Zustand der Geformtheit, also der sichtbaren Welt. Dadurch wurde der Mensch tatsächlich zu einem Teil des Universums, bestand er doch aus dem gleichen »Ätherstoff« – war sozusagen einen Fleisch und Blutes – wie der übrige Kosmos.

Zhang Zai formulierte diese Erkenntnis in einer kleinen Schrift, die als »Westinschrift« bekannt ist und zu den berühmtesten Texten der chinesischen Literatur zählt. Ihre abschließenden Worte lauten:

»Der Himmel ist mein Vater, und die Erde meine Mutter, und selbst solch ein kleines Wesen wie ich findet einen traulichen Platz in ihrer Mitte. Deswegen betrachte ich [alles], was den Kosmos durchzieht, als meinen eigenen Körper, und [alles], was den Körper lenkt, als meine eigene Natur. Alle Menschen sind meine Geschwister und alle Dinge mein Gefährten ... Besitz, Ehre und Glück dienen der Bereicherung meines Lebens, Armut, niedrige Stellung und Unglück seiner Vollendung. Im Leben will ich [Himmel und Erde] nachfolgen und dienen, im Tode werde ich meinen Frieden finden.«[7]

Aus diesem Selbstverständnis des Menschen heraus entstand Taijiquan: gleichermaßen Abbild der kosmischen Ordnung wie auch der Weg, diese im eigenen Leben zu verwirklichen.

DRITTES KAPITEL

Taijiquan und Qigong

Sei still; sei rein; ermüde nicht deinen Körper; verwirre nicht deine Lebenskraft – und du wirst dauern. Zhuangzi

Viel einfacher und klarer als die Rolle des Qi im Kosmos ist sein Vorhandensein und seine Funktion im Körper zu entdecken und zu beschreiben: Der Mikrokosmos Körper ist, im Unterschied zum unendlichen Kosmos, ein begrenztes Feld. Auf diesem Feld haben die Chinesen erstaunliche Ergebnisse erzielt bei der Erforschung des Qi, abzulesen auf dem Gebiet der Heilkunde und – als deren Bestandteil – des Qigong.

Qigong ist der Name für Übungen, die dazu verhelfen, die unsichtbare Lebensenergie Qi zu stärken und zu entwickeln, wobei es Übungen im Liegen, im Sitzen, im Stehen und in Bewegung gibt; alle regen den *Fluss* des Qi an, denn Qi bedeutet fließende Lebensenergie – stehendes Qi ist »tot«, nur fließendes ist lebendig. Gemeinsames Merkmal aller Qigong-Übungen ist, dass sie Körper und Geist über die Regulierung des Atems koordinieren.

Wörtlich bedeutet »Qi« Atem, Dampf, Luft, Wetter und bezeichnet im erweiterten Sinn den Geist und die Vitalität eines Menschen, aus deren Zusammenwirken er seine unsichtbare Lebensenergie entwickeln kann.

Das Schriftzeichen für »Gong« symbolisiert körperliche Stärke, wie sie sich in den natürlichen Bewegungen des Körpers ausdrückt. Qigong meint demnach Bewegungen, welche den Fluss der unsichtbaren Lebensenergie nach außen – in der physischen Präsenz des Körpers – sichtbar werden lassen. Im literarischen Sprachgebrauch bedeutet Gong Verdienst, Erfolg, gute Ergebnisse; in der Alltagssprache auch (erfolgreiches) Handeln; der Erfolg des eigenen Tuns ist bei regelmäßiger Übung von Qigong sozusagen garantiert. In diesem Sinn wird der Begriff Qigong erst seit 1934 verwendet; der ursprüngliche Name für die gemeinten Übungen ist Yang Sheng, die »Pflege des Lebens«, wörtlich »das Leben (oder den Körper) nähren«.[1]

Zeit und Ort der Entstehung von Qigong sind unsicher. Es scheint, als existierte es bereits lange vor der Entstehung des Daoismus, dem es sein philosophisches Fundament und seine Weiterentwicklung verdankt. Denn die Auffassung der Natur, wie sie dem Daoismus eigen ist, wurzelt in dem Leben von Menschen, die die Natur liebten und versuchten, mit ihr in Harmonie zu leben; die Praxis ging der Theorie voraus. Aus dieser Liebe zur Natur und der Achtung der Natur des Körpers erwuchs die Erkenntnis ihrer Geheimnisse: Der Mensch entdeckte die Wirkung von Ein- und Ausatmen auf sein Wohlbefinden; er lernte, seinen Atem zu kontrollieren und zu lenken und damit die Funktionen seines Körpers zu verbessern; er wurde fähig, sich durch Atemkontrolle zu entspannen und den Geist zu beruhigen sowie den Körper zu kräftigen, so dass er Einwirkungen physischer Kraft von außen – bei kämpferischen Auseinandersetzungen beispielsweise – besser widerstehen konnte; und schließlich konnte er erleben, dass die Kontrolle über den Atem seine Lebenszeit verlängerte.

Er entwickelte Körperübungen, welche die Atemübungen vervollständigten, die die Lebensenergien von Körper und Geist noch wirksamer stärkten als die Atemübungen allein. Er kombinierte diese Bewegungen im Einklang mit dem Atem und erweiterte sie zu langen harmonischen Abfolgen, die sein Bewusstsein, Teil der Natur zu sein, widerspiegelten, indem sie Natur und Tierwelt imitierten. In der Zeit der Zhou-Dynastie (1122 v. u. Z.–255 u. Z.) entwickelten sich so die Yang-Sheng-Übungen, wie sie heute als Qigong bekannt sind, wobei, wie erwähnt, der Daoismus in der zweiten Hälfte der Zeit der Zhou-Dynastie eine wichtige Rolle spielte; Laozi und Zhuangzi erwähnen diese Praktiken bereits in ihren Werken.

Aus diesem reichen Fundus entstanden drei Hauptrichtungen von Qigong, die sich in ihren Zielsetzungen unterscheiden:

1. Qigong als esoterische Methode, um übernatürliche Kräfte und Unsterblichkeit zu erlangen; diese Richtung steht in engem Zusammenhang mit dem religiösen Daoismus.
2. Die Kampfkünste, und zwar sowohl die inneren wie die äußeren
3. Die Gesundheitsübungen, wie sie seit der zweiten Hälfte des 20. Jh. in der VR China erforscht und gefördert werden.

Heute werden ca. 150 verschiedene (esoterische) Qigong-Stile mit über 1000 Formen gezählt sowie über 400 verschiedene Kampfkunst-Stile; wobei (esoterisches) Qigong manchmal selbst – als »passive« Kampfkunst – zu diesen gezählt wird, weil übernatürliche Kräfte den Adepten unverwundbar machen sollen. In der

VR China wurde in den Jahren 1955 bis etwa 1970 ausschließlich der heilende Aspekt der Qigong-Übungen betont; erst seit den 1970er-Jahren ist auch die öffentliche Beschäftigung mit den übernatürlichen Fähigkeiten, zu denen man durch Qigong gelangen kann, wieder möglich, über welche davor nur von chinesischen Meistern aus dem Ausland berichtet wurde.[2]

Wie verschieden die drei Hauptrichtungen des Qigong auch sind, in vier Prinzipien stimmen sie überein, die bei der Ausübung beachtet werden müssen:

- Entspannung
- Stille
- Konzentration
- Bewegung.

Bewegung wird sowohl als äußere wie auch als innere aufgefasst, wobei die innere als die geistige Energie verstanden wird, mit welcher die körperliche Bewegung verbunden werden soll; demnach gibt es auch bei stillem Qigong, bei dem der Körper in Ruhe ist, Bewegung, nämlich jene innere, quasi meditative Bewegung.[3] Durch die Art und Weise, wie geistige Aktivität und körperliche Bewegung verbunden werden, unterscheiden sich die einzelnen Qigong-Varianten wiederum: So können die Bewegungen vom *Geist geführt* werden, wie in Taijiquan, oder es werden Bilder visualisiert oder Vorstellungen hervorgerufen, die den Charakter der Körperbewegungen bestimmen.

Der Begriff »Qi« hat im Qigong immer die doppelte Bedeutung von Atem und Lebensenergie. Nach Auffassung der chinesischen Medizin bedeutet Qi die äußere Luft, die man einatmet (Waiqi), wie auch das Innere Qi im menschlichen Körper (Neiqi). Nach daoistischer Auffassung entspricht diese dem Yuanqi, dem »Uratem« des Kosmos, aus welchem bei der Entstehung der Welt Himmel und Erde entstanden sind und das bei der Geburt in den menschlichen Körper eindringt und seine gespeicherte Lebenskraft darstellt, sozusagen seine ererbte Konstitution. In der chinesischen Medizin wird Yuanqi verstanden als die Gesamtsumme der Fähigkeiten unseres Körpers, Krankheiten abzuwehren, sich an äußere Bedingungen anzupassen und die inneren Funktionen aufrechtzuerhalten beziehungsweise wiederherzustellen; in der VR China wird damit auch die Tätigkeit des neurohormonalen Systems bezeichnet. Durch Qigong wird das Yuanqi gestärkt und somit Gesundheit und Widerstandsfähigkeit des Körpers gefördert.

Das Qi durchzieht den Körper auf einem Netz von Leitbahnen, den Meridianen: Im menschlichen Körper sind den Organen auf jeder Körperseite 12 Meridiane zugeordnet: sechs Yang-Meridiane, die auf der Außen- oder Rückenseite verlaufen, und sechs Yin-Meridiane auf der Innen- oder Vorderseite. Dazu kommen zwei zentrale Meridiane, der Du-Mai (Lenkergefäß) und der Ren-Mai (Dienergefäß). Der Du-Mai reguliert die sechs Yang-Meridiane, während der Ren-Mai die sechs Yin-Meridiane reguliert.

Die Wirkungsweise des Qi im menschlichen Körper wird vom Zusammenspiel von Yin und Yang sowie der Lehre von den Fünf Elementen (oder Fünf Wandlungsphasen) bestimmt.

»Entsprechend der chinesischen Auffassung beruht die im Organismus, also in der Materie, wirksame Bewegung auf der Energie der beiden gegensätzlichen Kräfte und deren regelmäßigen Schwingungen. Das Yin-Yang-Kräftepaar weist aber letztlich auf die Existenz einer einzigen Kraft hin, die sich auf verschiedene Art und in verschiedenen Erscheinungsformen widerspiegelt. Obwohl diese Kraft (Qi) scheinbar gegensätzliche Erscheinungen aufweist, ist sie in Wirklichkeit einheitlich, harmonisch, in ständigem Gleichgewicht, in ihrer Grundtendenz ausgleichend, überall existent; und so, wie sie im Makrokosmos mit folgerichtiger Regelmäßigkeit und Unerbittlichkeit wirkt, erscheint sie auch im Mikrokosmos, im menschlichen Organismus.«[4]

Das »Wirkungsfeld« des Qi bilden die Fünf Elemente, denn die Äußerung der allgemeinen Kraft Qi kann nur in der Materie erkannt werden. Die Materie aber besteht aus verschiedenen Bestandteilen, eben den Fünf Elementen: dem Holz, dem Wasser, der Erde, dem Metall und dem Feuer. Die Fünf Elemente sind den fünf Hauptorganen zugeordnet: das Feuer dem Herzen, das Holz der Leber, die Erde der Milz, das Metall den Lungen und das Wasser den Nieren, die zueinander entweder in aufbauender oder zerstörender Beziehung stehen. Holz erschafft Feuer, Feuer erschafft Erde, Erde erschafft Metall, Metall erschafft Wasser und Wasser erschafft Holz. Aber Holz zerstört Erde, Erde zerstört Wasser, Wasser zerstört Feuer, Feuer zerstört Metall und Metall zerstört Holz. Diese Beziehungen müssen bei der Behandlung der Organe beachtet werden.[5]

»Auch heute (ist) die Theorie der Fünf Elemente unentbehrlich, und zwar nicht wegen der Theorie, sondern wegen der auf ihr beruhenden praktischen Erfahrungen ... Als praktische Folgerung aus diesen Theorien kann gesagt werden, dass eine Krankheit eine Disharmonie des Gesamtorganismus ist, während Gesundheit volle Harmonie bedeutet.«[6]

Ist das Qi schwach und der Gesundheitszustand schlecht, liegen die Gründe nach Auffassung der chinesischen Medizin vor allem in Ernährungsmangel, Erschöpfung, schlechter Körperhaltung (Rückgratverkrümmung), (Psycho-)Stress und emotionalen Störungen; weitere Faktoren können Umgebung und Klima sein. Qigong-Übungen werden hauptsächlich eingesetzt bei Depression und Angst, Bluthochdruck, Magen- und Zwölffingerdarmgeschwüren, weiteren Magenbeschwerden oder chronischer Verstopfung. Die Körperhaltung wird korrigiert, die Atmung vertieft, und Geist und Nervensystem werden beruhigt; alle drei Komponenten beeinflussen sich gegenseitig.

Je nach Indikation verordnet der Arzt dem Patienten entweder »innere Übungen« (Qing Gong, »Stille Arbeit«) in sitzender oder liegender Haltung oder »Äußere (Kräftigungs-)Übungen« (Dong Gong, »Bewegungsarbeit«); andere Methoden wie Akupunktur, Massage, Kräutermedizin und eine bestimmte Ernährung unterstützen die Therapie. Kontraindikationen sind Infektionskrankheiten, Geisteskrankheiten, Geschlechtskrankheiten sowie Schnupfen, Mandelentzündung, starke Erkältung, Fieber.[7]

Zu den vier Prinzipien Entspannung, Stillwerden, Konzentration und (innere/äußere) Bewegung kommt in der Praxis noch der »Wechselseitigkeit von Üben und Verweilen« eine besondere Bedeutung zu, die sich auf das rechte Maß des Übens bezieht: weder zu viel noch zu wenig; es soll das Gespür dafür entwickelt werden, dass die Natur den Organismus besser regelt als vom Willen bestimmtes absichtliches Eingreifen; daoistisch ausgedrückt, muss der Übende das Nicht-Eingreifen (Wuwei) erlernen.

Qigong bildet, wie bereits erwähnt, die Grundlage auch für Taijiquan, das auch als gesundheitsfördernde »Heilübung« im Rahmen der chinesischen Medizin eingesetzt wird.[8] Wie weit die Spannweite von der Heilübung bis zum tatsächlich Inneren »wahren« Taiji reicht, sollen zum Abschluss dieses Kapitels zwei kurze Texte verdeutlichen: das Gedicht über Fangsong Gong, die »entspannende Atmung«, und ein Zitat des Yang-Stil-Taiji-Meisters Yearning K. Chen.

Das Gedicht von Fangsong Gong

> Ich liege mit einem dicken Kissen auf dem Bett.
> Mein Körper fühlt sich wohl und ist entspannt.
> Ich atme natürlich ein und aus.
> Im Stillen spreche ich die Worte *ruhig* und *entspannen.*
> Beim Einatmen denke ich an das Wort *ruhig*, beim Ausatmen an das
> Wort *entspannen.*
> Während ich still das Wort *entspannen* denke, trage ich meinen Muskeln auf,
> sich zu entspannen.
> Zuerst entspanne ich Kopf, Arme und Nacken, dann Brust, Bauch,
> Taille und Rücken.
> Schließlich trage ich den Beinen und Füßen auf, sich zu entspannen.
> Nachdem ich dies dreimal wiederholt habe, um es meinem Körper
> behaglich zu machen,
> trage ich den Organen und Körperinnenräumen auf,
> sich zu entspannen.
> Ich halte den Atemrhythmus stetig, flach und gleichmäßig.
> Unterdessen gilt meine Aufmerksamkeit dem Bauch.
> Wenn mein Geist in den Zustand der Ruhe eintritt, erfreue ich mich
> an diesem schlafähnlichen und doch wachenden Bewusstseinszustand.
> Nach kurzem Verweilen reibe ich mein Gesicht, stehe auf, gehe umher
> und fühle mich gut.[9]

»Die Wangen sind von gesunder roter Farbe, die Schläfen voll pulsierenden Lebens, die Ohren karmesinrot, sie hören scharf, und die Augen sind hell und funkeln vor Energie. Die Stimme ist laut und trägt weit. Der Atem geht regelmäßig, ohne Hast und Keuchen. Zähne, Zahnfleisch und Kiefer sind gesund und stark. Die Schultern und die Brust sind kräftig und geschmeidig. Der Bauch ist stark und elastisch wie das Fell einer Trommel. Die Füße stehen so sicher, als seien sie im Boden verwurzelt, und sind doch fähig, von ›fest‹ nach ›leer‹ zu wechseln und umgekehrt. Der Schritt ist leicht. Die Muskeln sind weich wie Baumwolle, wenn die Qi-Kraft nicht aktiv ist, aber sie werden hart und straff, wenn diese eingesetzt wird. Außerdem ist die Haut weich und rosig und so sensibel, dass sie jede Berührung ›hören‹ kann.«[10]

VIERTES KAPITEL

Religiöser Daoismus – die Schwerkraft und den Tod besiegen

Der vollkommene Mensch ist (wie ein) Geist. Ein See voll Feuer könnte ihn nicht verbrennen, und wenn der Huang He und der Han-Fluss zufrören, es würde ihn nicht frieren machen. Gewitter, welche Berge zerspalten, und Stürme, die die Meere peitschen, könnten ihn nicht schrecken. Wer so ist, der fährt auf Wolken und Luft, reitet auf Sonne und Mond und bewegt sich außerhalb der vier Meere. Tod und Leben verändern ihn nicht.

Zhuangzi[1]

Von der Langlebigkeit, die die Adepten des Yang Sheng bei der »Pflege des Lebens« erreichten, war es nur ein kleiner, aber folgenschwerer Schritt hin zum Versuch, den Tod nicht nur hinauszuzögern, sondern ihn ganz abzuschaffen: Dieser Versuch ist kennzeichnend für den religiösen Daoismus.

Als religiösen Daoismus (Dao Jiao) bezeichnet man die daoistischen Schulen, die das Erlangen der Unsterblichkeit anstrebten. Man unterscheidet die »Schule des äußeren Elixiers«, die die physische Unsterblichkeit suchte, und die »Schule des inneren Elixiers«, deren Ziel die spirituelle Unsterblichkeit war.

Die Anhänger des philosophischen Daoismus (Dao Jia) waren in dieser Frage gespalten: Einerseits vertraten sie eine Einstellung zur Vergänglichkeit, die man als »heroische Annahme des Todes« (Bauer) bezeichnen kann und die aus der Annahme der Gleichheit des menschlichen Lebens mit allen Wesen der Natur resultierte. Zum andern suchten sie in ihrer Meditationspraxis, die die »Rückkehr zum Ursprung« (Fu) anstrebte, die Unio mystica mit dem Dao, eben einer Art spiritueller Unsterblichkeit. Denn zum Ursprung zurückzukehren bedeutet ja, die zufällige Form des eigenen Lebens, sein individuelles Ego-haftes Sein, aufzugeben, um sich in der unverlierbaren Substanz allen Seins wiederzufinden und Erleuchtung zu erlangen. »Die Einebnung aller charakteristischen Merkmale der Persönlichkeit, die völlige Identifizierung mit der nun eben nicht namenlosen Natur, das von ihnen immer wieder gepredigte ›Vergessen‹ (ein Begriff, der im Chinesischen sprachlich und grafisch sowohl mit ›Verlieren‹ als auch mit ›Sterben‹ verwandt ist) war für sie nur ein Verlust des Überflüssigen, eine Zurückschneidung der Persönlichkeit auf das wirklich Unverlierbare.«[2]

Die Anhänger des religiösen Daoismus dagegen, die die physische Unsterblichkeit suchten, gebrauchten die Übungen des Yang Sheng und des Yang Shen (»Pflege des Geistes«) dazu, das Leben so zu transformieren, dass es im Augenblick des Todes – oder bereits zu Lebzeiten – nicht verging, sondern in einen anderen Seinszustand übergehen konnte, nämlich den eines Xian (Unsterblichen), der in die Gefilde der Seligen, auf unbesteigbare Berge, ferne Inseln oder in tiefe Höhlen unter der Erde entschweben konnte.

Ursprünglich bezeichnete der Begriff Xian einen Menschen, der fliegen konnte, eine Art »phantastischen Flügelmenschen«, später dann auch den »Boten zweier Welten«, einem Engel vergleichbar. Der Unterschied zum Engel der jüdisch-christlichen Welt »bestand jedoch darin, dass sich in China der Gedanke immer stärker durchsetzte, auch die Menschen könnten zum Xian werden und dadurch das Diesseits gleich auf doppelte Weise überwinden: in der Besiegung der Schwerkraft und in der Besiegung des Todes.«[3]

»P'eng-tsu [Pengzi][4] sprach: ›Von den [echten] ›Unsterblichen‹ steigen manche mit hoch aufgerichtetem Körper zu den Wolken empor und fliegen dort ohne Flügelschlag umher, manche reiten auf dem Dunst mit vorgespanntem Drachen bis hinauf an die Stufen des Himmels, manche verwandeln sich in Tiere und Vögel und durchstreifen die blauen Wolken, manche tauchen tief in die Flüsse und Meere oder flattern zu den Gipfeln berühmter Berge, manche essen die Uressenz oder verzehren das Unsterblichkeitskraut, manche verkehren unter den Menschen, ohne dass die es gewahr werden, manche verbergen sich, so dass niemand sie sieht. An ihrem Kopf wachsen merkwürdige Knochen, und an ihrem Körper sprießen wundersame Haare. Sie alle lieben das Tiefsinnige und das Schlichte und lassen sich nicht ein auf das Gewöhnliche und Modische. Dieserlei Menschen ist denn auch ein ewiges Leben ohne Tod beschieden, aber sie haben [vorher] auch alle menschlichen Gefühle von sich abgetan und halten sich fern von Glanz und Freude.« (Ge Hong)[5]

Um ein Unsterblicher zu werden, musste man den Körper vor allem leicht machen: Dazu dienten die Atem- und Körperübungen, Fasten, bestimmte Ernährungs- und Sexualpraktiken, die schon zu Lebzeiten viel von der Erdenschwere nehmen konnten. Am besten gelang das als Einsiedler, in Abkehr von der Welt. Einfacher war es natürlich, mit Hilfe der Alchemie ein Elixier zu finden, das man nur einzunehmen brauchte, um den Tod zu besiegen. Ein anderer, vielleicht auch zusätzlicher Weg war der »Verlust der Freude zur Gewinnung der Freude« – eine Art extremer Quietismus: alle Emotionen für eine Gleichgültigkeit aufzugeben, um eine Art der besonderen Freude durch eine Art geläuterter Resignation zu erlangen, die einen schon bereits zu Lebzeiten sich über das Irdische erheben ließ.

Die Schule des Äußeren Elixiers (Waidan, »äußerer Zinnober«) versuchte mit Hilfe der Alchemie eine Droge der Unsterblichkeit herzustellen, die Schule des Inneren Elixiers (Neidan, »innerer Zinnober«) strebte nach der Entwicklung einer unsterblichen Seele.

Die Anhänger des Äußeren Elixiers glaubten, dass die Wiederherstellung des Urzustandes des Yuanqi – der kosmischen Energie, die bei der Geburt des Menschen in seinen Körper eintritt und diesen im Tod verlässt – zur Erlangung der Unsterblichkeit führen könne. Nur Zinnober und Gold seien die richtigen Elemente, diesen Urzustand wiederherzustellen, und aus ihnen sollte das wundersame Elixier gewonnen werden – neunmal sublimierter Zinnober habe die höchste Wirkung.

Die unsterbliche Seele der Schule des Inneren Elixiers – der »Heilige Embryo« – sollte aus den drei das Leben erhaltenden Kräften destilliert werden, nämlich Essenz (Jing), Qi und Geist (Shen). Die Essenz Jing bezeichnet eigentlich das männliche Sperma und das Menstruationsblut der Frau, wird aber in den daoistischen Texten als eine feinstoffliche Substanz verstanden, die sich mit Qi vermischen kann. Durch bestimmte Sexualpraktiken (unter anderem durch Vermeidung der Ejakulation) versuchte man, Jing zu erhalten und zu mehren.

Der »Heilige Embryo« – auch als »Goldene Blüte« bezeichnet –, den der Adept durch verschiedene meditative Atemtechniken in seinem Inneren erschafft, verlässt im Augenblick des Todes den sterblichen Körper und steigt in den Himmel empor. Dieser Vorgang wird gleichgesetzt mit der »Rückkehr zum Ursprung« durch die Meditationen des philosophischen Daoismus.

Die Praxis des Inneren Elixiers verdrängte zur Zeit der Song-Dynastie (960–1280) die des Äußeren Elixiers. Beide sind nicht deutlich zu trennen, sprachen sie doch die gleiche alchemistische Sprache; so kann das erste alchemistische Lehrbuch der Welt aus dem zweiten nachchristlichen Jahrhundert auch als Anleitung zur Gewinnung des Inneren Elixiers wie auch zu den daoistischen Sexualpraktiken verstanden werden.

Zhang Daolin (34–156), der Begründer einer bedeutenden Richtung des religiösen Daoismus[6], gilt als dessen »Papst«. Seine Anhänger verehrten ihn wegen seiner Wunderkräfte und langen Lebenszeit – 122 Jahre – als »Himmlischen Meister« (Tian Shi). Mittels der Praxis der »Goldenen Blüte« soll er sich in seinen

Nachfolgern – bis heute – reinkarniert und so Unsterblichkeit erlangt haben.[7] Er wird auch »Zauberer des Großen Elixiers« (Dadan) genannt und gilt auch als Meister des (esoterischen) Qigong. Seine Lehre wird weitergegeben auf dem heiligen »Berg des Elixiers« (Shandan) in der Provinz Kiangsi.

Wem es schließlich gelang, zum körperlich Unsterblichen zu werden – die chinesische »belletristische« Literatur berichtet mit Vorliebe über Fälle, in denen es fast gelang –, stieg »bei hellem Tag zum Himmel auf«, wobei er manchmal auch vorher starb – aber nur zum Schein; denn öffnete man den Sarg einige Zeit nach dem Tod, war dieser leer. In daoistischen Darstellungen sind die Unsterblichen an verschiedenen Symbolen zu erkennen, an Kranich, Kiefern, Pfirsichen, an einem knorrigen Stab, manchmal sind sie männlich, manchmal weiblich – hatten sie doch mit der Freiheit von Leben und Tod auch die Freiheit ihrer geschlechtlichen Identität gewonnen.

Nach dem Ende der Han-Dynastie (220 u. Z.) setzte, auch unter dem Einfluss des Buddhismus, die Entwicklung des religiösen Daoismus zur Volksreligion ein. Aberglauben und Magie, in einzelnen Richtungen des religiösen Daoismus praktiziert, verbreiteten sich in Sekten und Geheimbünden und beeinflussten das religiöse Leben des Volkes.

Es kennt 36 000 Gottheiten im Universum oder im Innern des Körpers und, nach buddhistischem Muster, 36 Himmel, welche – nach konfuzianischem Vorbild – hierarchisch gegliedert sind. Die Priester (Dao Shi), die die Gemeinden betreuen, lebten, je nach Schule, zölibatär oder vererbten Amt und Titel an die Nachkommen. Sie heilten die Kranken und vertrieben die Dämonen mit Magie (Talismanen, Zaubersprüchen) und leiteten die religiösen Zeremonien, vor allem die Fastenfeste.[8]

Inneres Taijiquan erstrebt weder physische noch spirituelle Unsterblichkeit; es hat andere Ziele als der religiöse Daoismus oder gar der Volksdaoismus. Das, was es dem religiösen Daoismus verdankt, ist die Praxis des Inneren Elixiers, das allen seinen Richtungen gemeinsam ist, ob sie sie nun Unsterblichkeit und Erleuchtung oder »nur« Gesundheit und langes Leben erstreben. Die quasi alchemistischen Prozesse, die im wichtigsten Energiefeld des Körpers, dem Unteren Dantian (»Zinnoberfeld« oder »Schmelztiegel«), eingeleitet werden, stellen auch für Inneres Taijiquan die Quelle für die Entwicklung der Inneren Energie und der Jin-Kraft dar. Die Antwort darauf, wie das Leben zu »pflegen« und zu gestalten sei, gibt es aber nicht religiös, sondern ganz und gar diesseitig.

FÜNFTES KAPITEL

Yang Zhu – den Tod annehmen, das Leben genießen

Wer das Dao versteht, konzentriert sich nicht nur auf sich selbst; er ist der ganzen Welt verbunden. Huainanzi

Ohne Sorge über einen zu frühen Tod und um das Wohl der Verstorbenen im Jenseits, ohne Gedanken an Unsterblichkeit und ohne selbst auferlegte Askese das Leben zu genießen – was wie das Credo der Selbstverwirklichung in der Spaßgesellschaft klingt, ist die Lehre des daoistischen Philosophen Yang Zhu aus dem 4. oder 3. Jahrhundert vor unserer Zeitrechnung.

Denn er vertrat eine ganz andere Haltung zum Tod als der religiöse Daoismus: Für ihn bedeutete der Tod das absolute Ende der Existenz; Langlebigkeit und Unsterblichkeit interessierten ihn nicht. »Vermoderte Gebeine sind alle gleich, wer kennt da noch Unterschiede? Wenden wir uns also dem Leben zu! Wozu seine Zeit (mit Gedanken darüber) vergeuden, was nach dem Tode (sein mag)?«[1]

Das Annehmen des Todes, wie es Yang Zhu lehrt, unterscheidet sich auch von der konfuzianischen Einstellung zum Tod, bei der den Verstorbenen durch Begräbnisriten Respekt erwiesen wird und sie auf ihrer Reise ins Jenseits begleitet werden. Weder gleicht sein Idealmensch dem daoistischen Einsiedler, der sich, auf der Suche nach der Unsterblichkeit, in die Einsamkeit zurückzieht und sich mit wirrem Haar und durchlöchertem Gewand auch äußerlich der ihn umgebenden Natur angleichen möchte, noch dem sauber disziplinierten Konfuzianer, der brav vorankommen will auf dem Weg zu Anstand und Wohlstand und peinlich genau seine Pflichten gegenüber den Ahnen erfüllt.

Auch die »heroische Annahme des Todes«, wie sie Zhuangzis Weisen vorleben, war ihm fremd: Indem er den Tod, als absolutes Ende, radikal aus dem Leben verbannte und ihm keinen Einfluss mehr auf dieses zugestand, konnte der Mensch – wenn er es recht verstand – ein großes Maß an Freiheit für sein Leben gewinnen.

»Yang Chu suchte also die Erfüllung des Lebens nicht in seiner Ausdehnung, sondern in seiner Intensivierung, nicht in seinem Verfließen mit der Ewigkeit, sondern in seiner Ausschöpfung im Augenblick. Er war der Entdecker des Goldenen Jetzt«.[2]

Denn bei der richtigen »Pflege des Lebens« sagt Yang Zhu, sei es am wichtigsten, keinen seiner Wünsche zu unterdrücken. Man tyrannisiere sich nur selbst, wenn man sich nicht das zu hören, sehen, riechen, tun oder denken getraue, wozu man Lust habe: schöne Klänge, wohlgeformte Gestalten, Wohlgerüche, zwanglose Freiheit der Gedanken.

»Beseitigt man diese Gedanken [die Wünsche zu unterdrücken], so kann man den Tod gelassen erwarten, sei es in einem Tag, in einem Monat, in einem oder in zehn Jahren. Das nenne ich ›Pflege des Lebens‹. Wer sich aber an diese Tyrannen bindet und von ihnen nicht loskommt, wird vielleicht auf trübselige Weise ein langes Leben erreichen. Und wenn es hundert, tausend oder zehntausend Jahre währte – ich nenne das nicht ›Pflege des Lebens!‹«[3]

Weil er lehrte, die begrenze Lebenszeit bestmöglich zu nutzen, sie auszufüllen oder zu »vervollständigen«, wird seine Lehre als »Vervollständigung des Lebens« (Quansheng) oder, in anderer Übersetzung, als »Unversehrterhalten des Lebens« bezeichnet.

»Ein vervollständigtes Leben ist das beste [Leben]. Ein Leben, das nicht vollständig ist, verhält sich [zu einem vervollständigtem Leben] bereits zweitrangig. An nächster Stelle kommt der Tod. Am schlimmsten aber ist das Leben, welches genötigt wird.«[4]

Seine Lehre steht für die individualistische – hedonistische – Richtung des Daoismus, die ihm – nicht nur bei den Konfuzianern – das Etikett eines Egoisten eintrug. Die Essenz seiner Lehre wird in dem Spruch überliefert: »Ich würde nicht ein Haar von meinem Kopfe hergeben, selbst wenn ich das ganze Reich (oder die ganze Welt) damit retten könnte.«

»Ch'in-tzu fragte Yang Chu: ›Würdet Ihr ein einziges Härchen auf Eurem Körper hergeben, wenn Ihr damit die ganze Welt retten könntet?‹ ›Man kann die Welt nicht mit einem Haar retten‹, antwortete Yang Chu. ›Aber nehmen wir einmal an‹, drängte Ch'in-tzu, ›sie könnte damit tatsächlich gerettet werden?‹ Yang Chu gab keine Antwort. Da ging Ch'in-tzu fort und wandte sich an (Yang Chus Schüler) Meng Sunyang. ›Ihr begreift nicht‹, sagte der, ›was unser Lehrer meint. Darf ich Euch das klarmachen? Würdet Ihr Euch die Haut ritzen lassen, wenn Ihr 10 000 Goldstücke dafür bekämt?‹ ›Allerdings‹, erwiderte Ch'in-tzu. ›Und würdet Ihr Euch ein Glied abhacken lassen, wenn Ihr einen Staat dafür bekämt?‹ Da schwieg Ch'in-tzu. Nach einer Weile sagte Meng Sunyang: ›Ein Haar ist natürlich weniger als die Haut, die ist weniger als ein Glied. Und doch handelt es sich dabei nur um

Weniger oder Mehr. Ein Haar ist nur der zehntausendste Teil des Körpers, doch warum soll man diesen einen Teil geringschätzen?‹«[5]

Dieser Egoismus ist beispielhaft, weil er darauf abzielt, die unerschöpflichen Quellen der Lebenskraft, die in jedem Einzelnen verborgen sind, freizulegen und sie – den moralischen Anforderungen der Gesellschaft zum Trotz – wieder zum Fließen zu bringen und zu kultivieren; ein Egoismus, der nicht gegen die Welt gerichtet ist und den, der ihn praktiziert, in die Vereinsamung treibt, sondern im Gegenteil »die fernsten Winkel der Erde und die Herzen aller Menschen« erschließt (Bauer). Yang Zhu würde in der Tat einen vortrefflichen »Patriarchen« für Inneres Taijiquan abgeben.

Wie kann aber solcher Egoismus die Herzen aller Menschen erschließen? Die Antwort ist einfach: weil – nach Auffassung der Daoisten und Konfuzianer – der Mensch von Natur aus gut ist. Findet – nach daoistischer Auffassung – der Mensch durch die wohlverstandene »Pflege des Lebens« zum unverdorbenen natürlichen Zustand zurück, so zeigt sich seine wahre Natur, nämlich Güte und Freundlichkeit.[6]

SECHSTES KAPITEL

Zhang Sanfeng – die Überwindung der Schwerkraft

Die Anpassung an die Schwerkraft ist eines der ungelösten Probleme der Menschheit, das nur individuell gelöst werden kann. Anonym

Das Vermächtnis des Daoismus für Inneres Taijiquan ist zweifach: Leichtigkeit und Freundlichkeit. Die Sehnsucht, den Tod überwinden und als Unsterblicher zu den Gefilden der Seligen fliegen zu können, wird von Innerem Taiji in einer Leichtigkeit verwirklicht, die auf der Erde gegründet ist, die sie nicht verlassen will; und Freundlichkeit tritt dann als seine wahre Natur zutage, wenn der Mensch, die Endlichkeit seines Daseins akzeptierend, seine Lebenskraft entfalten und als Lebenslust genießen kann. Es ist das Annehmen der Begrenzungen seiner Existenz, die Freiheit und Spontaneität im Hier und Jetzt ermöglichen.

Doch was bedeutet es, die Schwerkraft anzunehmen?

Zwei Mönche, ein Hindu und ein Zen-Buddhist, kamen an einen Fluss. Der Hindu begann, den Fluss auf der Wasseroberfläche zu überschreiten. Der Zen-Mönch rief ihn zurück: »Das ist nicht die Art, einen Fluss zu überschreiten!«, sagte er und führte ihn an eine Stelle, an der das Wasser seicht war, und sie wateten hindurch.

Für den Zen-Mönch ist es keine Frage, wie der Fluss zu überqueren sei. Er akzeptiert die Schwerkraft und läuft durch die Furt auf dem Grund des Flusses; da offenbar keine Brücke in der Nähe ist und er nicht schwimmen kann oder will, gibt es für ihn nur diese Möglichkeit.

Die Entwicklung des Menschen zu einem Wesen mit aufrechtem Gang war bestimmt durch die Auseinandersetzung mit der Kraft, die ihn am Boden festhält und gegen die er sich behaupten musste, wollte er sich aufrichten. Diese Auseinandersetzung prägte entscheidend die Haltung, die der Mensch zur Erde und zur Welt einnahm: Die Art, wie jemand sich aufgerichtet bewegt, zeigt seine Einstellung zur Schwerkraft – ob er ihr nachgibt, ob er sie verleugnet oder ob er sie akzeptiert – oder, chinesisch formuliert, wie er sich selbst in den Raum zwischen Erde und Himmel einfügt.

Drei Beispiele – aus Ost und West – seien hier angeführt, die zeigen sollen, wie verschieden diese Entscheidung ausfallen und die menschliche Bewegung bestimmen kann.

- Tänzerinnen und Tänzer des klassischen Balletts benutzen die Schwerkraft, um sich von der Erde und über sie zu erheben; eine außerordentliche körperliche Anstrengung mit dem Ziel, eine schwerelose Leichtigkeit zu erreichen – außerordentlich faszinierend, aber so kräftezehrend, dass nur junge, gesunde Körper dazu imstande sind.
- Der Vertreter einer Äußeren Kampfkunst verfährt ähnlich: Er benutzt die Schwerkraft – zwar nicht zur zeitweiligen symbolischen Befreiung des Körpers von ihr wie im Ballett, sondern um Körperkraft und Geschmeidigkeit und Gewandtheit zu entwickeln –, doch auch für ihn ist die Erde das »Sprungbrett« für seine Bewegungen.
- Der Meister des Inneren Taijiquan jedoch, der einen Angreifer weit von sich abprallen lässt, passt sich der Schwerkraft so an, dass er sie nutzen kann, damit ihre Gegenkraft, die ihn aufrichtet, durch ihn hindurchgehen und er diese als Jin-Kraft wieder nach außen wirken lassen kann. Das Stichwort hier ist Durchlässigkeit.[1]

Wenn ein Baby sich das erste Mal aufrichtet, um zu sitzen und zu krabbeln, es dann aufsteht und die ersten Schritte macht, geschieht das unbewusst und natürlich, voller Leichtigkeit und Anmut. Wenn Erwachsene vom Liegen ins Sitzen und dann ins Stehen kommen, ist dieser Vorgang nicht mehr natürlich, weil der Körper mit seiner Haltung seine existenzielle Antwort auf die Schwerkraft gegeben und verfestigt hat. Am schwierigsten ist der Übergang vom Sitzen ins Stehen; dem trägt das therapeutische Qigong Rechnung, indem es die Reihenfolge der Übungen vom Liegen, Sitzen, Stehen und schließlich zur Bewegung gemäß ihrer jeweiligen Schwierigkeit staffelt und so dem Übenden ermöglicht, seine Kräfte langsam aufzubauen.

In den Kampfkünsten scheint der Schritt vom aufrechten Sitzen zum Stehen der Punkt zu sein, der darüber entscheidet, ob der jeweilige Stil ein äußerer oder innerer sein wird, was sowohl für die historische Entwicklung wie für das individuelle Erlernen gelten mag.

Bei der Meditation der Daoisten zur Gewinnung des Inneren Elixiers war der aufrechte Rumpf von höchster Wichtigkeit, ebenso für das »Sitzen« im Zen, das freilich ein anderes Ziel hat. Der Grund ist einfach: Auch das Qi unterliegt, wie alles Irdische, der Schwerkraft und bedarf einer Körperhaltung, die optimal an die Schwerkraft angepasst ist, um ungehindert kreisen zu können. In stehender Körperhaltung ist diese Anpassung ungleich schwieriger, aus dem wiederum einfachen Grund, dass die Wirbelsäule gekrümmt ist, was viele Varianten ihrer Aufrichtung zulässt – mit mehr oder minder viel Muskelkraft, die den Qi-Fluss mehr oder minder behindern kann (weswegen man beim Taijiquan in der Grundhaltung auch so steht, als würde man sitzen – mit relativ gerader Wirbelsäule). Gelingt es, im Stehen eine aufrechte Haltung einzunehmen, in welcher das Qi ebenso frei zirkulieren kann wie beim Sitzen, so wird das Qi wieder gestört, wenn der Körper in Bewegung übergeht, zumal wenn es sich um rasche Bewegungen handelt. Die

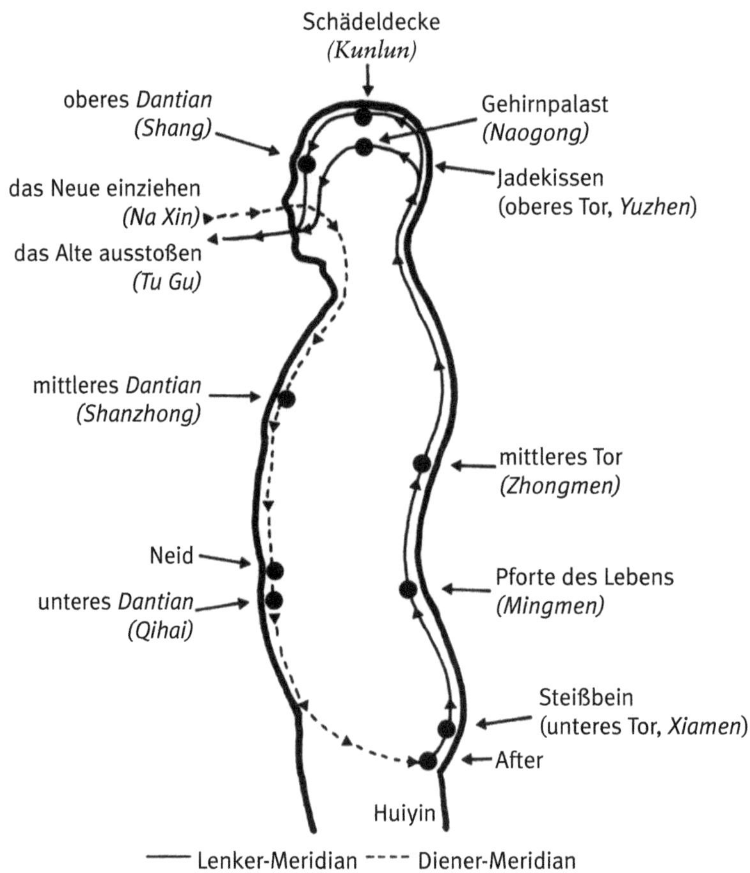

kleinste Abweichung und die geringste Verspannung genügen, um Atem und Energiekreislauf zu stören. (Aus diesem Grunde wird Inneres Taijiquan auch erst langsam geübt, schnell werden die Bewegungen von selbst). Deswegen scheiden sich beim Übergang vom Sitzen ins Stehen die »inneren« und »äußeren« Geister, anders ausgedrückt: Entspricht die Rumpfhaltung beim Stehen und in Bewegung nicht der beim Sitzen, misslingt der Schritt zum Inneren Taijiquan.

In der Sitzmeditation kann das Qi zirkulieren, weil es nicht gestört wird: Es folgt der Schwerkraft und kann sinken und steigen, gelenkt vom Geist und angetrieben vom Atem. Die Art der Atmung entscheidet über die Richtung, in die es kreist. So entstehen die »Himmlischen Kreisläufe«: der »kleine«, der im Rumpf kreist, und der »große«, der den ganzen Körper durchläuft (siehe Illustration S. 56).

Als Zhang Sanfeng, der legendäre Begründer des Taijiquan, im Alter von 70 Jahren auf den Wudang-Berg ging, tat er es, um ein »Unsterblicher« zu werden. Mit siebzig waren seine Möglichkeiten und Kräfte als Meister einer äußeren Kampfkunst erschöpft, und es war an der Zeit, sich auf den inneren Weg zu begeben. Bei einem berühmten Dao-Meister begann er, Meditation zu praktizieren. Mit der Erlangung des »Himmlischen Kreislaufs« des Qi entdeckte er plötzlich Kräfte an sich, die er vorher nicht gekannt hatte. Bei seinen Schülern, die ihm auf den Berg gefolgt waren und mit denen er sich weiterhin in Kampftechniken übte, genügte eine Berührung, um sie weit von sich zu schleudern. Er hatte – zufällig – an sich erfahren, wie die kreisende Energie im Innern seines Körpers als reale Kraft nach außen gelangen konnte. Die Bewegungen, die dies ermöglichten, konnte er wiederholen und weiterentwickeln. So soll die Urform von Taijiquan entstanden sein.

Der Kampf eines Kranichs (oder eines Falken) mit einer Schlange soll ihn dabei inspiriert haben; er entdeckte darin das Zusammenspiel von Yin und Yang. Den Angriffen des Vogels (Yang) wich die Schlange mit dem attackierten Körperteil aus (Yin), um dann, fast gleichzeitig, mit einem anderen Körperteil den Vogel anzugreifen (Yang). Das verdeutlicht in der Tat das äußere Prinzip vom Zusammenspiel von Yin und Yang im Taijiquan. Entscheidender war aber der Schritt vom im Körper kreisenden Qi zur Jin-Kraft.

Zhang Sanfengs Entdeckung bestand eben darin, den energetisch gefüllten Zustand im Sitzen auf den bewegten Körper zu übertragen, ja, Bewegungen zu finden und zu systematisieren, die den gleichen Zustand hervorrufen können. Hier gewinnt das Bild vom Kranich und der Schlange noch eine tiefere Dimension: Die

Schlange symbolisiert in kerzengerader Aufrichtung die für den Energiekreislauf notwendige Haltung, und die Schwingen des großen Vogels bilden die Taiji-Bewegungen der Arme ab, die den Atem nicht behindern und die Jin-Kraft nach außen dringen lassen.

So sind die beiden Bedingungen für die Entwicklung von authentischem Innerem Taijiquan die optimale Anpassung des aufrechten Rumpfs an die Schwerkraft und ungehindertes Fließen von Atem und Qi. Wer sich so bewegt, pflegt seine Lebenskraft und »überwindet« die Schwerkraft: Er akzeptiert und nutzt sie, um seine inneren Energien aufsteigen zu lassen und große Kräfte und Leichtigkeit zu erlangen.

SIEBTES KAPITEL

Die Form – im Goldenen Jetzt

Das Fischernetz ist da, um Fische zu fangen. Wir wollen die Fische behalten und das Netz vergessen. Zhuangzi

Die Philosophie des Neokonfuzianismus, die durch das Zusammenwirken von Konfuzianismus, Daoismus und Buddhismus geprägt wurde, hat im Taiji-Diagramm des Zhou Dunyi eine »Weltformel« entwickelt, die das Vorbild für Taijiquan darstellt; dazu kann die Zahlensymbolik zum Verständnis seiner äußeren Form beitragen.

Die Grundstruktur des »ursprünglichen« Taijiquan, das Zhang Sanfeng zugeschrieben wird, besteht aus den »Dreizehn Bewegungsformen«: den »Fünf Schrittarten« und den »Acht Eingängen« (oder Grundtechniken). Die Fünf Schrittarten bezeichnen die Möglichkeiten, sich zu bewegen: vor, zurück, Drehung nach links, Drehung nach rechts und »Zentriertsein«. Sie sind den Fünf Elementen oder Wandlungsphasen zugeordnet, die Acht Eingänge den Acht Trigrammen des *Yi Jing*.[1]

Die Grundübung von Taijiquan ist ein festgelegter Ablauf von vorgegebenen Bewegungen, für den sich die Bezeichnung »Form« etabliert hat. Die Einzelformen oder Figuren können, über den Bezug der Acht Grundtechniken zu den Acht Trigrammen, den 64 Hexagrammen zugeordnet werden.[2] Der gesamte Ablauf der Form des authentischen Yang-Stils, von dem hier ausschließlich die Rede ist, ergibt, mit Wiederholungen, 81 Einzelformen, das Quadrat der Zahl 9, die in alten kosmologischen Spekulationen eine Rolle gespielt hat.[3] Die Dauer ihrer Ausführung kann zwischen 15 und 45 Minuten betragen.

Die gesamte Form besteht aus drei Teilen, die Erde, Himmel und Mensch repräsentieren. Die »Drei« ist die vollkommene Zahl und die Zahl des Taiji. Der unterschiedliche Charakter der Bewegungen in den einzelnen Teilen entspricht der symbolischen Zuordnung: Teil 1, Erde, ist kompakt und dicht, quasi materiehaft, und die Höhe der Bewegungen ist auf mittlerem Niveau; Teil 2, Himmel, ist weiter, länger als Teil 1, die Bewegungen luftiger und höher; und Teil 3, der Mensch, dem auch die Zahl Drei zugehört, enthält Elemente aus Teil 1 und 2 und bewegt sich zwischen tiefem und hohem Niveau, also zwischen Erde und Himmel.

Zu Beginn und am Ende steht der Übende ausgerichtet nach Norden, was der Praxis des religiösen Daoismus entspricht, in der Meditation sich zum Polarstern hin auszurichten, weil so das Qi am wenigsten beeinträchtigt wird, wenn es im Einklang mit dem Magnetfeld der Erde wirken kann; heute – in den Städten mit der Vielzahl ihrer elektromagnetischen Strahlungen – nimmt man aber »Norden« lediglich als Orientierung für die Ausrichtung der Bewegungen, das heißt, es muss nicht wirklich nach Norden ausgerichtet geübt werden. Die Bewegungen gehen in alle sieben Himmelsrichtungen, außer nach Süden, denn die Ausrichtung nach Süden war im alten China dem Kaiser vorbehalten; andere Auffassungen besagen, dass es ungünstig sei, im Kampf von der Sonne geblendet zu werden.

Mit aufrechtem Rumpf, wobei Wirbelsäule und Kopf eine Einheit bilden, und leicht gebeugten Knien bewegt man sich langsam, gleichmäßig und fließend, alle Anspannungen der Muskeln, die nicht durch die Bewegungen hervorgerufen werden, vermeidend. Sind beide Füße auf dem Boden, bleiben die Knie fast immer gebeugt, das Körpergewicht ist dabei immer mehr auf ein Bein verlagert.[4] Durch diese Körperhaltung wird das Becken bzw. der Unterbauch mit dem unteren Dantian zum Zentrum des Körpers. Es ruht in sich selbst und bildet, selbst unbewegt wie die Nabe eines Rades, den Ausgangspunkt der Bewegungen.

In dieser Bewegungsweise der Form realisiert sich einmal mehr der Gegensatz von außen und innen: nach außen aktiv, aber im Inneren still.[5] Überaus wichtig ist es, die Bewegungen hellwach auszuführen und sie bewusst und konzentriert mit dem Geist zu führen.

Diese zeitlupenartige Bewegungsweise wird auch als »Schwimmen in Luft« bezeichnet. Damit ist eine Symbolik angesprochen, die dem Taijiquan die Dimension des Aufbrechens in ferne Gefilde verleiht. Denn neben dem Motiv des Fliegens in andere, bessere Welten steht in der chinesischen Geistesgeschichte symbolhaft auch das Schwimmen, »das dem Menschen ebenfalls die Überschreitung des zweidimensionalen Bewegungsraumes erlaubt und allein schon in der Verlagerung des Rhythmus von den Beinen auf die Arme dem Fliegen in gewisser Weise ähnelt.«[6] Man könnte Taijiquan sozusagen als »erdverbundenes Schwimmen« bezeichnen – oder als ein Schweben »mit den Füßen auf der Erde und dem Kopf in den Wolken«, wie es in einem chinesischen Sprichwort heißt.

Die langsamen und entspannt ausgeführten Bewegungen arbeiten die Muskulatur durch, lockern die Gelenke und machen den Kopf frei. Aber der Bezugsrahmen der Form ist natürlich nicht auf Anatomie und Physiologie beschränkt, sondern weiter gefasst: Er gründet auf dem »Energie-Körper«, also auf dem nicht sichtbaren Netz der Qi-Ströme oder Meridiane im Körper, welches eigentlich durch die Form bewegt wird. Denn die Form bewahrt den Kern der daoistischen Meditationspraxis des Inneren Elixiers in sich, die ja in der Entwicklung durch Zhang Sanfeng das »Ausgangsmaterial« gewesen war.[7]

Bezieht man das Taiji-Diagramms (siehe S. 37) vereinfacht auf die Praxis von Taijiquan, so ergibt sich folgendes Bild:

Alles Existierende besteht aus dem Urstoff Qi, der sich durch das Zusammenwirken – die »Wandlungen« – der beiden Urkräfte Yin und Yang in die Zehntausend Dinge materialisiert; das Symbol für diesen Vorgang ist Taiji. Taijiquan, die Bewegungskunst nach dem Prinzip des Taiji, offenbart diesen Zusammenhang. Das »Schwimmen in Luft«[8] bewegt und entwickelt das Qi, die Lebenskraft im Menschen, und verwirklicht den Energie-Körper. Der Aufbau der Bewegungen, sozusagen die Struktur ihres Ablaufs, realisiert die »Wandlungen«, das Zusammenspiel von Yin und Yang.

Alle Elemente in Taijiquan sind in die Polarität von Yin und Yang eingebunden; jede Einzelheit ist entweder Yin oder Yang. Es handelt sich eben nicht um irgendwie fließende Bewegungen, die unter dem ideologischen Überbau Yin-Yang als Taijiquan firmieren, sondern eine konkrete Gestaltung nach der Maßgabe der Polarität.

Im Ablauf der Form folgt immer eine Yang- auf eine Yin-Bewegung – und natürlich umgekehrt. Yin-Bewegungen beziehen sich, allgemein gesagt, auf die Erde, und Yang-Bewegungen auf den Himmel; auf einem hohen Niveau des Könnens bilden Arme und Beine jeweils Räder, die in Yin-Phasen rückwärts und in Yang-Phasen vorwärts rollen (wobei die Drehung eines Rades ja auch aus Yin- und Yang-Phasen besteht). Arme und Beine sind, unabhängig voneinander und von der Yin-Yang-Formstruktur, entweder Yin oder Yang, in den Füßen sind die Zehen Yang und die Fersen Yin, was für die Gewichtsverteilung und damit für die Aufrichtung des Körpers wichtig ist.[9] Arme und Beine bewegen sich in Spiralen, die als solche kaum erkennbar sind; und eine Spirale besteht aus vorwärtsdrehender (Yang-) und rückwärtsdrehender (Yin-)Bewegung. Und natürlich korrespondiert der Atem – ständig erlebbares Beispiel dafür, wie das Zusammenspiel von Ein- (Yin) und Ausatmen (Yang) das Leben erschafft – mit den Phasen der Form.[10]

Die tägliche Übung der Form kann als (konfuzianisches) Ritual aufgefasst werden, das durch seine Regelmäßigkeit an sich, noch ohne Ansehen der Inhalte, eine heilsame Wirkung entfaltet. Ebenfalls konfuzianisch ist, dass die Form erlernt und ständig verbessert werden will; ersetzt man im folgenden Zitat des Konfuzius das Wort »lernen« durch »üben«, erhält man eine brauchbare »Übungsmaxime« für Taijiquan:

»Ich habe oft den ganzen Tag nicht gegessen und die ganze Nacht nicht geschlafen, nur um zu denken. Es nützte nichts. Es ist doch besser, zu lernen.«[11]

Stellt die äußere Bewegung der Form ihre konfuzianische Seite dar, so ist ihr Inhalt daoistisch, weil sie wesentlich Stille ist und durch den Begriff des »Verlierens« bestimmt wird.

In dem Durchgang durch die Form vollziehen wir symbolisch die Erschaffung oder den Aufbau der Welt und können, wenn wir uns ganz darauf konzentrieren, die Bewegungen auszuführen, uns selbst vergessen und im »Goldenen Jetzt« aufgehen – aber ohne daran zu denken.

Das Ende der Form führt uns zu uns selbst und unserem Ausgangspunkt zurück: Wir stehen wieder da, wo wir die Form begonnen hatten. Das hat zwei Dimensionen: Wir holen uns gewissermaßen selbst wieder ab, um – bereichert – in den Alltag zurückzukehren, und haben symbolisch die daoistische »Rückkehr zum Ursprung« vollzogen.

Die Genauigkeit der Form ist von außerordentlicher Bedeutung; es vergehen Jahre der Übung, bis man ihr gerecht werden kann. Hier zeigt sich nochmals der konfuzianische Aspekt des Lernens – aber sozusagen daoistisch gewendet. Denn dieses Lernen zielt auf seine Abschaffung und auf die Aufgabe dessen, was es sich erarbeitet hat. Mit anderen Worten, es werden keine Bewegungen erlernt, die etwas zur körperlichen Gestalt hinzutun oder sie irgendwie »künstlerisch« oder künstlich formen wollen – der Körper ist hier kein Ausdrucksmittel für Konzepte oder Gefühle, Taiji ist kein Tanz –, sondern sie verändern ihn in dem Sinn, dass er kein Hindernis mehr darstellt auf dem Weg zur Einheit von Mikro- und Makrokosmos. Denn die Genauigkeit der Bewegungen führt den Körper immer weiter zu seinem »ursprünglichen« Zustand zurück, wie wir ihn als kleine Kinder erlebten, als wir gerade laufen lernten: ganz im Jetzt, noch ohne Bewusstsein unser selbst, verbunden mit Himmel und Erde. Insofern »verlieren« wir bei der Übung der Form – so wie das Fischernetz beiseitegelegt werden kann, wenn die Fische gefangen sind.[12]

Die Aufgabe ist nicht einfach, weil unser persönliches Leben Antworten auf die Fragen, die uns Schwerkraft und Lebenskraft stellen, gegeben hat, die wohl in den allermeisten Fällen stark vom Idealbild des Taijiquan abweichen. Als kleine Kinder, eben noch ohne Bewusstsein unserer selbst, waren wir, kaum auf den Füßen, ungezwungen aufrecht und natürlich in unseren Lebensäußerungen, aber heute haben sich »Mühseligkeiten und Beladensein« der Jahre sichtbar in unserer körperlichen Erscheinung ausgeprägt. Jetzt wäre es am einfachsten, wenn wir etwas »machen« könnten – aber der Weg, den das Taijiquan zurück zu jener Natürlichkeit vorgibt, ist eben der des Wuwei, des Nicht-Machens oder »Verlierens«, wie ihn der philosophische Daoismus versteht. So stehen wir am Beginn unserer Beschäftigung mit Taijiquan vor einem Paradox: Wie sollen wir etwas erlernen, also Bewegungen, Fertigkeiten erwerben – die darauf abzielen, dass wir etwas verlieren, dazu etwas überaus Komplexes – nämlich unsere gewohnte Haltung, die ja auch die Haltung zur Welt einschließt? Wie soll das gehen?

Es geht, das Paradox löst sich auf – das »wie« wird sich unterwegs zeigen –, denn das, was wir verlieren, ist doch nur das, was unser »natürliches Wesen«, unsere »wahre Natur« und damit die »unerschöpfliche Quelle unsere Lebenskraft« verdeckt und behindert.

ACHTES KAPITEL

Taijiquan als Kampfkunst – freundlich gewinnen

Wenn zwei gleich starke Heere sich treffen, ist der Mann des Kummers [der, welcher nachgibt] der Sieger. Laozi

»Freundlichkeit kann man den Menschen nicht mit Härte beibringen – und sei die Härte auch noch so sparsam dosiert ... Der Versuch, den Menschen Freundlichkeit durch Maßnahmen der Härte beizubringen, ist dasselbe wie der sprichwörtliche Krieg, der die Kriege abschaffen soll. Härte ermuntert Härte; sie ermuntert niemals zur Güte ... Mit Sicherheit ist es die wesentliche ethische Botschaft des Daoismus.«[1]

Freundlich sein mit sich selbst: ungestört allein, ganz in Ruhe, Körper und Geist in Harmonie, mit niemandem wetteifernd, die eigene Lebenskraft zu pflegen in der Übung der Form – es fällt nicht schwer zu sehen, dass das eine ideale Gelegenheit ist, Freundlichkeit im Umgang mit sich selbst zu lernen. Auch die »Selbst-Verteidigung« in der Kampfkunst ist eigentlich noch ein freundlicher Akt – gegenüber mir selbst, weil ich Leib und Leben schütze. Aber zum Gegner, der mich in böser Absicht angreift? Kann ich zu ihm freundlich sein, meine Gesundheit bewahren, ohne die seine zu gefährden? Oder, um mit Yang Zhu zu sprechen: mein Haar retten, ohne eins von seinen zu krümmen?

Diese Art des Vorgehens ist möglich und wird so im Inneren Taijiquan auch praktiziert. Zunächst ist die Hauptregel zu beachten, in keinem Fall selbst anzugreifen: nie den ersten Stein zu werfen. Wenn man aber von einem Gegner angegriffen wird, soll man sich ohne Zögern effektiv verteidigen. Effektiv – aber ohne den Angreifer zu verletzen und sogar ohne ihm Schmerz zuzufügen. Ihm also nicht mit gleicher Münze die Härte und Aggressivität seines Angriffs zurückzuzahlen, sondern ...?

Hier lautet oft die Antwort, auf Taijiquan bezogen: Mit Weichheit und Nachgeben. Dem Angriff ausweichen, ihn ablenken oder ins Leere laufen lassen, weil »das Weiche das Harte besiegt.« (Laozi) Aber kann derartige Weichheit die Essenz der berühmtesten Kampfkunst in China gewesen sein, deren Meister die Angreifer einfach von sich abprallen lassen konnten?

Die nächste Möglichkeit wäre, das weiche Neutralisieren des Angriffs als den ersten Schritt der Verteidigung zu praktizieren und diesen dann gegen den Angreifer zurückzuwenden, ihn also mit seiner »geborgten« Kraft zu besiegen. Das mag gelingen und stellt auch, weil es das Yin-Yang-Prinzip realisiert, einen Übungsschritt auf dem Weg von Taiji als Kampfkunst dar – hat aber Taijiquan fälschlicherweise auch die Bezeichnung »weiche Kampfkunst« eingetragen. Aber es ist nicht Inneres Taijiquan. Das nämlich hat sein typisches Bild in jenem Abprallen oder »touch and fly«: Ein Angreifer fliegt im Moment der Berührung blitzartig zurück, wobei es auch bloß eine sanfte »Berührung« sein kann und kein harter Stoß oder Griff sein muss.

Zwei Punkte sind bei Innerem Taijiquan entscheidend: die Entwicklung der Jin-Kraft[2] im Unterschied zur sogenannten schwerfälligen Kraft Li[3] (Einsatz von Muskel- und Schwungkraft) und das Verständnis von Yin und Yang. Das Prinzip, dass beide verbindet, ist Wuwei. Jin-Kraft ist grundsätzlich von Kraft verschieden, die durch willkürlich angespannte Muskeln gewonnen wird: Qi fließt nur, wenn die Meridiane nicht durch angespannte Muskulatur und blockierte Gelenke unterbrochen sind – zu viel Muskulatur kann zudem die Beweglichkeit der Gelenke auch einschränken. Das heißt jedoch nicht, dass auf dem Taiji-Weg nie Muskelkraft eingesetzt wird. Zu Beginn des Übungsweges, wenn noch wenig Qi entwickelt ist, ist das Verhältnis Muskelkraft zu Jin-Kraft vielleicht 80 zu 20, später kehrt sich das zugunsten der Jin-Kraft mehr und mehr um. In der Jin-Kraft ist immer Muskelkraft enthalten, aber eben keine, die aus willkürlicher Anspannung resultiert, sondern der Muskeltonus, der uns auch aufrecht hält gegen die Schwerkraft und uns daran hindert, umzufallen. Deswegen ist der Versuch, beim Üben von Taijiquan nur weich sein zu wollen, um den Einsatz von Muskelkraft zu vermeiden, ein Irrweg; schlaffe Muskeln (gleich »keine Muskelkraft«) sind nicht gleich Qi und ermöglichen auch nicht die Entwicklung der Jin-Kraft. Im Übrigen verdrängen sie die Aggressivität, (im Sinne des »aggredi«: auf etwas zugehen) das Yang-Potenzial der Lebenskraft und Leidenschaft, anstatt sie zu transformieren.

Zum andern ist Jin-Kraft verschieden von der Schwungkraft des Körpers, also der Wucht, die aus dem Einsatz des Körpergewichts entsteht. Der Einsatz von Schwungkraft und Muskelkraft ist eine instinktive Reaktion auf bedrohliche Situationen; beide aber sind die konkreten Hindernisse, die das Fließen der Lebenskraft verhindern und die aufgegeben – im daoistischen Sinn eben »verloren« – werden müssen.

Yi-Qi-Jin

Der Weg zur Jin-Kraft kann bezeichnet werden durch die Begriffe Yi-Qi-Jin, frei übersetzt: »Der Geist führt – Qi und Körper folgen –, und es entsteht die wesentliche Kraft.« Yi bedeutet zum einen »Sinn«, »Idee«, auch »Vorstellungskraft«, zum andern »Wunsch«, »Verlangen« und »Absicht« oder auch »Zweck«. Es ist also eine geistige Aktivität gemeint, die auf ein Ziel gerichtet ist, im Unterschied zum Phantasieren, Träumen, Nachdenken. Yi in Taijiquan ist der Wunsch oder die Absicht, eine Bewegung unmittelbar umzusetzen; insofern ist auch der Begriff »Intentionalität« oder »intentionaler Geist« , aber auch »Gedankenwünsche« angebracht.

»Qi und Körper folgen« meint den Strom der Energie und die Körperbewegungen, die ihn ermöglichen und fördern. Jin bedeutet »große Kraft und Stärke«, auch »Kraftimpuls«, sowie »Energie«. Gemeint ist also, dass eine zielgerichtete Aktivität des Geistes die Körperbewegungen anleitet und dass keine Bewegung mechanisch erfolgen darf. Wenn die Bewegungen richtig ausgeführt werden, fließen Atem und Lebensenergie, und es entwickelt sich Jin.[4]

»Geistiger Exkurs«

Der rationale Geist denkt, kalkuliert, wägt ab. Aufmerksamkeit und Wachheit nehmen wahr. Die Phantasie träumt am Tag. Konzentration begleitet und lenkt das Tun. Die Vorstellungskraft verbindet Geist und Handeln. Yi und Wuwei verwandeln den Geist in spirituellen Geist: Mein Bewusstsein wird erweitert.

Intentionaler Geist möchte tun: »Gesagt, getan«, »jetzt trinke ich einen Kaffee«, das ist Yi, spontanes Tun.

»Normalerweise pflege ich um diese Zeit meinen Kaffee zu nehmen« ist Gewohnheit, »es ist halt so üblich«, gesellschaftliche Übereinkunft. »Wenn ich ihn zum Kaffee einlade, dann … vielleicht« ist strategisches Handeln, Kalkül.

Wuwei ist nicht-strategisches Handeln, sondern spontan (Ziran) und kreativ.

»Wenn er mich so von der Seite aus angreift, dann mache ich am besten …« ist geplant und strategisch und nicht Taiji, denn erstens kommt es anders …

Die Maxime Yi-Qi-Jin kann gar nicht hoch genug eingeschätzt werden in ihrer Bedeutung, ist aber andrerseits nicht so kompliziert umzusetzen, wie sie sich vielleicht anhört. Wenn man nach dem Weg gefragt wird und spontan antwortet: »Da vorn rechts!« und den Ausspruch mit einer zeigenden Geste begleitet, dann hat der Geist das Qi gelenkt, und jeder, der mit Taijiquan beginnt, kann in der ersten Stunde gar nicht anders, als dieses Prinzip umzusetzen: Ohne Aufmerksamkeit (»der Geist führt«) wäre es gar nicht möglich, die Bewegungen des Lehrers nachzuahmen (damit »Qi und Körper folgen«). »Wesentliche Kraft«, eine andere mögliche Übersetzung von »Jin-Kraft«, entwickelt sich dann von selbst, wenn sonst alles stimmt. Zum Beispiel muss Yi ständig führen und darf nicht zum Zweck einer falsch verstandenen Entspannung im Vor-sich-hin-Dösen abdanken, wenn der Körper die Bewegungen automatisiert hat.

Yin und Yang

Verständnis von Yin und Yang bedeutet, die Kraft des Angreifers (Yang) zu neutralisieren (Yin), sie leer werden zu lassen und sie dann zurückzugeben (Yang), also eine harte Kraft durch Taiji zu verwandeln. (Hier ist das Bild des Taiji-Symbols hilfreich, das, sich drehend, eine gerade auf es gerichtete Kraft aufnimmt, transformiert und wieder freigibt.)

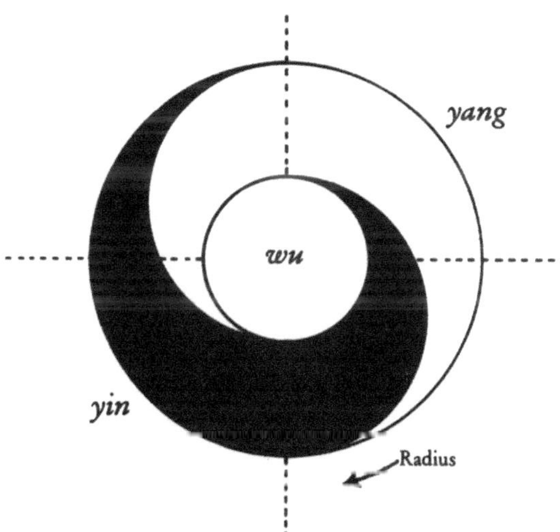

Diese Fähigkeit wird in großen Abläufen geübt, führt aber, wenn es richtig gemacht wird, »wie von selbst« zu immer kleineren und schnelleren Bewegungen und schließlich eben zu der Fähigkeit, den Angriff schon im Geist zu neutralisieren – sein Auftreffen vorwegnehmend – und direkt mit der eigenen Yang-Phase zu antworten (die aber, weil sie aus dem Taiji kommt, eine andere als die des Angriffs ist). »Als Zweiter starten, aber als Erster ankommen« wäre eine griffige Formel dafür. Diese Fähigkeit heißt im Taijiquan auch »Energie verstehen«.

Wuwei und Ziran

Diese Art zu handeln ist ein Beispiel für den daoistischen Begriff Wuwei. Wuwei, wörtlich »Nicht-Tun«, meint »Handeln durch Nichthandeln« oder auch »Handeln ohne Mühe«.

»In der antiken Philosophie Chinas spielt die Idee des Wirkens durch Nicht-Tun eine bedeutende Rolle, selbst Konfuzius war davon beeinflusst. Unter Nicht-Tun darf man aber keineswegs völlige Gleichgültigkeit und Untätigkeit verstehen, sondern eher das Unterlassen aller unnötigen Eingriffe in das Geschehen, Dies ist eine Fähigkeit des weisen Mannes ... Das Gegenteil des Nicht-Tuns ist eine aus Selbstüberschätzung und mangelnder Einsicht geborene Aktivität.«[5]

Ziran, wörtlich »von-selbst-so-seiend«, ist alles, was spontan und frei von äußeren Einflüssen ist. Ziel des Wuwei ist Ziran: die Harmonie mit sich selbst.

Wuwei heißt, im Einklang mit dem Dao zu handeln – diese ebenso grandiose wie unscharfe Formulierung sei hier gestattet, weil gleich klar werden soll, was gemeint ist.

Wenn jemand meine Handgelenke packt, weil er mich festhalten will, ist die instinktive Reaktion, sich dagegen zu wehren: mit Muskelkraft, Schwungkraft und Techniken, sich herauszuwinden und so weiter. Diese Reaktion ist nicht im Einklang mit dem Dao und entspricht nicht dem Wuwei, weil sie nicht den Möglichkeiten meiner »wahren Natur«, die Freundlichkeit ist, entspricht. Die Alternative zur heftigen Gegenwehr wäre aber nicht sich dem Aggressor – freundlich – kampflos zu überlassen, weil ich damit, siehe Yang Zhu, mehr als nur eins meiner Haare gefährden würde und seine Unfreundlichkeit, mich anzugreifen, außerdem noch bestätigen würde. Freundlich bin ich, wenn ich seinen wenn auch aggressiven Standpunkt akzeptiere und seine Kraft nicht direkt bekämpfe, sondern sie – zunächst – zulasse. Dann lasse ich ihn mit seinem Angriff allein und gehe um ihn herum – natürlich nur symbolisch, weil er mich ja festhält. Real lasse ich durch eine minimale Yin-Bewegung, die von außen nicht sichtbar ist, seine Kraft leer werden, und wenn sie leer ist und er keinen physischen und psychischen Angriffspunkt mehr spürt – es gibt keinen Widerstand, an dem er sich reiben könnte –, dann handle ich und wehre mich: mit seiner »verwandelten« Energie, die am schwachen

Punkt seiner Kraftlosigkeit ansetzt und ihn physisch in den Raum und psychisch auf sich selbst zurückwirft. Freundlich habe ich ihm gezeigt, dass er meine Grenzen überschritten hat; vielleicht lernt er daraus, sie das nächste Mal zu respektieren. Dieser Vorgang geschieht blitzartig, ist – bei hohem Grad des Könnens – bereits im Geist vorweggenommen, bevor er körperlich geschieht; sozusagen die ultimative Einlösung der Maxime, dass der Geist führt und Qi und Körper folgen.

Hier zeigt sich die Nähe zum Zen-Buddhismus.[6] Zum einen in der Plötzlichkeit, in der die Jin-Kraft eingesetzt wird, die man – im Charakter, nicht im Inhalt – mit der plötzlichen Erleuchtung im Zen vergleichen kann, und auch in der Knappheit: Es sind nur ein oder zwei Bewegungen erforderlich, um die Situation zu bestehen.

Der Einsatz der Jin-Kraft erfolgt so, dass alle beteiligten Bewegungsabläufe, die lange Zeit im Einzelnen geübt wurden, zusammenkommen, ausgelöst von der Erkenntnis, wie sie zusammengehören, die, als Bilder jener Bewegungsabläufe ebenfalls lange geübt, nun blitzartig in einer Art »Erleuchtung« zusammenschießen; ein zwar bewusster, aber wie von selbst geschehender spontaner Vorgang.[7] Die »Erleuchtung« ist dem Anreiben eines Streichholzes vergleichbar, dem die Flamme – die körperliche Umsetzung – unmittelbar folgt.

Mit vier Unzen 1000 Pfund besiegen

Es gibt in Taijiquan ein bekanntes Beispiel für den Einsatz der Jin-Kraft: »Mit vier Unzen (ca. 100 Gramm) tausend Pfund besiegen«, mit dem dazugehörigen Bild, dass ein Knabe einen Wasserbüffel nach Belieben bewegen kann, weil er ihn durch eine Schnur mit vier Unzen Gewicht an einem Ring kontrolliert, der durch die Nase des Tieres gezogen ist. In der Tat, dazu braucht es keine Kraft, weil die Nase der schwache Punkt ist. Dieses Bild und obige Beschreibung vom Einsatz der Jin-Kraft passen mit Einschränkung übereinander: Die fast unmerkliche Yin-Bewegung bringt den Angreifer an seinen schwachen Punkt, nämlich einer so instabilen Haltung, dass für die folgende Yang-Bewegung, die ihn wegschleudert, so gut wie keine Muskelkraft nötig ist.

Äußeres Taijiquan sieht die »vier Unzen« Kraft lediglich in der leichten Berührung realisiert, mit welcher der Verteidiger den Angreifer ins Leere laufen lässt, um ihn, jedoch nun mit erheblich mehr Kraft, zurückzustoßen. »Versucht uns jemand mit einer Kraft von 1000 Pfund anzugreifen und nähert sich aus einer bestimmten Richtung – sagen wir von vorn –, dann ziehe ich seine Hand mit der

Energie von vier Unzen und folge dabei der Richtung seiner Kraft. Nun ist die Stärke unseres Gegners neutralisiert, und genau in diesem Moment gebe ich Energie ab, um ihn wegzustoßen. So wird er unweigerlich einige Meter weit weggeschleudert. Die Energie, die zum Ziehen des Gegners eingesetzt wird, braucht nur vier Unzen zu betragen. Die Energie, um ihn wegzustoßen, muss jedoch den Umständen angepasst werden.«[8]

Entscheidend ist dabei der Satz, dass die Energie, um ihn wegzustoßen, »den Umständen angepasst« werden muss; denn das ist die Beschreibung von willkürlicher Muskelkraft, die zwar durch die Übung des Qi geschmeidiger geworden ist, aber es handelt sich nicht um Jin-Kraft im hier verstandenen Sinn – denn die muss nicht angepasst werden. Im Übrigen – was geschieht in einer Situation wie der oben beschriebenen, in der der Angreifer steht und es keine Bewegung von 1000 Pfund gibt, die man ableiten und ins Leere laufen lassen kann?

So wie Jin im Äußeren Taijiquan definiert wird, bestärkt das die Vermutung, dass es keine »innere Energie« ist, die da wirkt: eher »Elastizitätskraft«[9] oder die Definition, Jin käme aus der Kraft der Muskeln und Sehnen, im Unterschied zum Einsatz der Knochen bei Li.[10]

Die zweite Ähnlichkeit mit Zen betrifft die Wirkung auf den Angreifer (besser passt hier Schüler oder Übungspartner). Ähnlich wie der »geistige Schlag«[11] des Zen-Meisters wirbelt die Jin-Kraft das Weltbild und das Selbstverständnis desjenigen durcheinander, dessen Aggressivität und Härte buchstäblich der Boden unter den Füßen entzogen wird, ohne sich gegen Aggressivität des Meisters oder gar Hinterlist, die ihn ins Leere laufen lässt, empören zu können – weil da keine ist, sondern nichts außer dieser unfassbaren und freundlichen Kraft, die ihn belehrt, aber nicht bestraft.

»Freundlichkeit« ist hier keine bloß theoretisch herbei bemühte Vokabel, die einen Zusammenhang konstruieren soll, sondern beschreibt tatsächlich das Gefühl, das beide – auch und vor allem der Angreifer – in dieser Situation erleben. »Entwurzelt« zu werden, wie das Abprallen in Taijiquan genannt wird, ist kein unangenehmes Erlebnis, im Gegenteil, weil »wahre Natur« es bewirkt hat, ein angenehmes – »happy Qi«, wie Meister K. H. Chu es ausgedrückt hat.

Nicht verschwiegen sei, dass die Jin-Kraft auch erheblich unangenehmer eingesetzt werden und auch töten kann. Aber im Grunde ist sie freundlich und muss nicht, um effektiv als Verteidigung zu wirken, ihre Freundlichkeit aufgeben. Diese Freundlichkeit war, neben der großen Effektivität beim Kämpfen, sicherlich der Grund, dass Taijiquan Chinas berühmteste Kampfkunst gewesen ist.

NEUNTES KAPITEL

Die Geschichte des authentischen Yang-Stils

Das Ziel von Taijiquan ist, »... allen Menschen, die Taiji üben, zu langem Leben und ewiger Jugend zu verhelfen. Der Gebrauch von Taiji als Selbstverteidigung ist erst in zweiter Linie wichtig.« Yang Luchan

Yang Luchan (1799–1872) war Schüler von Chen Chanxing (1771–1853) beziehungsweise lernte innerhalb dessen Familie bei einem anderen Lehrer.

Wie Yang Luchan in die Familie des Meister Chen aufgenommen wurde, wie lange er blieb, wie lange – und schließlich von wem – er lernte, darüber gibt es viele Geschichten.

Eine erzählt, wie er sich, gerade zehnjährig, unter der Vorspiegelung, er sei taubstumm, als Diener in das Haus des berühmten Taiji-Meisters »einschlich«. Heimlich beobachtete er den Unterricht und übte, was er sah, für sich. Eines Tages, als der Meister eine vollendete Stocktechnik demonstrierte, platzte der »Taubstumme« vor Begeisterung heraus – und war entlarvt. Der Meister jedoch war so beeindruckt von dem, was Yang heimlich gelernt hatte, dass er ihn, nachdem er seine Ernsthaftigkeit geprüft hatte, als Schüler annahm.

Die »Prüfung« bestand darin – und hier stimmen die verschiedenen Fassungen im Wesentlichen überein –, dass er ihn einbestellte und, als Yang kam, sich schlafend stellte. Der wagte nicht, ihn zu wecken, und verharrte kniend etliche Stunden, bis der Meister »erwachte« und ihn entließ; dieses Spiel wiederholte sich noch zwei Mal. Eine Variante erzählt, dass der Meister in seinem fingierten Schlaf den Kopf so unbequem hängen ließ, dass Yang ihn vorsichtig gerade rückte und festhielt, über Stunden hinweg. So überzeugte sich der Meister von Yangs ernsthaftem Wunsch zu lernen und von seinem aufrichtigen Charakter.

Nach der Darstellung eines Mitglieds der Yang-Familie lernte Yang insgesamt 18 Jahre bei Mitgliedern der Familie von Chen Chanxing und nur die letzten drei Jahre beim Meister selbst; eine andere Version spricht von 40 Jahren, die er dort verbracht haben soll. Später reiste Yang Luchan durch China und forderte

18 Meister heraus. Er gewann alle Kämpfe mit nicht mehr als zwei Bewegungen und erhielt den Beinamen »Yang, der nicht kämpft«. Weil er den Wert von Taijiquan als Gesundheitsübung hoch einschätzte, begann er als Erster in Peking öffentlich zu unterrichten. Später wurde er zum Lehrer am Kaiserlichen Hof bestellt und durfte nur noch die Kaiserfamilie und Mitglieder der kaiserlichen Wache unterrichten.

Wie sich der von ihm entwickelte »Yang-Stil« vom »Chen-Stil«, den er gelernt hatte, unterschied – auch darüber gibt es die unterschiedlichsten Vermutungen. Der Chen- und der Yang-Stil sind grundverschieden, zumindest den heute existierenden Fassungen nach; Ersterer mit großen Bewegungen und zum Teil explosiver Dynamik, Letzterer sanft und fließend (wobei es Varianten mit großen und solche mit kleineren Bewegungen gibt).

Aus dieser Verschiedenheit wurden deshalb verschiedene Schlüsse gezogen; zum einen der, dass der ursprüngliche Chen-Stil ähnlich wie der Yang-Stil gewesen sein müsse, zum anderen der, dass Meister Chen an Yang Luchan gar nicht den Chen-Stil weitergegeben habe, sondern eine andere geheime Form, aus der dann der Yang-Stil hervorgegangen sei – oder auch der, dass Yang Luchan gar bei einem ganz anderen Meister gelernt habe, allerdings mit Billigung von Meister Chen, in dessen Haus der Unterricht ja in aller Heimlichkeit nachts stattfand. Legenden stehen hoch im Kurs.

Yang Luchan hatte zwei Söhne[1], die beide von ganz unterschiedlichem Charakter waren – der ältere temperamentvoll und »hartgesotten«, der jüngere sanft – und die beide den Yang-Stil verschieden prägten.

Banhou, der ältere Sohn des Yang Luchan, kämpfte einmal, als er 15 Jahre alt war, gegen einen Meister des Shaolin (Äußere Kampfkunst), der über beträchtliche Kräfte verfügte. Der ergriff Banhous Handgelenk mit einem als »Tigerkralle« bekannten Griff und ließ nicht los. Banhou warf ihn mit plötzlichem und scharfem Einsatz des Qi zu Boden. Zu Hause erzählte er dem Vater von dem Kampf. Der lachte, sagte dann: »Gut, aber dein Ärmel ist zerrissen! Ist das Taiji?«

Yang Jianhou, der jüngere Sohn Yang Luchans, besaß die außergewöhnliche Fähigkeit, Kraft, die auf ihn einwirkte, zu neutralisieren – »Energie zu verstehen«, wie es im Taiji heißt. Ein Spatz auf seiner Hand konnte nicht wegfliegen. Wenn ein Vogel wegfliegen will, braucht er einen festen Grund, von dem er sich abstützen kann. Yang Jianhou konnte die Energie der Vogelfüße »verstehen«. Dem Druck des Vogels nach unten gab er nach und neutralisierte ihn, so dass der keinen Widerstand fand und nicht abheben konnte.

Es ist bekannt, dass beide Söhne vielfältige Stilvarianten ausprägten – lange und kurze Formen, langsame und schnelle –, aber welche heute noch wo und wie existieren und wirklich von beiden stammen, darüber herrscht Uneinigkeit: Zu stark waren die Eingriffe in sie und Interpretationen ihrer Herkunft von anderen Mitgliedern der Yang-Familie und von Außenstehenden.

Yang Chengfu[2], der Enkel von Yang Luchan, gilt als der bedeutendste Meister des 20. Jahrhunderts, denn er vereinheitlichte die Form. In Übereinstimmung mit einem Zhang Sanfeng zugeschriebenen Text, der 105 Zeichnungen von insgesamt 72 Einzelformen enthält, schuf – oder rekonstruierte er – die Form, die der von Yang Luchan entsprechen soll und die die Grundlage aller sogenannten »langen Fassungen« der Yang-Stil-Form bildet.

Über Yang Chengfus innere Kraft gibt es zahlreiche Augenzeugenberichte. So wird erzählt, dass er einmal seine Kunst für Soldaten demonstrierte, die seinen Unterricht beobachteten, den er ihrem General am Rande des Kasernenplatzes erteilte, auf dem sie exerzierten. Er stellte eine Reihe der Soldaten Schulter an Schulter im Kreis auf und gab dem ersten einen leichten Klaps gegen die Schulter – mit dem Ergebnis, dass der letzte des Kreises ein Stück wegflog, die anderen aber stehen blieben. Der nächste Klaps entwurzelte die nächsten beiden und so weiter. Yang Chengfu konnte sein Qi so fokussieren, dass es durch die Körper hindurchging, ohne sie zu tangieren, und nur dort wirkte, wo sein Bewusstsein – sein Yi – es hinsandte. Eine andere Anekdote handelt von Reiskörnern, die von ihm abprallten: Kinder der Familie machten sich einen Spaß daraus, dem schlafenden Meister, der ziemlich korpulent war, heimlich Reiskörner auf den Qi-Bauch zu werfen, der so elastisch wie das Fell einer Trommel war und die Körner zum Tanzen brachte.

Nach 1911, dem Jahr der bürgerlichen Revolution in China, entschloss sich Yang Chengfu, den Yang-Stil in China zu verbreiten, wie es sein Großvater gewollt hatte. Er unterrichtete im Lauf seines Lebens wohl an die 10 000 Schüler, und der Yang-Stil breitete sich über ganz China aus. Yang Chengfu ist fürwahr der »Vater« des modernen Taijiquan, seine Schüler, Enkel- und Urenkel-Schüler unterrichteten in allen Teilen der Welt; viele berufen sich auf ihn, die nur kurze Zeit oder auch gar nicht bei im gelernt hatten.[3]

Sein ältester Sohn Yang Shouzhong begann im Alter von acht Jahren, Taijiquan zu lernen und begleitete den Vater ab seinem 15. Lebensjahr auf dessen Reisen, um den Yang-Stil zu verbreiten. Die strenge Ausbildung durch seinen Vater – er

Traditionslinie des authentischen Yang-Stils

Yang Luchan
1799–1872

Yang Jianhou
1839–1917

Yang Chengfu
1883–1936

Yang Shouzhong
1910–1985

Chu King-Hung
*1945

Frieder Anders
*1944

musste als Basistraining täglich 30 Mal die Form ausführen, was etwa sieben bis acht Stunden in Anspruch nahm – sorgte für die Weitergabe von dessen Kunst an seine Generation. 1949 ging er nach Hongkong und lehrte dort. Er galt bis zu seinem Tod 1985 als einer der führenden Meister des Taijiquan in der Welt – wiewohl nur in eingeweihten Kreisen, weil er die Öffentlichkeit und die Medien strikt gemieden hatte. Er schätzte die Tradition: Er änderte die stille, gleichmäßig fließende Form seines Vaters mit Ausnahme weniger Einzelheiten nicht, weil er schnelle Bewegungen für die Entwicklung des Qi für abträglich hielt und weil er es ablehnte, sich durch die Kreation einer eigenen Variante eine besondere Reputation zu verschaffen. In seinem Unterricht unterschied er scharf zwischen den Geheimnissen, die der Familie und den Meisterschülern vorbehalten waren, und dem, was er öffentlich weitergab.

Sein Qi war so stark, dass die Berührung mit dem Daumen von oben auf die Schulter eine Schülers genügte, um diesen ein Stück nach oben abheben zu lassen. Ebenso demonstrierte er seine Jin-Kraft mitunter so, dass ihn jeder angreifen und auf eine beliebige Körperstelle schlagen durfte, zum Beispiel auch auf die Kehle – und zurückgeschleudert wurde.

Meister K. H. Chu (Zhu Jingxiong), aus Südchina stammend, dann in Hongkong und von 1971 bis 2008 in London lebend, ist der letzte Meisterschüler des Yang Shouzhong von nur dreien, die dieser seit 1949 gehabt hat, dem alle Disziplinen und Geheimnisse des Yang-Stils weitergegeben wurden. Wie Yang Shouzhong an der Lehre des Vaters hat er nichts an dem verändert, was er von ihm gelernt hat – außer dass er die Ausatmer-Variante des Yang Shouzhong in die für ihn passende Einatmer-Variante verwandelt hat, ohne sich darüber je zu äußern.

Der Autor dieses Buches, Schüler des K. H. Chu von 1979 bis 2005, wurde 1988 sein erster Meisterschüler und vertritt seit 2002 als Meister der sechsten Generation den Yang-Stil in Deutschland. Im Unterschied zu Meister Chu jedoch lehrt er beide historischen Varianten, die er auf den Unterschied zwischen den Atemtypen zurückführt (FriederAnders:AtemtypTaiji®), den es als bewusste Unterscheidung in China so nicht gab und gibt.

ZEHNTES KAPITEL

Die Lehre von den Atemtypen

Die Lehre von den Atemtypen wurde von dem Musiker Erich Wilk (1915–2000) begründet. Er wurde in eine Bauernfamilie hineingeboren, studierte Geige und bemerkte dabei die Verschiedenheit seiner Lehrer. Aufgrund seiner außergewöhnlichen Beobachtungsgabe und Sensibilität entwickelte Wilk die Theorie der zwei unterschiedlichen Atemtypen und wandte sein Wissen erfolgreich im medizinisch-therapeutischen Bereich an. Er veröffentlichte seine Entdeckung bereits 1949, sie blieb aber zunächst unbeachtet.[1]

Erich Wilk bemerkte beim Geigenspiel, dass er bei zunehmendem Mond sehr gut ohne Noten auskam, während ihm bei abnehmendem Mond das Auswendigspielen sehr schwerfiel. Weiterhin registrierte er die Unterschiedlichkeit seiner beiden Lehrer bezüglich Körperhaltung und Bogenführung.[2] Während des Krieges, der seine Geigenkarriere unterbrach, erfuhr er im Afrikakorps und im Kriegsgefangenenlager, dass er die extreme Hitze trotz guter Konstitution sehr schlecht aushielt, andere Mitgefangene aber mit eher asthenischem Körperbau viel besser mit dem trocken-heißen Klima zurechtkamen.

Diese Beobachtung der unterschiedlichen Wirkung der Sonne auf den Menschen und seine vorher gemachten Erfahrungen der Einwirkung des Mondes auf sein Geigenspiel führte ihn zur Erkenntnis, dass es einen von der Sonne und einen vom Mond beeinflussten Menschentyp (beziehungsweise Atemtyp) geben müsse: die Ausatmer, die ihre innere und äußere Kraft beim Ausatmen gewinnen, und die Einatmer, die ihre Kraft aus dem Einatmen schöpfen. Er fand heraus, dass offenbar der Geburtstermin für die jeweilige Prägung verantwortlich ist. Überwiegt die Sonnenenergie, wird der Ausatmer geprägt, ist dagegen die Mondenergie stärker, prägt diese den Einatmer. Daraus leitete er die Berechnungsmethodik zur Bestimmung der Atemtypen ab.

Nach dem Krieg entwickelte er körperliche Übungen für jeden Atemtyp. Darüber hinaus gab er seine Erkenntnisse in therapeutischer Arbeit weiter. Auf diese Weise kam es zum Zusammentreffen mit der Kinderärztin Dr. Charlotte Hagena, die durch ihn von schwerer Krankheit geheilt wurde. In den folgenden 40 Jahren erprobte sie das Konzept der Atemtypen in ihrer Praxis und fand spezifische gesundheitsfördernde Verhaltensmodi für jeden Atemtyp, die vor allem Ernährung und Bewegung betreffen. Zusammen mit ihrem Sohn, Christian Hagena, ebenfalls Arzt, nannte sie das System Terlusollogie® (aus »Terra«, »Luna«, »Sol« zusammengesetzt). Heute findet die Terlusollogie® vor allem in Kreisen der Körpertherapeuten, Yoga-Lehrer, Hebammen, Logopäden, Stimmbildner, Sänger, Sprecher und Schauspieler Anwendung, seit kurzer Zeit zum ersten Mal auf dem Gebiet von Qigong und Taijiquan.

»Terlusollogie ist die Lehre der gegensätzlichen Einflüsse von Sonne und Mond auf den Menschen. Die zum Zeitpunkt der Geburt dominante Energie entweder des Mondes oder der Sonne bewirkt eine zeitlebens anhaltende physische und psychische Prägung. Die jeweils überwiegende Energie lässt sich einfach berechnen, das Ergebnis bildet die Grundlage für eine höchst effiziente Diagnose- und Therapieform. Von zentraler Bedeutung ist die Atmung. So unterscheidet die Terlusollogie zwei polare Atemtypen, den Einatemtyp und den Ausatemtyp. Die Körperhaltungen Sitzen, Stehen, Gehen und Liegen sowie die Ernährung richten sich nach dem Atemtyp aus und unterstützen die Atemfunktion. Um Körper, Geist und Seele dauerhaft in Harmonie zu halten, ist es notwendig, sich seinem naturgegebenen Atemtyp entsprechend zu verhalten. Typenwidriges Verhalten führt zu Unwohlsein, Leistungsminderung, bis hin zu Krankheit. Nach Berechnung des Atemtyps lassen sich Störungen oder Krankheiten mit Hilfe speziell entwickelter körperlicher Übungen und typengerechter Ernährung beseitigen.«[3]

Merkmale der Terlusollogie

Die drei grundlegenden Entdeckungen für die Terlusollogie von Erich Wilk sind:

1. der bipolare Einfluss von Mond und Sonne auf unseren Organismus[4] und die zwei unterschiedlichen Atemtypen, die im Moment der Geburt geprägt werden.[5]
2. die Berechnung des individuellen Atemtyps.[6]
3. die Eindeutigkeit des Typs; jeder Mensch ist entweder lebenslang lunar oder lebenslang solar.

Die Atemtypen unterscheiden sich in:

- Atmung,
- Bewegungsabläufen,
- Verhaltensweisen,

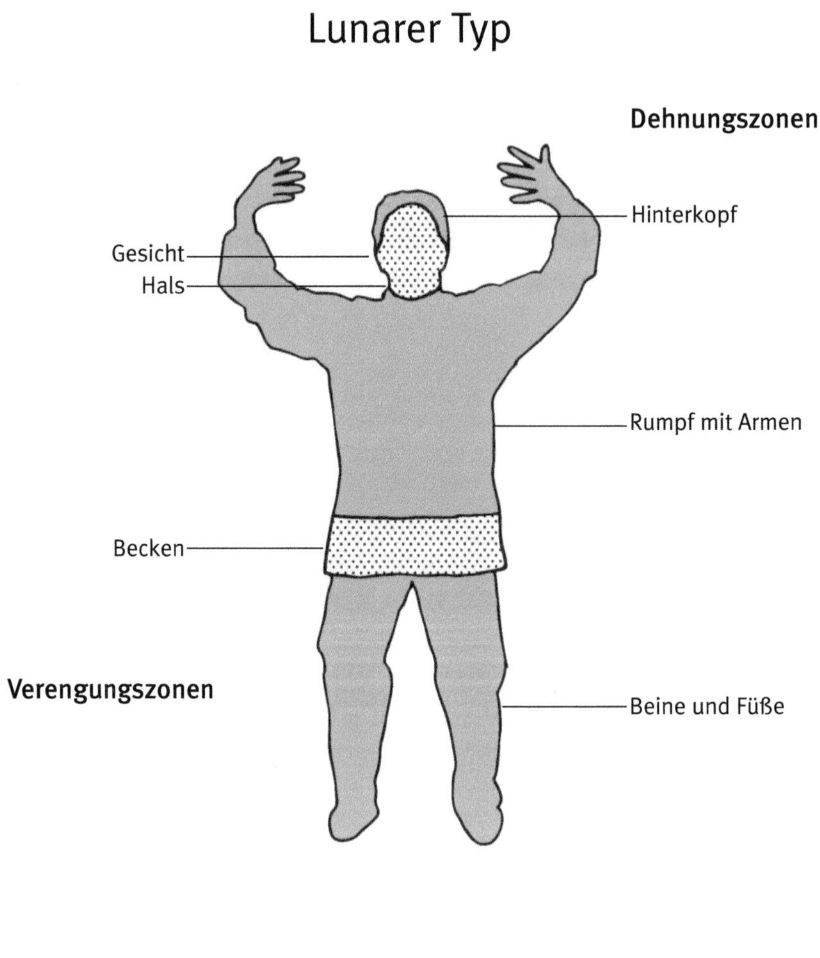

- Ernährung,
- Wärmebedürfnis beziehungsweise Kältebedürfnis der verschiedenen Körperzonen, die Dehnungs- und Verengungszonen genannt werden und im Körper polare Zonen bilden.[7]

Dehnungszonen beim lunaren Atemtyp:
- die Extremitäten, der Oberkörper und der behaarte Hinterkopf (inkl. Ohren); sie sind daher wärmebedürftig.

Verengungszonen beim lunaren Atemtyp:
- Gesicht, ohne Ohren, der Hals und das Becken; sie sind daher nicht wärmebedürftig.

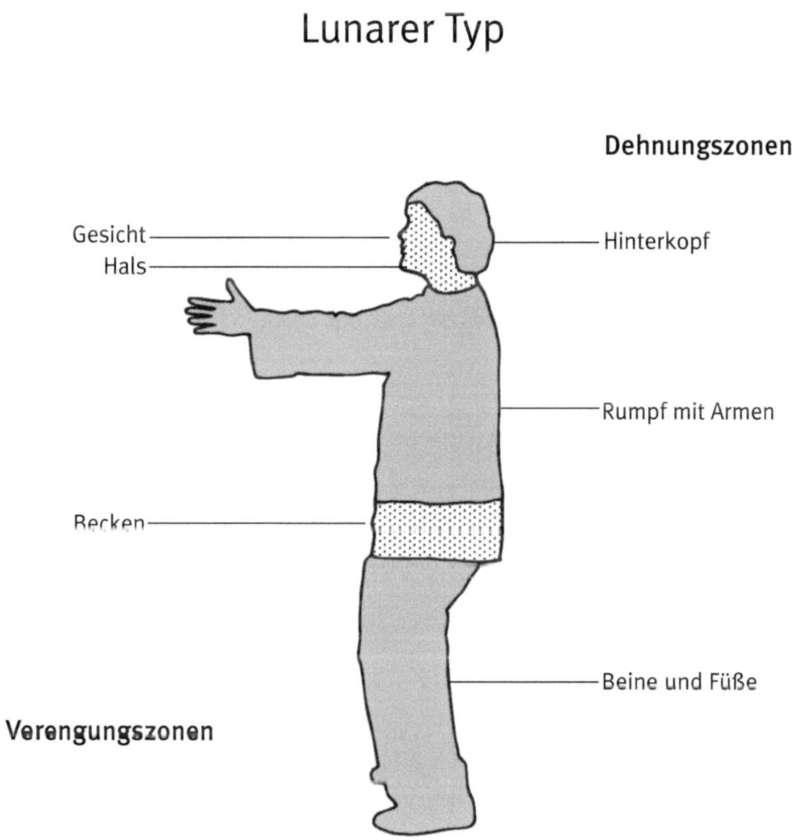

Solarer Typ

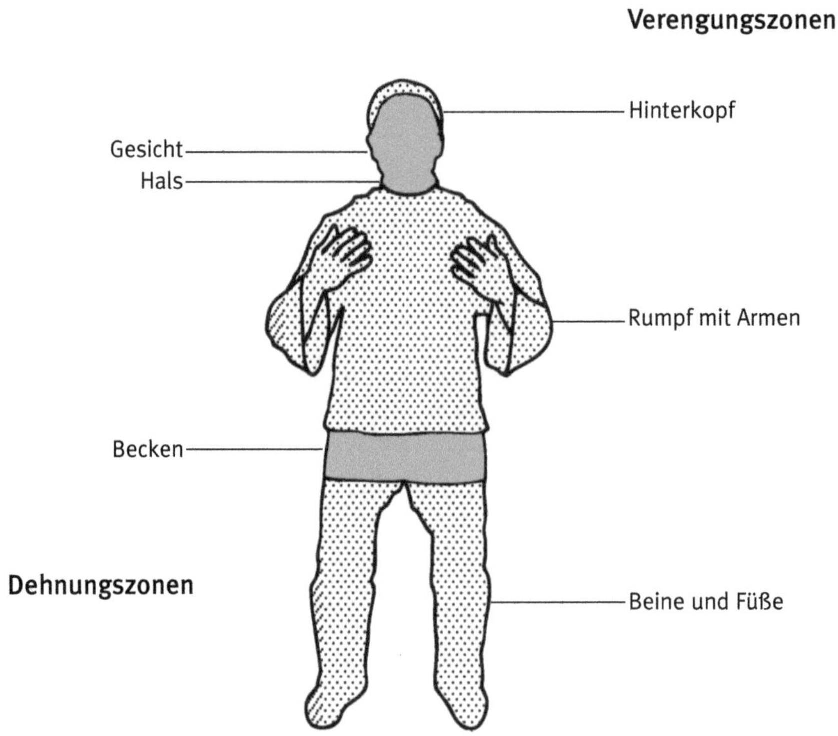

Dehnungszonen beim solaren Atemtyp:

- das Gesicht ohne Ohren, der Hals und das Becken; sie sind daher wärmebedürftig.

Verengungszonen beim solaren Atemtyp:

- die Extremitäten, der Oberkörper und der behaarte Hinterkopf (inkl. Ohren); sie sind daher nicht wärmebedürftig

Typengerechtes Atmen

Lunar: Aktive Einatmung und passives Ausströmen der Luft
Solar: Aktive Ausatmung und passives Einströmen der Luft

Der Einatmer (oder Lunare) schöpft seine Kraft aus dem aktiven Einatmen. Der Brustkorb weitet sich dabei und »zieht die Luft ein«. Das Ausströmen der

Solarer Typ

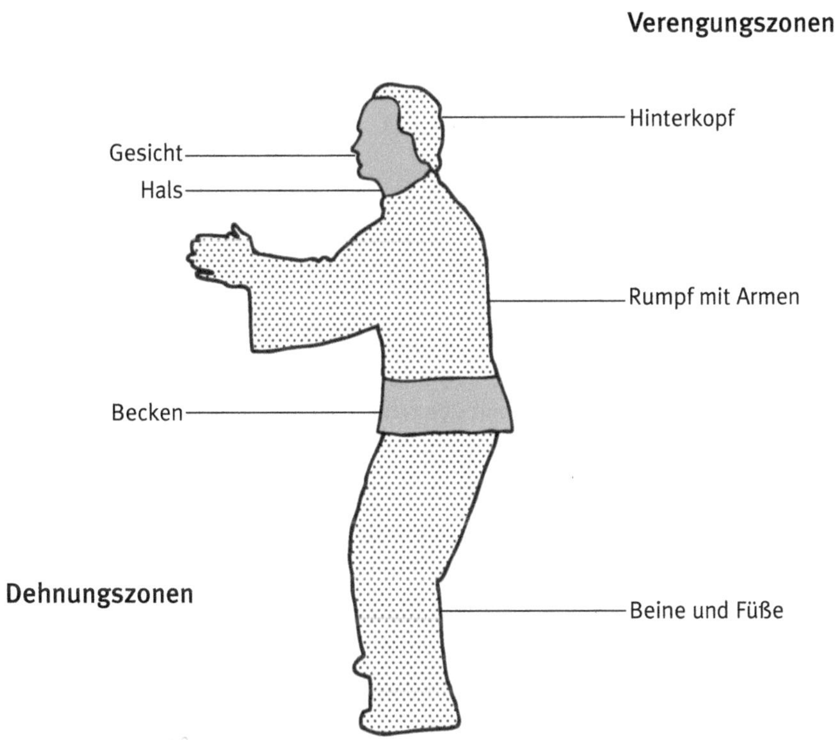

Luft erfolgt danach passiv als Loslassen. Spannung bzw. »Energie« beim Ausströmvorgang erhält der Einatmer, wenn er den Brustkorb in »Einatemstellung« belässt. So erzielen Sportler und Musiker, zum Beispiel Sänger, exzellente Ergebnisse. Der Restatem muss kurz vor dem erneuten Einatmen vollständig »abgelassen« werden.

Der Ausatmer (oder Solare) atmet aktiv aus und gewinnt daraus seine größte Kraft. Die Flankenmuskulatur zieht sich zusammen, die Lunge und der Brustkorb verengen sich und »drücken« die Luft nach außen. Das folgende passive Einströmen der Luft geschieht wie von selbst. Wichtig dabei ist eine vollständige Ausatmung. Geraten Ausatmer in »Atemnot«, wurde nicht weit genug ausgeatmet. Je tiefer die Ausatmung, desto müheloser und tiefer ist der Einströmvorgang der Luft.

ELFTES KAPITEL

Taijiquan und Atemtypen

Betrachtet man die verschiedenen Formen und Stile des Taijiquan, entsteht Verwirrung: so verschieden, was ist der Grund dafür? Gut, es haben die verschiedensten Menschen ihre Vorlieben der von ihnen praktizierten Variante aufgeprägt, willentlich oder unwillentlich, aber was bedeutet das für mich, der ich jetzt auf der Suche nach dem bin, was für mich am besten passt? Woher weiß ich, ob das wirklich gut und »richtig« ist, was ich da lerne? Und wenn ich nach einigen Jahren immer noch ein Unbehagen habe, weil sich das, was ich übe, so gar nicht gleichzeitig leicht und kraftvoll anfühlt – wer sagt mir, ob es an mir liegt, der ich es vielleicht nicht richtig umsetzen kann, oder doch an den Bewegungen, die ich da erlerne? Liest man in dem bereits erwähnten Buch von Rainer Landmann[1], so wundert man sich über die widersprüchlichen, schwer einzuordnenden Aussagen der alten Meister zu jeweils einem Thema; aber diese Einordnung gelingt, zumindest in Ansätzen, wenn man die Lehre von den Atemtypen zugrunde legt.[2]

Für inneres Taijiquan gibt es zwei Kriterien, die eine Überprüfung, auf dem richtigen Weg zu sein, erlauben:

1) Verbindet meine Körperhaltung Erde und Himmel, das heißt, ist sie aufrecht in dem Sinn, dass Kopf und Fuß jeweils am Ende einer Bewegungsphase auf einer durchgehenden Achse liegen?
2) Gewinne ich innere Kraft aus den Bewegungen und aus meinem Atem, das heißt, sind meine Bewegungen so »offen«, dass sie den Atem nicht behindern und den Fluss des Qi ermöglichen?

Aufrecht oder schräg?

Die verschiedenen Taiji-Stile wie auch die verschiedenen Varianten des Yang-Stils unterschieden sich darin, wie der aufrechte Rumpf getragen wird: ob kerzengerade oder leicht nach vorn geneigt.

Die gegenwärtige Diskussion in China beziehungsweise überall dort, wo chinesische Kampfkünste praktiziert werden[3] bewegt sich auf der Ebene von Vorlieben und Vorbildern. Im Allgemeinen ist es so, dass der Schüler seinem Meister durch Imitation von dessen Bewegungen und Körperhaltung – also dem Vor-Bild – folgt. Vor allem in China selbst, wo der Schüler der Tradition verpflichtet ist und der Lehrer traditionell kaum etwas erklärt, dürfte das die Regel gewesen sein. Wenn jemand sich einen Lehrer sucht, wird er seiner Vorliebe folgen und jemanden wählen, der ihn anspricht, und bei ihm bleiben. Gut und richtig ist dann sein eigenes Taijiquan, wenn es im Einklang mit dem Lehrer und dessen Tradition steht.

Trotzdem sind unzählige Varianten des Taijiquan – seien es neue Stile oder Varianten innerhalb eines Stils – entstanden durch Schüler, die sich entweder bewusst gegen ihren Lehrer in eine andere Richtung weiterentwickelt haben oder die Vorgaben ihres Lehrers nicht umsetzen konnten und so unabsichtlich von dessen Vorbild abwichen, oft ohne es zu bemerken oder es zuzugeben; im ersten Fall eher blind, im zweiten wider besseres Wissen.

So sind die Nachfolger der drei Meisterschüler von Großmeister Yang Shouzhong, Yip Tai-Tak (Ye Dade), Chu Gin-Soon und K. H. Chu (Zhu Jingxiong), verschieden in ihrem Taijiquan, obwohl sie denselben Lehrer hatten. Tatsächlich praktizierte Yang Shouzhong mit vorgeneigtem Rumpf, seine beiden ersten Meisterschüler, Yip Tai-Tak und Chu Gin-Soon, ebenfalls. Meister K. H. Chu dagegen, bei dem der Autor über 25 Jahre lernte, bewegt sich so aufrecht, als würde er geradewegs nach oben wachsen wollen. Wer hat recht? Die beiden Ersten, die sich an das Vorbild ihres Lehrers gehalten haben? Oder der Dritte, der offensichtlich so von seinem Lehrer abweicht, dass er scheinbar alles »selbst gemacht« – sprich »verfälscht« – hat, wie ihm die Anhänger der beiden anderen vorhalten? Die Antwort liegt im Atemtyp begründet: Einatmer stehen aufrecht, um an ihre Kraft zu kommen, Ausatmer schräg.

Eine durchgehende Körperachse

Da sich alles Leben im Spannungsfeld der Erdanziehung und einer von dieser wegstrebenden Bewegung abspielt – chinesisch formuliert zwischen dem Yin der Erde und dem Yang des Himmels –, gleicht die Körperhaltung des Taijiquan beide Kräfte aus. Die Schwerkraft wird angenommen, indem die Knie leicht gebeugt werden, um die Wirbelsäule, einschließlich des Kopfes, nach oben auszurichten, als säße man aufrecht. Der Körperschwerpunkt sinkt so näher zur Erde, »rutscht« in den

Unterbauch, und der Scheitel des Kopfes wächst zum Himmel. So werden beide Pole – Himmel und Erde – perfekt ausgeglichen und vereint, wie es das Taiji-Symbol darstellt. In dieser Haltung wird der Körper langsam gleitend und fließend bewegt, um die Aufrichtung ständig zu bewahren und die Verbindung von Erde und Himmel nicht zu verlieren.

Es gibt fünf Richtungen, den Körper im Raum zu bewegen, immer aufrecht, mit einem oder beiden Füßen auf dem Boden: vor, zurück, Drehung nach links und Drehung nach rechts und, als Sonderfall von Bewegung, zentriert stillstehend beziehungsweise zentriert in allen Bewegungen. Durch die Ausrichtung des Zentrums (etwas unterhalb des Nabels) entweder zum gebeugten vorderen oder zum hinteren Bein wird nicht nur das Gewicht auf jeweils einen Fuß verlagert – allgemeiner Standard aller Taiji-Stile –, sondern auch eine Verbindung zwischen Rumpf und Boden über jeweils einem Bein geschaffen, also eine durchgehende Körperachse oder Schwerkraftlinie. Die Herstellung dieser einen Körperachse ist von äußerster Wichtigkeit im Inneren Taijiquan. Denn nur auf dieser einen Achse kann die Gegenkraft zur Schwerkraft, die »Bodenreaktionskraft«, die den Körper aufrecht hält, aufsteigen und in Jin-Kraft verwandelt werden.[4]

Aber diese Kraft ist verschieden beim Einatmer und beim Ausatmer: Beim Einatmer verläuft die Achse durch Fußgelenk, Hüftgelenk, Schultern und Ohren, beim Ausatmer dagegen, bedingt durch die schräge Körperhaltung, von den Füßen durch die Oberschenkel nach oben, das heißt nicht durch die Hüftgelenke.

Die Vorwärtsbewegung im Gehen, bezeichnet durch den Schritt des Spielbeins nach vorn, wird beim Taijiquan durch ein Verlagern des Schwerpunktes vom hinteren zum vorderen Bein ersetzt und mit dem Sinken in den Fuß des Standbeines abgeschlossen. Die Umwandlung der potenziellen Energie, die erreicht wird, wenn das Körpergewicht auf dem Standbein ruht, in kinetische Energie, die, beim normalem Gehen, den hinteren Fuß nach vorn bringt und damit den Vorwärtsschritt ermöglicht, findet nicht statt, stattdessen wird die potenzielle Energie durch bewusstes, verstärktes Sinken erhöht und in eine aufsteigende Kraft umgewandelt: die Basis von Jin.

Kurze Yang-Form
(nach Zheng Manqing)

»Schattenboxen«
(Peking-Form, VR China)

Die Typologie der Atemtypen kann durch das Bild der Pyramide oder des Kegels verdeutlicht werden: die Energie des Einatmers mit einem Kegel, der auf der Spitze steht, und die des Ausatmers mit einem »normalen« Kegel.

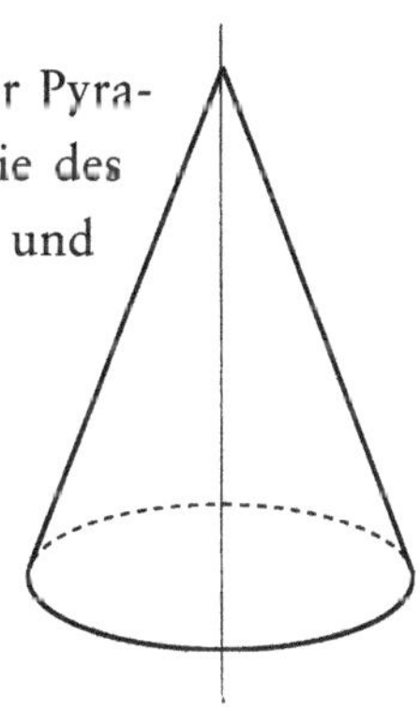

Normaler Kegel

Die Basis des Ausatmers ist breit, seine »Spitze« oben, über seinem Kopf; die Energie schnellt beim Ausatmen in den Unterbauch dorthin und gleichzeitig über den Rücken in den Kopf, um sich dann, immer noch ausatmend, über die Körpervorderseite spiralförmig nach unten auszubreiten. Das Einatmen füllt danach das Reservoir für diesen Prozess im Unterbauch von Neuem.

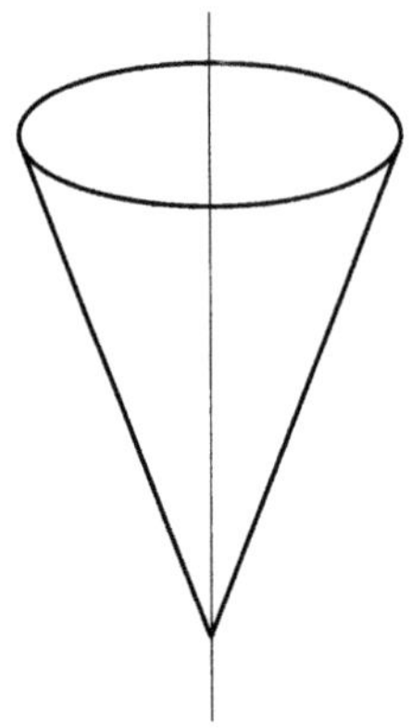

Umgekehrter Kegel

Die Basis des Einatmers dagegen ist schmal, potenziell punktförmig; von diesem Punkt aus – oder von dieser auf dem Boden ruhenden Spitze des Kegels – steigt die Energie in Spiralen auf zum Himmel, also von den Füßen auf der Vorderseite der Beine und den Rücken entlang zum Scheitel – »Drehpunkt« ist dabei das Zentrum im Unterbauch, um beim Ausatmen wieder auf der Vorderseite des Rumpfes zurückzusinken.

Die Atmung in Taijiquan

In Taijiquan spielt der Atem eine ebenso wichtige wie zwiespältige Rolle – und das liegt am Qi, genauer gesagt an der doppelten Bedeutung dieses Begriffs, nämlich »Atem« und »Energie«. Zu der Schwierigkeit, Taijiquan gegenüber Meditation und Qigong in der Bewertung des Himmlischen Kreislaufs des Qi, des Kernstücks der daoistischen Meditation, abzugrenzen, tritt dazu noch die – freiwillige oder unfreiwillige – Selbstbeschränkung der Lehrer und Meister, Genaueres über die Atmung zu verraten. Schaut man verschiedene Taiji-Bücher daraufhin durch, könnte man überspitzt sagen, wer es mit dem Atem nicht so genau nimmt, spricht vom Qi; da ist Raum genug für Interpretationen. Einigkeit besteht dagegen über die Bedeutung der Koordination von Bewegung und Atem, die ja in der Tat eine wichtige Rolle in Taijiquan spielt. Die Schwierigkeit liegt darin, wie Taijiquan bewertet wird: Handelt es ich um eine Entspannungsübung, auch »Meditation in Bewegung« genannt, oder handelt es sich um eine Kampfkunst, die eine spezielle Kraft, Jin, entwickelt?

Atmung in der daoistischen Meditation

In der daoistischen Meditation, und daraus abgeleitet auch in Taijiquan, werden zwei grundsätzliche Arten der Atmung unterschieden. In dem Buch »Geheimnisse der taoistischen Meditation« unterscheidet der Autor Lu K'uan-Yü (Charles Luk) die normale oder natürliche Atmung und die umgekehrte, geordnete oder paradoxe Atmung. Die normale Atmung, auch Bauchatmung genannt, »umfasst eine Einatmung, die bis zum Unterbauch geht, und eine Ausatmung, die vom Unterbauch [her kommt]. Atmet man ein, so füllt die Luft alle Teile der Lunge, diese dehnt sich nach unten und drückt das Zwerchfell abwärts. Dabei entspannt sich der Brustkorb, und der Bauch dehnt sich. Beim Ausatmen zieht sich der Bauch zusammen und drückt das Zwerchfell aufwärts gegen die Lungen, aus denen so die unreine Luft gepresst wird«[5]

Die umgekehrte Atmung dagegen kehrt die Atembewegungen um, »sie ist tief und fein, geht auch bis zum Bauch wie die natürliche Atmung, jedoch mit entgegen gesetzten Expansions- und Kontraktionsbewegungen des Unterbauchs und den entsprechenden Aufwärts- und Abwärtsbewegungen des Zwerchfells. Die Ausatmung ist langsam und zügig, wobei sich der Unterbauch dehnt. Dadurch wird dieser fest und voll … Die Einatmung ist langsam und zügig und füllt die sich dehnende Brust völlig, wobei sich der Unterbauch zusammenzieht.«[6] Allgemein gilt, dass die normale Atmung eher entspannend und die umgekehrte eher anregend wirkt: »Tiefes langes Einatmen [der umgekehrten Atmung; F. A.] schafft Yang-Energie, währen tiefes langes Ausatmen [in der normalen Atmung; F. A.] Yin-Energie erzeugt.«[7] Darüber hinaus gibt es Atemtechniken, die Mischformen aus beiden grundsätzlichen Formen darstellen.

Die Anleitungen jedoch, welche Art der Atmung wann erfolgen solle und für welchen Schüler die richtige sei, sind eher unverbindlich. »Als ich mit meinen Übungen begann, empfand ich die geordnete Atmung als überaus hilfreich. Darum habe ich sie in der ersten Ausgabe dieses Buches empfohlen. Seitdem haben mir einige Leser geschrieben, dass sie nicht in der Lage seien, so zu üben. Ist also die geordnete Atmung nicht übbar, dann empfehle ich dem Leser, die natürliche Atmung zu üben. Sie ist frei von allen Belastungen.«[8]

Hier nun zeigt sich abermals die Bedeutung der Atemtypen für Taijiquan, weil damit viele offenen Fragen bezüglich Körperhaltung und Atem geklärt werden können. Die normale oder natürliche Atmung, wie sie weiter oben als eine Methode der daoistischen Meditation beschrieben wurde, entspricht prinzipiell der Atmung des Ausatmertyps, die umgekehrte der des Einatmers.

Hier liegt das Feld, eine nachhaltige Verbindung von Ost und West zu gestalten und den Ausgleich zu finden zwischen der Taiji-Tradition und westlichen Erkenntnissen, die die Extreme von Autoritätsgläubigkeit einerseits und oberflächlicher Anpassung an westliche Fitness-Standards andererseits überwindet. Die Kraft Jin wird verstehbar und erlernbar und tritt aus der nebulösen Sphäre des Mysteriösen heraus. Darüber hinaus löst sich auch der klassische Streit der Taiji-Meister über Haltung und Bewegung auf, denn ob man sich eher kerzengerade oder nach vorn geneigt halten solle und ob die Bewegungen weit ausladend oder doch eher eng sein müssen, das beantwortet letztlich nicht die Tradition allein, sondern, in Ergänzung, der individuelle Atemtyp.

Was ist also mit den Schülern, die ihrem Meister exakt folgen, aber nicht dessen Atemtyp entsprechen? Klipp und klar: Übt jemand entgegen seinem Atemtyp, kann er sein eigenes Jin nicht entwickeln. Es sind die Einatmer, die aufrecht stehen müssen, um an ihre Kraft zu kommen, und die Ausatmer, für welche die Neigung nach vorn dafür entscheidend ist.

Die Form

ZWÖLFTES KAPITEL

AtemtypTaiji für Einatmer/Lunare

Körperhaltung und -bewegung beim Einatmer

Die verschieden betonten Atembewegungen beim Ein- und beim Ausatmer formen den Körper unterschiedlich. Was durch die beiden Kegel (siehe elftes Kapitel) bildhaft dargestellt wird, hat seine realen Entsprechungen in der Körperhaltung.

Einatmer/lunar: fersenbetonte aufrechte Körperhaltung

Das Becken des Einatmers ist leicht nach hinten gekippt, damit die Lendenwirbelsäule gerade oder sogar ein bisschen nach außen gerundet wird, um die umgekehrte Atmung zu ermöglichen. Das aufrechte Kreuz des Einatmers *stützt* dessen Wirbelsäule, die auf dem Becken *steht*, das seinerseits von Knochen und Gelenken der Beine gestützt wird, und lässt sie sich nach oben strecken.

Der Einatmer lässt das Kinn frei und balanciert den Kopf auf der aufstrebenden Wirbelsäule quasi im freien Spiel nach oben. Die Belastung in den Füßen wechselt beim Einatmer deutlich zwischen Ferse und Zehen. Die Knie sollen immer über dem zweiten und dritten Zeh des jeweiligen Fußes stehen. Bei den Lunaren sollten die Knie in den Endpositionen über die Zehen hinaus gebeugt werden.

Grundlagen der Form für Einatmer

Es handelt sich um 81 Einzelformen[1]. Zu Beginn – und am Ende – steht der Übende ausgerichtet nach Norden.[2] Alle Bewegungen gehen in alle Himmelsrichtungen, außer nach Süden.[3]

Der lunare Schritt nach vorn (zur Vorwärtsstellung)

Der hintere Fuß wird an den Fuß des Standbeins herangeführt (entspannt), dann gerade nach vorn geführt und seitlich schulterbreit auf der Ferse abgesetzt (dabei wird die Fußspitze angezogen). In der Verlagerung wird der Fuß langsam abgerollt.

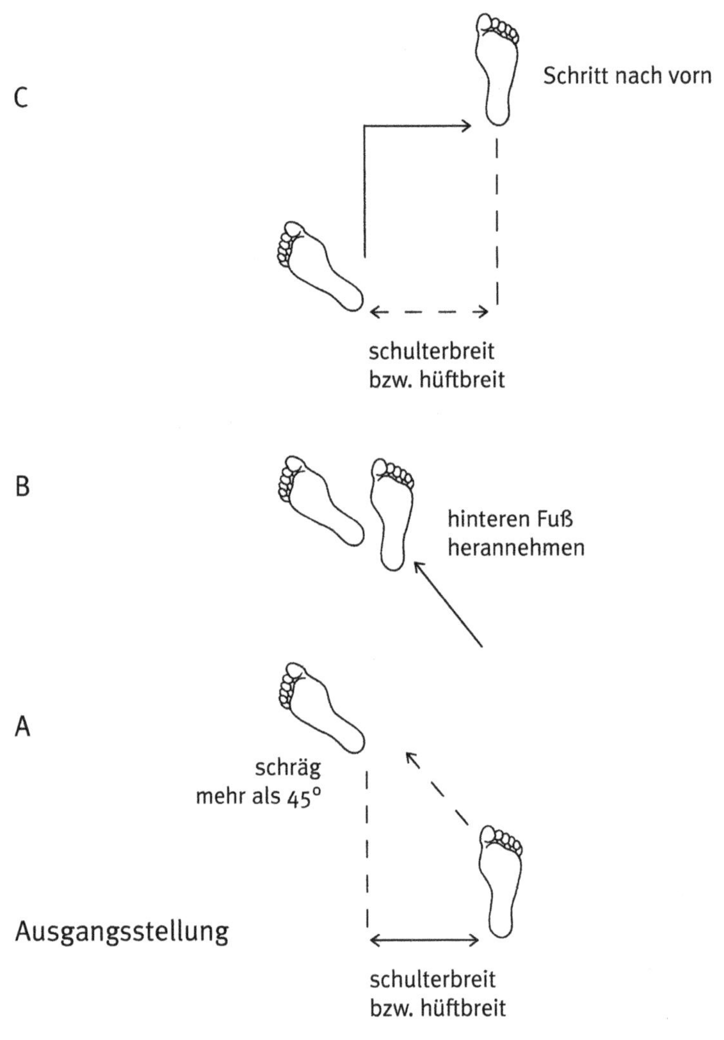

»Leerer Schritt« (Gewicht auf dem hinteren Bein)

»Leerer Fersenschritt«

»Leerer Zehenschritt«

Fußspitze bzw. Ferse des »leeren« Fußes möglichst hoch, Knie aber gebeugt lassen.

Schritt zurück

Beim Schritt zurück (lunar und solar / »Affe«) ist der Fuß entspannt, das heißt, die Ferse wird flach über dem Boden gehalten, aber nicht (wie beim Vorwärtsschritt) aufgesetzt

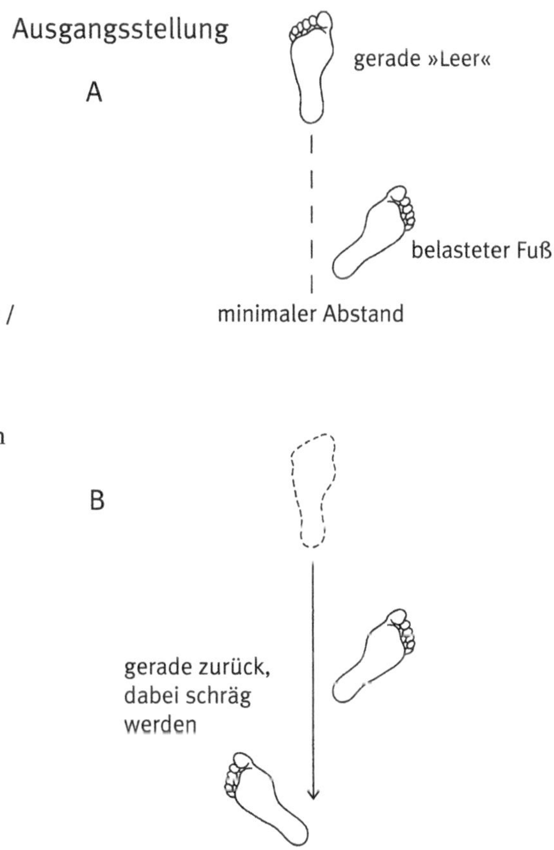

Seitwärtsschritt

Beim Seitwärtsschritt (Anfang der Form und »Wolkenhände«) wird zuerst die Fußspitze aufgesetzt, der Fuß dann abgelegt und dann das Gewicht verlagert.

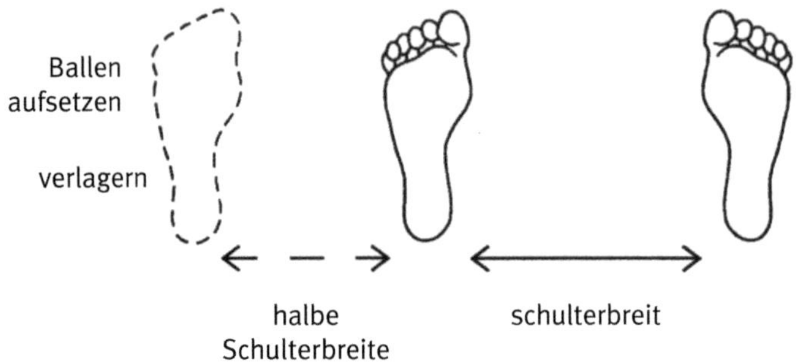

Hände-Basics (immer wiederkehrende Elemente)

Beim »Ballhalten« ist das obere Handgelenk der »Yin-Hand« leicht abgeknickt, das untere Handgelenk der »Yang-Hand« rund (besser als »einen Ball halten« ist: etwas halten).

»Yang-Hand« heißt die Hand, deren Handfläche nach oben (Yang) zeigt. Die Grade der Ausrichtung sind unterschiedlich, das heißt, schon eine leichte Drehung in diese Position hinein gilt als »Yang-Hand«. Die Handgelenkstellung variiert je nach Höhe der Handposition.

»Yin-Hand« heißt die Hand, deren Handfläche nach unten (Yin) zeigt. Die Grade der Ausrichtung sind unterschiedlich, das heißt, schon eine leichte Drehung in diese Position hinein gilt als »Yin-Hand«. Die »Yin-Hand« ist immer leicht abgeknickt.

Taiji kennt »zwei Finger«: den geöffneten Daumen und die vier zusammenliegenden Finger. Die Finger sollen nicht gespreizt und der Daumen nicht angelegt werden. Der Raum zwischen Daumen und Zeigefinger heißt »Tigermaul«; es muss immer offen sein.

Peitschenarm

Bei der »Peitsche« wird das rechte Handgelenk gebeugt und die fünf Finger werden so zusammengelegt, als wolle man damit einen Tropfen Wasser aufnehmen. Der Arm wird dann ganz gestreckt, die Ellenbeuge tendenziell nach oben gedreht.

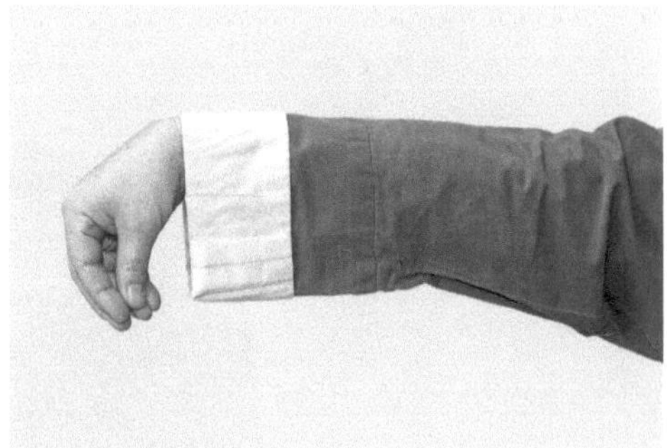

Faust

Die Taiji-Faust hat die Daumenspitze auf dem Mittelglied des Zeigefingers liegen. Sie wird locker geschlossen. Auch hier sind die Handgelenkstellungen zu beachten:

Gerade

Unten gerade, oben geknickt

Leicht rund

»Push« (Grundtechnik An)

Flacher »Push«

Die Arme folgen dem Zentrum

Die Armbewegungen haben grundsätzlich kein Eigenleben, sondern folgen fast immer den Bewegungen des Rumpfes.

Mit den Armbewegungen die Brust weder überdehnen noch einengen

Bei den Lunaren sind die Arme rund und offen, damit der Brustkorb sich beim Einatmen weiten kann; die Ellenbogen sind so ausgestellt, als wollten sie nach oben schweben (wobei die Schultern jedoch keinesfalls mit hochgenommen werden dürfen).

Wirbelsäule und Kopf: aufrecht

Die gesamte Wirbelsäule und der Kopf (bis zum Scheitelpunkt) bilden eine Einheit. Die Wirbelsäule ist gerade und gestreckt, der Rücken ist also nie krumm.

Bei den Lunaren geschieht die Aufrichtung von unten nach oben: Die Fersen tragen das aufrechte Becken und die Wirbelsäule. Das bedeutet für die lunare Kopfhaltung, dass der Kopf im Nacken (Atlas) beweglich ist und das Kinn leicht angehoben wird.

Die Atmung

Die Atmung bleibt beim Ausüben der Form sich selbst überlassen. Durch die atemtypgerechte Körperhaltung entsteht die typengerechte Atmung mit der Zeit von selbst. Ziel ist, im Lauf der fortgeschrittenen Übung die Atembewegungen nach außen, in die Bewegungen der Arme und Beine hinein fortzusetzen und *nicht zu den Bewegungen geführt* zu atmen. Der richtige Atem entsteht von selbst. Das ist durchaus paradox: Der Körper lernt solche Bewegungen, die den Atem »formen« sollen, dabei darf man aber nichts mit dem Atem »machen«.

Alle Bewegungen werden »vom Geist geführt«

Alle Bewegungen sollen langsam, entspannt und gleichmäßig ausgeführt werden. »Vom Geist geführt« bedeutet zum einen, dass man *immer wach und konzentriert* bei der Ausführung der Übungen sein soll, und zum anderen, dass die *Aufmerksamkeit den Bewegungen voraus* sein soll. Wie sich das anfühlt, erfährt man, wenn man die Beschreibung der Form genau nachvollzieht; aus dem Verständnis erfolgen die Bewegungen. Wie das aussieht, zeigt die DVD *Das Innere Taijiquan* (2011), auf der die Form lunar und solar dargestellt ist. Dann »führt der Geist den Körper«. Diese »Geistes-Haltung« sollte man beständig beibehalten und die Übungen nie rein mechanisch ausführen, auch wenn man sie schon gut beherrscht.

Übungshilfe zur Form

- Die Fotos zeigen immer die Endposition (der Yin- beziehungsweise Yang-Phasen).
- Semikolon: Bewegungen werden nacheinander ausgeführt.
- Schrägstrich: Bewegungen werden gleichzeitig ausgeführt.
- Punkt: Ende einer Phase
- Erläuterungen zum Ablauf stehen in Klammern.
- Die Richtungen der Bewegungen (N, W, O, NW, NO, SO, SW) sind am Ende des Namens angegeben.

AtemtypTaiji für Einatmer

Die Form Teil 1

1. Vorbereitung und Beginn der Form (N)

- Stellung nach N / Füße zusammen.

- Schulterbreiter Schritt mit rechts auf die Fußspitze; den Fuß ablegen (so dass die Füße parallel stehen). Die Handgelenke leicht abknicken. (Die Handflächen zeigen nach unten, die Hände sind neben dem Beckenkamm, die Daumen berühren diesen, die Finger zeigen nach vorn. Das Gewicht ruht auf beiden Füßen, 70 % auf den Fersen.)

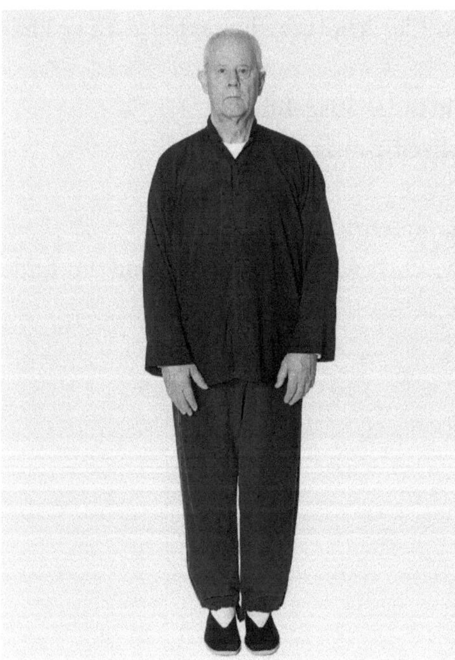

- Die Handgelenke leicht runden und die runden Arme auf Schulterhöhe anheben.

- Die Handgelenke abknicken und die Arme senken (zurück in die Ausgangsposition neben dem Beckenkamm).

- Die Hände beschreiben einen großen Kreis nach rechts und links. (Am Ende der Bewegung ist die linke Hand in Ohrhöhe nach NW mit nach unten zeigendem Daumen, und die rechte Hand ist vor der Brustmitte, mit dem Daumen zum Körper.)

2. Am Schwanz festgehaltener Vogel[4]

(Schritt nach vorn zu Peng, Lü, Ji, An; N)

Peng links (Abwehr nach vorn oben, N)

- Den rechten Fuß auf der Ferse 45° nach außen drehen (Gewicht bleibt dabei weiterhin auf beiden Füßen); das Gewicht auf rechts verlagern / beide Knie und den Körper beugen und zum rechten Knie drehen / die rechte Hand geht tief über das rechte Knie / die linke Hand sinkt im Bogen unter die rechte; die linke Hand (»Yang-Hand«) drehen – einen kleinen Ball halten; mit dem Gewicht auf rechts den Körper aufrichten und nach N drehen / der kleine Ball dreht vor dem Zentrum mit.

- Schritt links zur lunaren Vorwärtsstellung (N); das Gewicht ganz auf links verlagern / linke Hand in Mundhöhe steigen lassen (Daumen nach oben) / rechte Hand neben die rechte Hüfte führen (»Yin-Hand«, die Finger zeigen am Ende in die gleiche Richtung wie die rechte Fußspitze NW, Ellenbogen neben, nicht hinter dem Körper).

Peng rechts, mit beiden Händen (Abwehr nach vorn oben, O)

- Rechte »Yin-Hand« im waagrechten Bogen unter die linke führen; beide Hände drehen und halten einen großen Ball (das linke Handgelenk knickt ab, das rechte wird rund); Gewicht ganz auf links verlagern und den Körper nach O drehen / rechter Fuß dreht auf der Fußspitze mit.

- Schritt rechts zur lunaren Vorwärtsstellung; Gewicht nach vorn verlagern / rechte Hand in Mundhöhe steigen lassen; (linke folgt, so dass beide Hände am Ende einen kleinen ovalen Ball halten, rechtes Handgelenk rund, linkes leicht abgeknickt) fast am Ende der Verlagerung dreht der linke Fuß 45° auf der Ferse ein; beide Knie entspannen.

Lü (Streichen, NO)

- Beide Hände drehen (rechte »Yin-Hand«, Handgelenk knickt ab, linke »Yang-Hand«, Handgelenk wird rund); Gewicht zurück auf links verlagern und, sobald die linke Ferse zu stützen beginnt, den Körper um 45° nach links drehen / sinken lassen / den Rumpf beugen (beide Hände »ziehen« dabei nach unten, am Ende der Bewegung bilden die Arme einen großen Kreis, Hände in gleicher Höhe, das Knie in der Mitte, Hände wie ein liegendes »T«, Blick bleibt nach O).

Ji (Drücken, O)

- Hände drehen zum kleinen Ball (Gewicht bleibt links); linke Handkante berührt den rechten Daumenballen von oben; Gewicht nach vorn verlagern (am Ende, in der Vorwärtsstellung nach O, sind die Hände in Schulterhöhe wie ein »X«, Ellenbogen auf gleicher Höhe, linker Daumen berührt den rechten Unterarm von innen).

An (Stoßen, »Push«, O)

- Hände aufeinanderlegen / Hände auseinandernehmen (werden »Yin-Hände«, parallel in Schulterhöhe). Gewicht zurückverlagern auf links / die Hände zu den Schultern ziehen (Ellenbogen senken, Tigermaul geöffnet, Finger zeigen nach vorn).

- Handgelenke abknicken; das Gewicht wieder nach vorn verlagern / »Push« mit beiden Armen (Vorwärtsstellung nach O).

Yin-Yang-Fische

- Zurücksitzen auf links / linken Unterarm vor den Körper einklappen (linker kleiner Finger zum rechten Ellenbogen, Daumen nach unten, Handgelenk abgeknickt. Linker Ellenbogen höher als das linke Handgelenk).

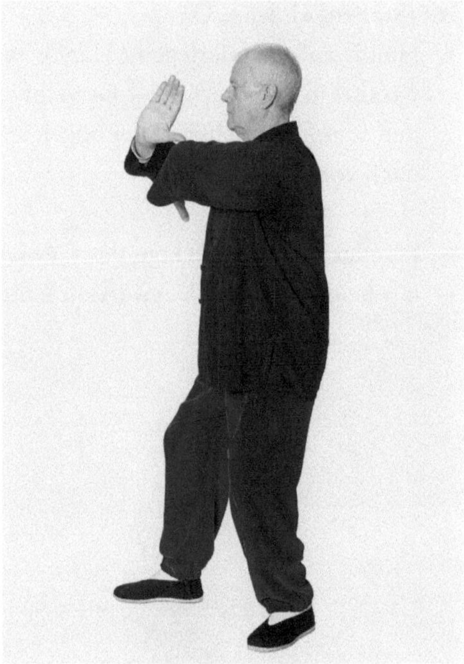

- Körper nach links drehen / rechter Fuß dreht 90° auf der Ferse ein / Hände flacher »Push« nach NW (linke Hand führt, rechte Hand folgt dahinter: am Ende beide Hände nach NW, rechte Finger zum linken Ellenbogen, beide Handgelenke leicht abgeknickt).

- Zurücksitzen auf rechts / rechten Unterarm vor den Körper klappen (kleiner Finger zum linken Ellenbogen, Daumen nach unten).

- Körper nach rechts drehen / flacher »Push« nach rechts (rechte Hand führt, linke dahinter, am Ende linke Finger zum rechten Ellenbogen).

3. **Einfache Peitsche** (W)

- Rechte Hand bildet den »Haken« (Peitschenarm wird ganz ausgestreckt); linke Handfläche dreht zur Schulter (Handgelenk rund, Daumen nach oben). Mit dem Gewicht ganz auf rechts Schritt links zur lunaren Vorwärtsstellung (W) / linke Hand in Mundhöhe mitführen: »Peng«.

- Linkes Handgelenk abknicken / Gewicht nach vorn auf links verlagern / »Push« mit links (hinteren Fuß um 45° am Ende der Verlagerung auf der Ferse eindrehen, rechter Arm auf Schulterhöhe gestreckt nach NO).

4. Hände heben und Schritt nach vorn (N)

- Gewicht etwas zurückverlagern auf die linke Ferse; linken Fuß nach NW drehen; Körper nach N drehen / rechter Fuß dreht auf der Fußspitze mit / rechter Arm wird rund (Unterarm nach N, rechter Oberarm nach NW).

- »Leerer Fersenschritt« mit rechts; Handgelenke abknicken; Hände schräg nach vorn-oben heben.

- Beide Hände drehen (rechtes Handgelenk abgeknickt, linkes wird rund); Körper nach NW beugen / beide Hände tief Richtung linkes Knie ziehen: Lü (Arme rund).

- Hände drehen (kleinen Ball halten); Schritt rechts zur lunaren Vorwärtsstellung (N); verlagern / rechten Ellenbogen etwa auf Schulterhöhe heben (über dem rechten Knie); linker Daumen berührt rechten Ellenbogen von oben-außen. Beide Arme auseinanderziehen (linker Arm innen, rechter Arm außen); rechts »Peng« in Augenhöhe, linke Hand neben linken Beckenkamm (Vorwärtsstellung N).

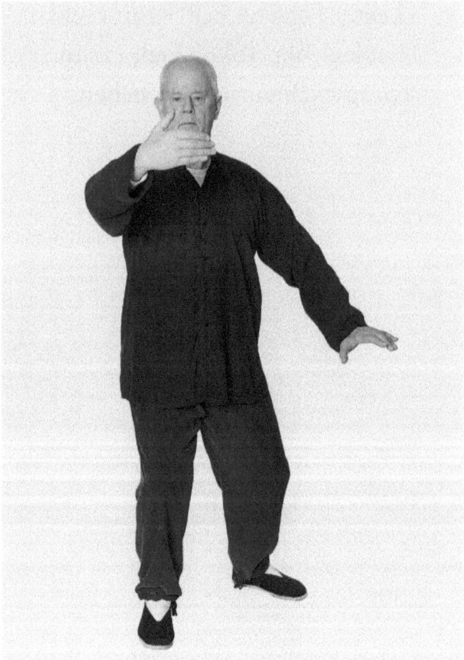

5. Weißer Kranich breitet seine Flügel aus[5] (W)

- Rechter Fuß etwas auf der Ferse eindrehen. Gewicht ganz auf rechts / Körper nach W drehen / rechte Hand sinkt auf Schulterhöhe / linker Fuß dreht auf der Spitze mit.

- »Leerer Zehenschritt« links. Rechte Hand sinkt etwas; dreht; steigt in Schläfenhöhe (Daumen nach unten, linke Hand neben linkes Knie, »Yin-Hand«, die Finger zeigen am Ende nach W, Ellenbogen neben, nicht hinter dem Körper).

6. Kniestreifen[6] (W)

Links

- Rechte Hand dreht »Yang«; sinkt gerade nach unten bis vor die Hüfte / linke Hand steigt im Gegenzug über die rechte in Schulterhöhe / Körper nach rechts drehen (beide Hände halten einen großen Ball).
- Rechter Unterarm schwingt aus (NO auf Schulterhöhe, Arm wird lang, Hände in gleicher Höhe, linke »Yin-Hand«, rechte »Yang-Hand«).

- Rechtes Handgelenk runden / Arm einklappen / Hand zum Ohr / Schritt links zur lunaren Vorwärtsstellung; Gewicht auf links verlagern / Kniestreifen über das linke Knie (linke »Yin-Hand« kommt neben linkes Knie) / rechte Hand »Push« (rechter Fuß dreht am Ende um 45° ein).

7. Hände wie beim Pipaspielen[7] (W)

- Rechten Fuß heben; an den linken heranführen; auf die gleiche Stelle wieder zurücksetzen. Gewicht ganz auf rechts / rechte Hand etwas an die rechte Schulter heranziehen (Daumen nach unten, Handgelenk bleibt abgeknickt).

- »Leerer Fersenschritt« links; rechte Hand dreht den Daumen nach oben (Finger zum linken Ellenbogen); linken Arm heben zum »Pipaspielen« (Handgelenke rund).

8. **Kniestreifen** (W)

Links

- Körper etwas nach rechts drehen / Hände drehen zum Ballhalten (rechte Hand vor der Hüfte, linke Hand vor der rechten Schulter). Rechten Unterarm ausschwingen nach NO / Hände in Schulterhöhe (linke Hand = »Yin-Hand«; rechte Hand = »Yang-Hand«).

- Rechtes Handgelenk runden / Arm einklappen / Hand zum Ohr / Schritt links zur lunaren Vorwärtsstellung; Gewicht auf links verlagern / Kniestreifen über das linke Knie (linke »Yin-Hand« kommt neben linkes Knie) / rechte Hand »Push« (rechter Fuß dreht am Ende um 45° ein).

Rechts

- Linken Fuß auf der Ferse ausdrehen / linke Hand »Yang« drehen / rechte »Yin-Hand« kommt über die linke (Ball halten, rechte Hand vor linker Schulter, linke Hand vor der Hüfte). Gewicht auf links / linker Arm schwingt aus.

- Linkes Handgelenk runden / Arm einklappen / Hand zum Ohr. Schritt rechts zur lunaren Vorwärtsstellung; Gewicht auf rechts verlagern / Kniestreifen über das rechte Knie (rechte »Yin-Hand« kommt neben rechtes Knie) / linke Hand »Push«.

Links

- Rechten Fuß auf der Ferse ausdrehen / rechte Hand »Yang« drehen / linke »Yin-Hand« kommt über die rechte (Ball halten, linke Hand vor rechten Schulter, rechte Hand vor der Hüfte.) Rechten Unterarm ausschwingen nach NO / Hände in Schulterhöhe (linke Hand = »Yin-Hand«; rechte Hand = »Yang-Hand«).

- Rechtes Handgelenk runden / Arm einklappen / Hand zum Ohr / Schritt links zur lunaren Vorwärtsstellung; Gewicht auf links verlagern / Kniestreifen über das linke Knie (linke »Yin-Hand« kommt neben linkes Knie) / rechte Hand »Push« (rechter Fuß dreht am Ende um 45° ein).

9. Hände wie beim Pipaspielen (W)

- Rechten Fuß heben; an den linken heranführen; wieder auf die gleiche Stelle zurücksetzen. Gewicht ganz auf rechts / rechte Hand etwas an die rechte Schulter heranziehen (Daumen nach unten, Handgelenk bleibt abgeknickt).

- »Leerer Fersenschritt« links; rechte Hand dreht den Daumen nach oben (Finger zum linken Ellenbogen); linken Arm heben zum »Pipaspielen« (Handgelenke rund).

10. Kniestreifen (W)

Links

- Körper etwas nach rechts drehen / Hände drehen zum Ballhalten (rechte Hand vor der Hüfte, linke Hand vor der rechten Schulter). Rechten Unterarm ausschwingen nach NO / Hände in Schulterhöhe (linke Hand = »Yin-Hand«; rechte Hand = »Yang-Hand«). Linker Fuß steht auf der Ferse.

- Rechtes Handgelenk runden / Arm einklappen / Hand zum Ohr / Schritt links zur lunaren Vorwärtsstellung; Gewicht auf links verlagern / Kniestreifen über das linke Knie (linke »Yin-Hand« kommt neben linkes Knie) / rechte Hand »Push« (rechter Fuß dreht am Ende um 45° ein).

11. Schritt nach vorn, ablenken, aufhalten und boxen[8] (Ban Lan Chui, W)

- Rechte Hand bildet eine Faust; Daumen nach unten drehen / linken Fuß auf der Ferse ausdrehen (SW) / linke Hand »Yang« drehen. Körper beugen / Faust neben linke Hand senken (Daumen zeigt nach unten, Handgelenk gerade, linke Fußspitze in der Luft).
- Gewicht ganz auf links / Fuß abrollen / beide Arme nach links ausschwingen (Schulterhöhe, linke Hand »Yang«, rechter Daumen zum Körper, Ellbogen nach W).

- Schräger Schritt rechts nach vorn auf die Ferse (NW); Gewicht auf rechts zu verlagern beginnen / rechter Faustrücken boxt im aufrechten Bogen nach vorn (von oben nach unten). Gewicht ganz auf rechts verlagern / linke Hand »Push« nach vorn / rechte Faust an rechte Hüfte ziehen.

- Linken Fuß neben den rechten führen / die linke Hand etwas heranziehen (Daumen zum Körper, Finger aufrecht).

- Linker lunarer Vorwärtsschritt nach W; verlagern / Fauststoß rechts (Faust nach vorn-oben auf Schulterhöhe zur linken Hand führen, Daumen dreht nach oben, linker Daumen berührt rechten Unterarm innen, linke Finger aufrecht, W).

12. Wie verschlossen und verriegelt[9] (W)

- Linke Hand aufrecht unter rechtem Unterarm hindurchführen; beide Hände drehen (»Yang-Hände«).

- Gewicht zurück auf rechts / Körper nach rechts drehen (NW) / die Arme auseinanderziehen (rechte Hand vor die Hüfte, linke Hand geht etwas vor). Rechten Arm ausschwingen (NO, linke Hand bleibt vorn, Handgelenke rund).

- Körper etwas nach W drehen / Hände vor die Schultern (Handgelenke gleich abknicken, Finger aufstellen). Nach vorn verlagern / beide Hände im »Push« (Vorwärtsstellung, W).

13. Hände kreuzen[10] (N)

- Handflächen leicht nach vorn drehen (Arme werden leicht rund).
- Gewicht auf rechts verlagern; Körper nach N drehen / linker Fuß dreht auf der Ferse mit (N).

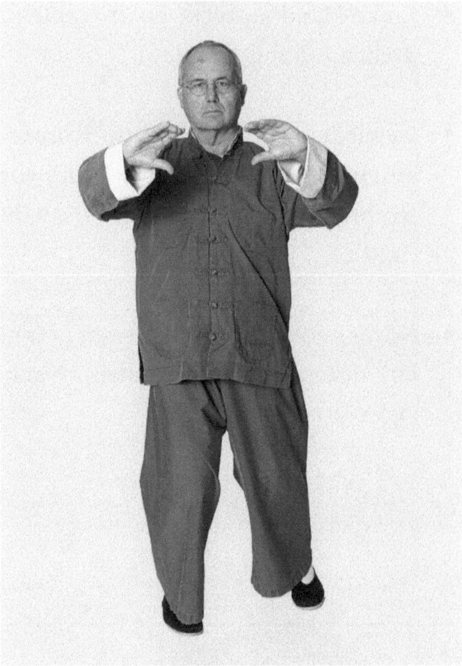

- Gewicht auf links / Arme etwas öffnen. Schritt mit rechts parallel schulterbreit neben den linken Fuß / Finger nach unten drehen. Gewicht auf beide Füße / Hände nach unten führen; Handgelenke kreuzen (Handgelenke berühren sich, rechte Hand unten – »Yang-Hände«) und auf Schulterhöhe heben (Arme bilden mit dem Körper einen großen Kreis, Daumen zeigen nach oben).

Die Form Teil 2

14. Den Tiger umarmen und zurück in die Berge (SO)

- Gewicht auf rechts / Körper nach rechts drehen / linken Fuß auf der Ferse um 45° eindrehen / linke Hand unter die rechte sinken lassen / Hände drehen zum Ballhalten. (keine Abb.)

- Gewicht auf links / linker Arm schwingt aus (NW).
  Lunaren Schritt mit rechts diagonal (SO); auf rechts verlagern / Arme wie »Kniestreifen«; linken Fuß auf der Ferse um 45° eindrehen.

Lü (Streichen, SO)

- Rechte Hand auf Schulterhöhe anheben; beide Hände drehen (rechte »Yin-Hand«: Handgelenk knickt ab, linke »Yang-Hand«: Handgelenk wird rund). Gewicht zurück auf links verlagern und, sobald die linke Ferse zu stützen beginnt, Körper um 45° nach links drehen / den Körper sinken lassen / den Rumpf beugen (Beide Hände »ziehen« dabei nach unten, am Ende der Bewegung bilden die Arme einen großen Kreis, Hände in gleicher Höhe, das Knie in der Mitte, Hände wie ein liegendes »T«, Blick bleibt nach SO).

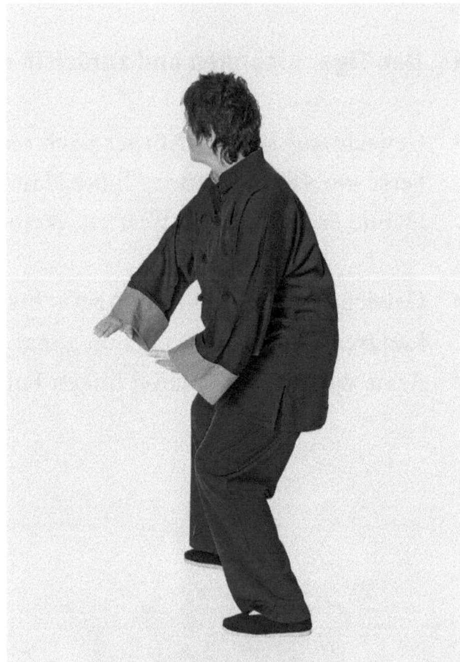

Ji (Drücken, SO)

- Gewicht bleibt links. Hände drehen zum kleinen Ball, linke Handkante berührt den rechten Daumenballen von oben. Gewicht nach vorn verlagern (am Ende, in der Vorwärtsstellung nach O, sind die Hände in Schulterhöhe wie ein »X«, Ellenbogen auf gleicher Höhe, linker Daumen berührt den rechten Unterarm von innen).

An (Stoßen, »Push«, SO)

- Hände aufeinanderlegen / Hände auseinandernehmen (werden »Yin-Hände«, parallel in Schulterhöhe). Gewicht zurückverlagern auf links / die Hände zu den Schultern ziehen (Ellenbogen senken, »Tigermaul« geöffnet, Finger zeigen nach vorn).

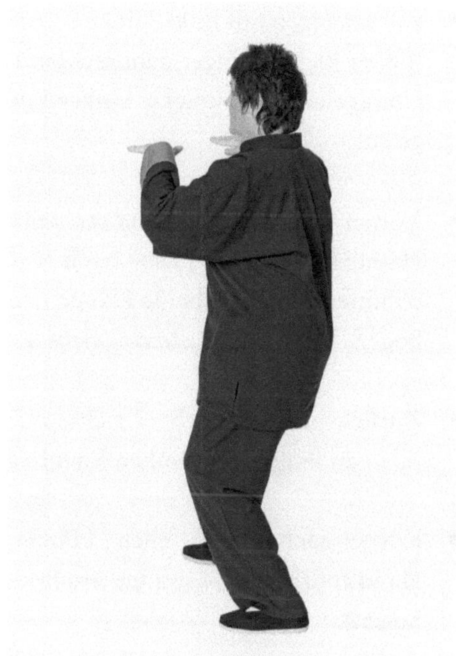

- Handgelenke abknicken; das Gewicht wieder nach vorn verlagern / »Push« mit beiden Armen (am Ende Vorwärtsstellung nach SO).

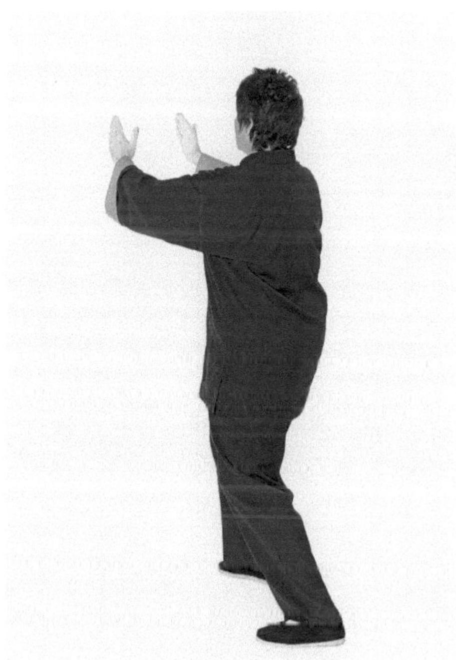

Yin-Yang-Fische

- Zurücksitzen auf links / linken Unterarm vor den Körper einklappen (linker kleiner Finger zum rechten Ellenbogen, Daumen nach unten, Handgelenk abgeknickt. Linker Ellenbogen höher als das linke Handgelenk).

- Körper nach links drehen / rechter Fuß dreht um 90° auf der Ferse ein / Hände im flachen »Push« nach N (linke Hand führt, rechte Hand folgt dahinter: am Ende beide Hände nach N, rechte Finger zum linken Ellenbogen, beide Handgelenke leicht abgeknickt).

- Zurücksitzen auf rechts / rechten Unterarm vor den Körper klappen (kleinen Finger zum linken Ellenbogen, Daumen nach unten).

- Körper nach rechts drehen / Hände im flachen »Push« nach O (rechte Hand führt, linke dahinter, am Ende linke Finger zum rechten Ellenbogen).

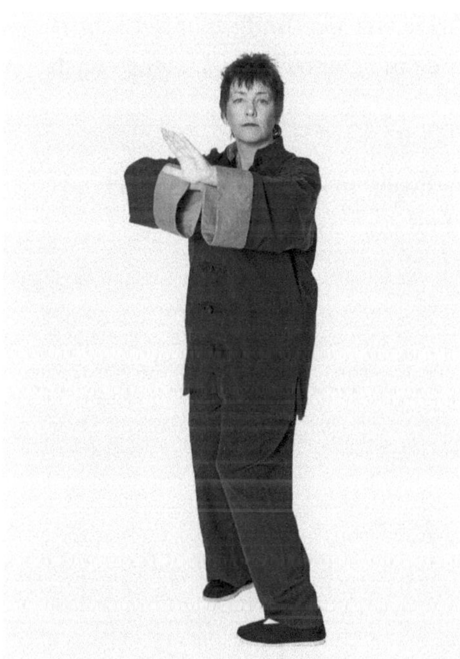

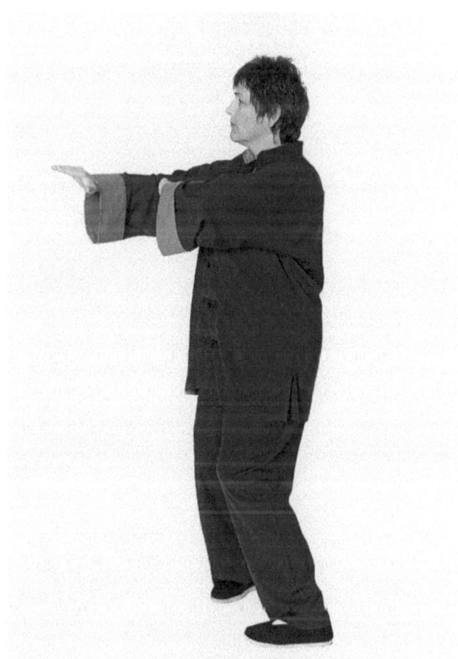

- Linke Hand kommt leicht nach vorn (Arme werden rund); lunaren Schritt mit links (NW) / Arme mitnehmen (Hände in Schulterhöhe, Daumen nach unten, Handgelenke abgeknickt).

- Verlagern auf links / Arme mit flachem »Push« in die Ecke mit den Handkanten, Daumen zum Körper / rechten Fuß um 45° eindrehen.

15. Unterm Ellenbogen hervorboxen (W)

- Rechten Fuß schulterbreit parallel zum linken flach aufsetzen; Gewicht auf rechts / Körper nach W drehen / Hände in Stirnhöhe heben (Daumen nach unten, linker Fuß bleibt liegen).

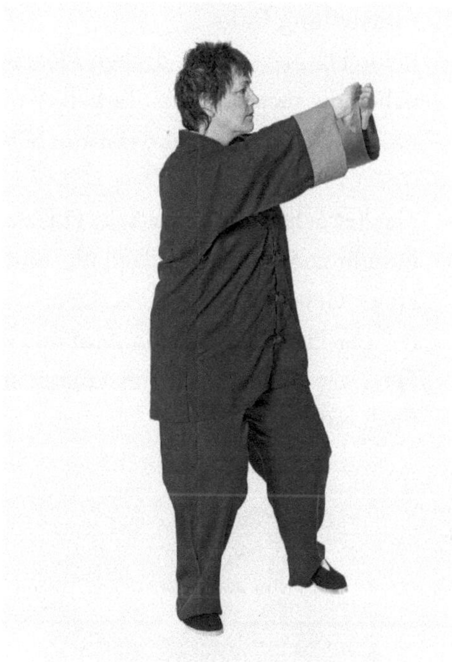

- »Leerer Fersenschritt« mit links nach W; rechte Faust ballen und unter linken Ellenbogen bringen (rechten Daumen nach oben, linke Hand nach W).

16. Zurückweichen und die Affen vertreiben (fünf Mal W, rückwärtsgehend)

1. Endstellung links

- Beide Hände »Yang« drehen / Körper nach rechts drehen / rechte Hand neben die rechte Hüfte / linken Arm nach vorn. Rechter Arm schwingt aus nach NO (Handgelenke etwa in Schulterhöhe).

- Flacher Schritt links zurück; Fuß flach und schräg aufsetzen / rechte Hand kommt zum Ohr (Handgelenk rund, Finger nach W, der linke Arm bleibt lang); Gewicht auf links verlagern / linke Hand zur linken Hüfte ziehen (»Yang-Hand«) / rechten Arm mit »Push« nach vorn; rechten Fuß auf der Ferse gerade drehen (Endstellung: sitzend links, der rechte Fuß liegt leer flach auf).

2. **Endstellung rechts**

- Beide Hände »Yang« drehen / Körper nach links drehen / linker Arm schwingt aus nach SO / rechter Arm zeigt nach vorn (Handgelenke etwa in Schulterhöhe).

- Flacher Schritt rechts zurück; Fuß flach und schräg aufsetzen / linke Hand kommt zum Ohr (Handgelenk rund, Finger nach W); Gewicht auf rechts verlagern / rechte Hand zur rechten Hüfte ziehen (»Yang-Hand«) / linken Arm mit »Push« nach vorn; linken Fuß auf der Ferse gerade drehen (Endstellung: sitzend rechts, der linke Fuß liegt leer flach auf).

3. Endstellung links

- Beide Hände »Yang« drehen / Körper nach rechts drehen / rechte Hand neben die rechte Hüfte / linken Arm nach vorn. Rechter Arm schwingt aus nach NO (Handgelenke etwa in Schulterhöhe).

- Flacher Schritt links zurück; Fuß flach und schräg aufsetzen / rechte Hand kommt zum Ohr (Handgelenk rund, Finger nach W); Gewicht auf links verlagern / linke Hand zur linken Hüfte ziehen (»Yang-Hand«) / rechten Arm mit »Push« nach vorn; rechten Fuß auf der Ferse gerade drehen (Endstellung: sitzend links, der rechte Fuß liegt leer flach auf).

4. Endstellung rechts

- Beide Hände »Yang« drehen / Körper nach links drehen / linker Arm schwingt aus nach SO/ rechten Arm nach vorn (Handgelenke etwa in Schulterhöhe).

- Flacher Schritt rechts zurück; Fuß flach und schräg aufsetzen / linke IIand kommt zum Ohr (Handgelenk rund, Finger nach W); Gewicht auf rechts verlagern / rechte Hand zur rechten Hüfte ziehen (»Yang-Hand«) / linken Arm im »Push« nach vorn; linken Fuß auf der Ferse gerade drehen (Endstellung: sitzend rechts, der linke Fuß liegt leer flach auf).

5. Endstellung links

- Beide Hände »Yang« drehen / Körper nach rechts drehen / rechte Hand neben die rechte Hüfte / linken Arm nach vorn. Rechter Arm schwingt aus nach NO (Handgelenke etwa in Schulterhöhe).

- Flacher Schritt links zurück; Fuß flach und schräg aufsetzen / rechte Hand kommt zum Ohr (Handgelenk rund, Finger nach W); Gewicht auf links verlagern / linke Hand zur linken Hüfte ziehen (»Yang-Hand«) / rechten Arm im »Push« nach vorn; rechten Fuß auf der Ferse gerade drehen (Endstellung: sitzend links, der rechte Fuß liegt leer flach auf).

17. Diagonales Fliegen[11] (N)

- Körper leicht nach links drehen / sinken lassen / den Rumpf beugen / Hände drehen (linke Hand »Yin«, rechte Hand »Yang«) / rechte Hand unter die linke Hand bringen (Ball halten über dem linkem Knie).

- Körper drehen (Körper lunar aufrichten); lunaren Vorwärtsschritt mit rechts (N); verlagern auf rechts / rechter Arm »fliegt« (»Yang-Hand«) auf Mundhöhe (N) / linke Hand geht neben den linken Beckenkamm / linken Fuß um 90° eindrehen.

- Gewicht zurück auf links / beide Daumen nach oben drehen (Handgelenke gerade).

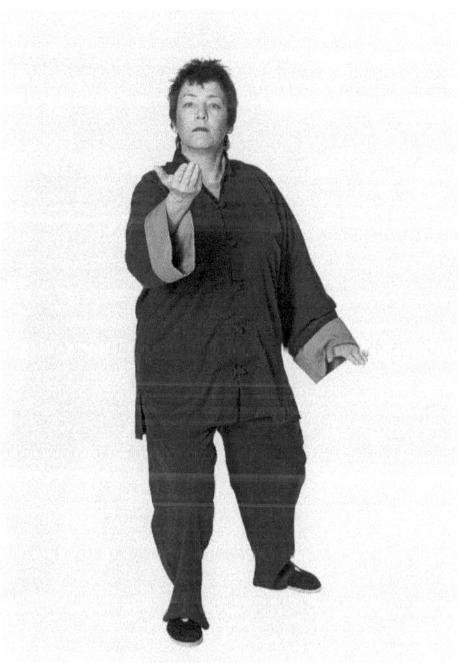

18. Hände heben und Schritt nach vorn (N)

- »Leerer Fersenschritt« rechts; Handgelenke abknicken; Hände schräg nach vorn-oben heben (Finger zeigen schräg nach oben Richtung N, linke Hand neben rechten Ellenbogen).

- Hände drehen (rechtes Handgelenk abgeknickt, linkes rund); Körper nach NW beugen / Hände tief zum linken Knie ziehen (Lü, Arme rund).

- Hände drehen (kleinen Ball halten); lunaren Schritt mit rechts (N); verlagern / rechten Ellenbogen etwa auf Schulterhöhe heben (über dem rechten Knie); linker Daumen berührt rechten Ellenbogen von oben-außen. Beide Arme auseinanderziehen (linker Arm innen, rechter Arm außen); rechts »Peng« in Augenhöhe, linke Hand neben linken Beckenkamm.

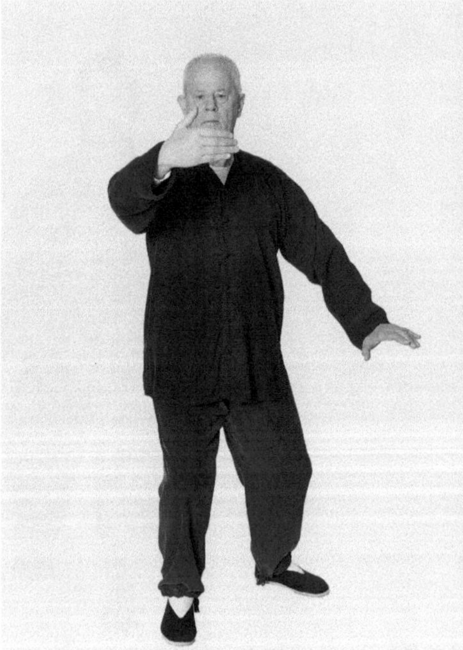

19. Weißer Kranich breitet seine Flügel aus (W)

- Rechten Fuß etwas auf der Ferse eindrehen. Gewicht ganz auf rechts / Körper nach W drehen / rechte Hand sinkt in Schulterhöhe / linker Fuß dreht auf der Spitze mit.

- »Leerer Zehenschritt« links. Rechte Hand sinkt etwas; dreht; steigt in Schläfenhöhe (Daumen nach unten, linke Hand neben linkes Knie – »Yin-Hand«, die Finger zeigen am Ende nach W, Ellenbogen neben, nicht hinter dem Körper).

20. **Kniestreifen** (W)

- Rechte Hand dreht »Yang«; sinkt gerade nach unten bis vor die Hüfte / linke Hand steigt im Gegenzug über die rechte in Schulterhöhe / Körper nach rechts drehen (beide Hände halten einen großen Ball). Rechter Unterarm schwingt aus (NO auf Schulterhöhe, Arm wird lang, Hände in gleicher Höhe, linke »Yin-Hand«, rechte »Yang-Hand«).

- Rechtes Handgelenk runden / Arm einklappen / Hand zum Ohr / lunaren Schritt mit links; Gewicht auf links verlagern / Kniestreifen über das linke Knie (linke »Yin-Hand« kommt neben linkes Knie) / rechte Hand im »Push« (rechter Fuß dreht am Ende um 45° ein).

21. Nadel auf dem Meeresboden (W)

- Rechten Fuß an den linken herannehmen; wieder zurück auf die gleiche Stelle setzen; verlagern auf rechts; »leerer Ballenschritt« links.

- Körper beugen / Finger der rechten Hand »stechen« nach unten (zeigen vor die linken Zehen) / linke Hand neben linkes Knie.

22. Fächerform aus dem Rücken heraus[12] (W)

- Körper etwas nach rechts drehen / rechte Hand dreht den Daumen nach unten / linkes »Tigermaul« umfasst von unten das rechte Handgelenk.

- Lunarer Schritt mit links; verlagern / Körper aufrichten / die Arme auseinanderziehen zum »Fächer« (rechte Hand vor die Schläfe, linke Hand im »Push«).

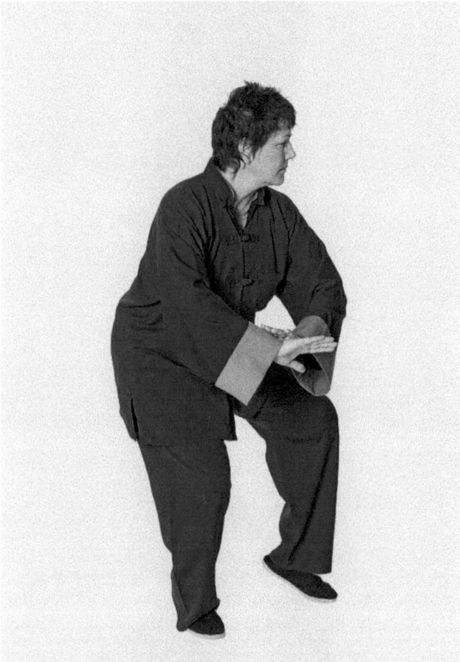

23. Körperdrehung und verdeckter Faustschlag (O)

- Linken Fuß auf der Ferse um 90° eindrehen / rechte Hand zur Faust machen und vor die linke Schulter senken (Daumen zum Körper) / Körper nach rechts drehen / linker Arm geht mit (linker Arm zeigt locker in Richtung N); Körper nach O drehen, lunarer Schritt mit rechts (O).

- Gewicht etwas verlagern auf rechts / rechter Faustrücken boxt im aufrechten Bogen nach vorn; Gewicht ganz auf rechts / linke Hand im »Push« / rechte Faust zurück zur rechten Hüfte; linken Fuß eindrehen.

24. Schritt nach vorn und ablenken, aufhalten und boxen (Ban Lan Chui, O)

- Rechte Faust heben (»Kinnhaken«); Faust und linke Hand drehen. Gewicht auf links verlagern / Körper nach links drehen / Arme in Brusthöhe ausschwingen (linke Hand »Yang«, rechter Daumen zum Körper).
- Rechten Fuß auf der Stelle schräg auf der Ferse aufsetzen (Fuß zeigt nach SO); Gewicht beginnen auf rechts zu verlagern / rechter Faustrücken boxt im aufrechten Bogen nach vorn. Danach alles Gewicht auf rechts verlagern / linke Hand mit »Push« nach vorn / rechte Faust an rechte Hüfte ziehen.
- Linken Fuß neben den rechten führen / die linke Hand etwas heranziehen (Daumen zum Körper, Finger aufrecht).
- Lunarer Schritt mit links (O); verlagern / Fauststoß rechts (Faust nach vorn-oben zur linken Hand führen, Daumen dreht nach oben, linker Daumen berührt rechten Unterarm innen, linke Finger aufrecht).

25. Am Schwanz festgehaltener Vogel

Schritt nach vorn (O)

- Linke Hand unter rechten Unterarm; Faust öffnen; Handflächen »Yin« drehen. Gewicht zurück auf rechts / Körper leicht nach rechts drehen und beugen / Hände auseinander- und zurückziehen vor das rechte Knie (runde Arme).

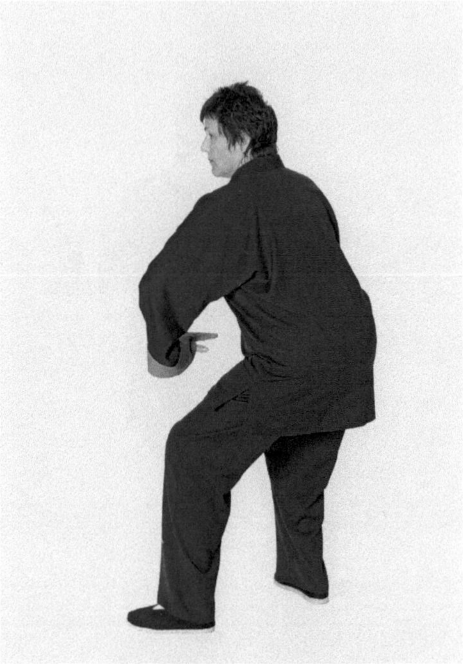

- Linken Fuß auf der Ferse ausdrehen (SO) / linke Hand »Yang« drehen; Gewicht auf links verlagern / Körper aufrichten / linke Hand »fliegt« in die Diagonale (NO), (Körper nach links drehen).

Peng rechts, mit beiden Händen (O)

- Rechte »Yin-Hand« im waagrechten Bogen unter die linke führen. Beide Hände drehen und halten einen großen Ball / das linke Handgelenk knickt ab / das rechte wird rund. Gewicht ganz auf links verlagern und den Körper nach O drehen / rechten Fuß an den linken herannehmen.

- Lunarer Schritt mit links. Gewicht nach vorn verlagern / rechte Hand in Mundhöhe steigen lassen (linke folgt, so dass beide Hände am Ende einen kleinen ovalen Ball halten, rechtes Handgelenk rund, linkes leicht abgeknickt). Fast am Ende der Verlagerung dreht der linke Fuß 45° auf der Ferse ein. Beide Knie entspannen.

Lü (Streichen, NO)

- Beide Hände drehen (rechte »Yin-Hand«, Handgelenk knickt ab, links »Yang-Hand«, Handgelenk wird rund). Gewicht zurück auf links verlagern und, sobald die linke Ferse zu stützen beginnt, Körper um 45° nach links drehen / den Körper sinken lassen / den Rumpf beugen (beide Hände »ziehen« dabei nach unten, am Ende der Bewegung bilden die Arme einen großen Kreis, Hände in gleicher Höhe, das Knie in der Mitte, Hände wie ein liegendes »T«, Blick bleibt nach O).

Ji (Drücken, O)

- Gewicht bleibt links. Hände drehen zum kleinen Ball; linke Handkante berührt den rechten Daumenballen von oben. Gewicht nach vorn verlagern (am Ende, in der Vorwärtsstellung nach O, sind die Hände in Schulterhöhe wie ein »X«, Ellenbogen auf gleicher Höhe, linker Daumen berührt den rechten Unterarm von innen).

An (Stoßen, »Push«, O)

- Hände aufeinanderlegen / Hände auseinandernehmen (werden »Yin-Hände«, parallel in Schulterhöhe). Gewicht zurückverlagern auf links / die Hände zu den Schultern ziehen (Ellenbogen senken, »Tigermaul« geöffnet, Finger zeigen nach vorn).

- Handgelenke abknicken; das Gewicht wieder nach vorn verlagern / »Push« mit beiden Armen (am Ende Vorwärtsstellung nach O).

Yin-Yang-Fische

- Zurücksitzen auf links / linken Unterarm vor den Körper einklappen (linken kleinen Finger zum rechten Ellenbogen, Daumen nach unten, Handgelenk abgeknickt. Linken Ellenbogen höher als das linke Handgelenk).

- Körper nach links drehen / rechter Fuß dreht um 90° auf der Ferse ein / Hände im flachen »Push« nach NW (linke Hand führt, rechte Hand folgt dahinter, am Ende beide Hände nach NW, rechte Finger zum linken Ellenbogen, beide Handgelenke leicht abgeknickt).

- Zurücksitzen auf rechts / rechten Unterarm vor den Körper klappen (kleinen Finger zum linken Ellenbogen, Daumen nach unten).

- Körper nach rechts drehen / flacher »Push« nach rechts (rechte Hand führt, linke dahinter, am Ende linke Finger zum rechten Ellenbogen).

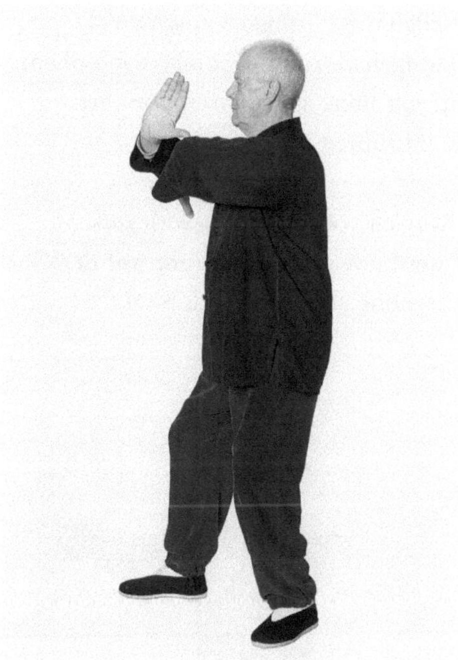

26. Einfache Peitsche (W)

- Rechte Hand bildet den »Haken«; Peitschenarm wird ganz ausgestreckt; linke Handfläche dreht zur Schulter (Handgelenk rund, Daumen nach oben). Mit dem Gewicht ganz auf rechts Schritt mit links zur lunaren Vorwärtsstellung (W) / linke Hand in Mundhöhe mitführen (»Peng«).

- Linkes Handgelenk abknicken / Gewicht nach vorn auf links verlagern / »Push« mit links (hinteren Fuß um 45° am Ende der Verlagerung auf der Ferse eindrehen, rechten Arm auf Schulterhöhe gestreckt nach NO).

27. Wolkenhände links und rechts (vier Schritte nach W, Körper nach N)

- Linken Fuß auf der Ferse um 90° nach N drehen (Körper nach N) / linken Arm in Schulterhöhe mitdrehen (Hand schräg, Gewicht auf links).

- Rechte Hand öffnen; senken; Körper nach links drehen / rechte Hand kommt unter die linke, Hände drehen zum Ballhalten über dem linken Knie / rechten Fuß zurücksetzen (parallel zum linken, schulterbreit).

- Hände wechseln: linke Hand nach unten / rechte Hand auf Mundhöhe heben (Daumen nach oben) / linke Hand (»Yin-Hand«) auf Bauchnabelhöhe senken (Hand, die hochgeht, ist innen). Gewicht auf rechts. Hände drehen zum Ballhalten.

- Hände wechseln: linke Hand heben / rechte Hand senken. Schritt mit links auf die Spitze, Fuß ablegen (anderthalb Schulterbreiten); verlagern auf links / Hände mitnehmen; Ball halten; rechten Fuß nachsetzen.

- Hände wechseln etc. Insgesamt vier Schritte nach links. Nach dem vierten Schritt Gewicht auf rechts / rechte Hand oben lassen / linke Hand heben (linke Handfläche zeigt zur Schulter).

28. Einfache Peitsche (W)

- Rechte Hand bildet den »Haken« und Peitschenarm (Arm wird ganz ausgestreckt); linke Handfläche dreht zur Schulter (Handgelenk rund, Daumen nach oben). Mit dem Gewicht ganz auf rechts lunarer Schritt mit links (W) / linke Hand in Mundhöhe mitführen zum »Peng«.

- Linkes Handgelenk abknicken / Gewicht nach vorn verlagern / »Push« mit links (am Ende der Verlagerung den rechten Fuß um 45° auf der Ferse eindrehen, rechten gestreckten Arm nach NO).

29. Das Pferd am Hals tätscheln[13] (W)

- Hände »Yang« drehen; Gewicht zurück auf rechts. Schritt links zum »leeren Ballenschritt« / rechtes Handgelenk runden / Arm einklappen / Hand zum Ohr. Linke Hand an die linke Hüfte ziehen / rechte Hand zum »Push« nach vorn (Hand schräg, Ellenbogen rund).

30. Kick mit der Fußspitze rechts und links[14]

Rechts (NW)

- Linke Hand vor / rechte Hand zurücknehmen (Ball halten); lunarer Schritt mit links diagonal (SW); auf links verlagern / rechtes Handgelenk berührt das linke. Blick nach NW; Rumpf beugen / rechten Arm mit »Push« nach NW (linke Hand »Yang« in Herzhöhe).

- Rechte Hand kommt zurück und schließt wie beim »Händekreuzen« (Blick bleibt NW).

- Hände drehen; Arme öffnen / Standbein strecken / Knie heben; Kick mit rechter Fußspitze nach NW (rechter Arm über rechtem Bein).

Links (SW)

- Körper dreht nach NW / rechte Hand dreht »Yang«. Linkes Knie beugen / beide Hände senken (großer Ball, rechte Hand »Yang« über rechtem Oberschenkel, linke Hand vor linker Schulter) / rechter Fuß hinter linkem Knie.

- Lunarer Schritt mit rechts diagonal (NW); verlagern / linkes Handgelenk berührt das rechte / Blick SW; Rumpf beugen / »Push« links nach SW (rechte Hand »Yang« in Herzhöhe).

- Linke Hand kommt zurück und schließt wie beim »Händekreuzen« (Blick bleibt SW).

- Hände drehen; Arme öffnen / Standbein strecken / Knie heben; Kick mit linker Fußspitze nach SW.

31. Drehung und Kick mit der linken Ferse (O)

- Linkes Knie oben lassen und Unterschenkel locker hängen lassen. Auf der rechten Ferse (Standbein) nach SO drehen (Blick führt, linkes Knie oben lassen, rechtes Knie etwas beugen) / rechter Arm kreuzt (rechtes Handgelenk vor linkes, Blick und linkes Knie nach O, Körper nach SO).

- Hände drehen; Arme öffnen / Standbein strecken; Kick mit linker Ferse nach O.

32. Kniestreifen links und rechts (O)

Links

- Linken Unterschenkel locker sinken lassen / linker Ellenbogen berührt das linke Knie (Knie oben halten, Standbein gestreckt, linker Unterarm waagrecht, Hand »Yin«).

- Rechtes Knie beugen / Hüfte gerade drehen / rechte Hand sinkt neben das Ohr. Lunarer Schritt mit links; Gewicht auf links verlagern / Kniestreifen über das linke Knie (linke »Yin-Hand« kommt neben linkes Knie / rechte Hand im »Push«).

Rechts

- Linken Fuß auf der Ferse ausdrehen / linke Hand »Yang« drehen / rechte »Yin-Hand« kommt über die linke (Ball halten, rechte Hand vor linker Schulter, linke Hand vor der Hüfte). Gewicht auf links / linker Arm schwingt aus.

- Linkes Handgelenk runden / Arm einklappen / Hand zum Ohr. Lunarer Schritt mit rechts; Gewicht auf rechts verlagern / Kniestreifen über das rechte Knie (rechte »Yin-Hand« kommt neben rechtes Knie / linke Hand im »Push«).

33. Schritt nach vorn und boxen nach unten (O)

- Rechten Fuß auf der Ferse ausdrehen (SO, Fußspitze in der Luft) / rechte Hand dreht »Yang« / linke Hand zum Ballhalten. Körper beugen / rechte Hand neben die rechte Hüfte / linken Ellenbogen tief vor den Körper senken / verlagern auf rechts.

- Lunarer Schritt mit links / rechte Faust ballen; verlagern nach links / rechte Faust boxt nach unten / mit linker Hand Knie streifen.

34. Drehung und verdeckter Faustschlag (W)

- Linken Fuß auf der Ferse um 90° eindrehen (S) / Körper aufrichten; Gewicht links / rechte Faust vor die linke Schulter heben (Daumen zum Körper) / linker Arm steigt vor die linke Schulter (S). Körper nach W drehen; lunarer Schritt mit rechts (W).

- Etwas verlagern auf rechts / rechter Faustrücken boxt im aufrechten Bogen nach vorn / Gewicht ganz auf rechts / linke Hand zum »Push« / rechte Faust zur rechten Hüfte; linken Fuß eindrehen.

35. Schritt nach vorn und ablenken, aufhalten und boxen (Ban Lan Chui, W)

- Rechte Faust heben (»Kinnhaken«) / Faust und linke Hand drehen. Gewicht auf links verlagern / Körper nach links drehen / Arme in Brusthöhe ausschwingen (linke Hand »Yang«, rechter Daumen zum Körper).

- Rechten Fuß schräg auf die Ferse aufsetzen (NW); Gewicht auf rechts zu verlagern beginnen / rechter Faustrücken boxt im aufrechten Bogen nach vorn (von oben nach unten). Gewicht ganz auf rechts verlagern / linke Hand mit »Push« nach vorn / rechte Faust an rechte Hüfte ziehen.

- Linken Fuß neben den rechten führen / die linke Hand etwas heranziehen (Daumen zum Körper, Finger aufrecht).

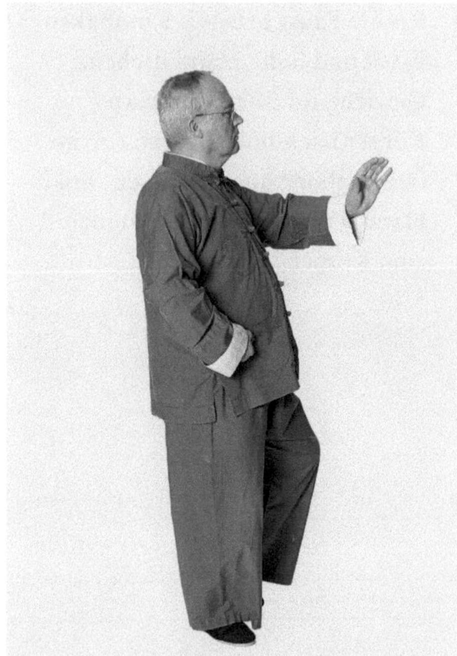

- Linker lunarer Schritt nach W; verlagern / Fauststoß rechts (Faust nach vorn-oben auf Schulterhöhe zur linken Hand führen, Daumen dreht nach oben, linker Daumen berührt rechten Unterarm innen, linke Finger aufrecht).

36. Kick mit rechter Ferse (W)

- Linke Hand unter rechten Unterarm; Faust öffnen; Handflächen »Yin« drehen. Gewicht auf rechts / Körper beugen / Hände auseinander- und zurückziehen vor das rechte Knie (runde Arme).

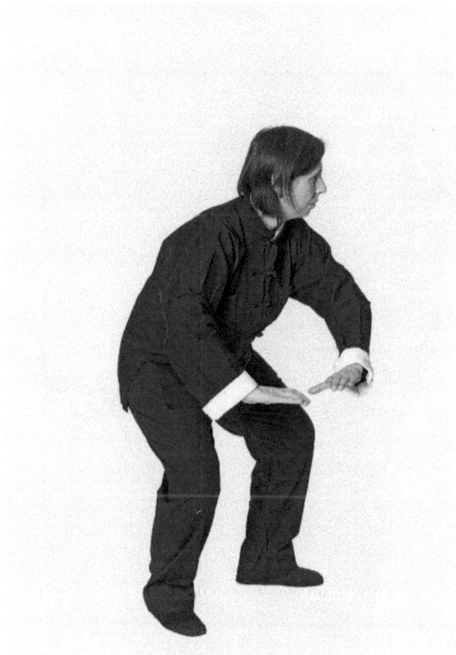

- Linken Fuß auf der Ferse ausdrehen (SW) / linke Hand »Yang« drehen; Gewicht auf links verlagern / linke Hand »fliegt« in die Diagonale (Körper nach links drehen, SW).

- Rechte Hand unter die linke bringen / Hände kreuzen (rechts außen, Handfläche zum Körper) / rechten Fuß an den linken heranziehen.

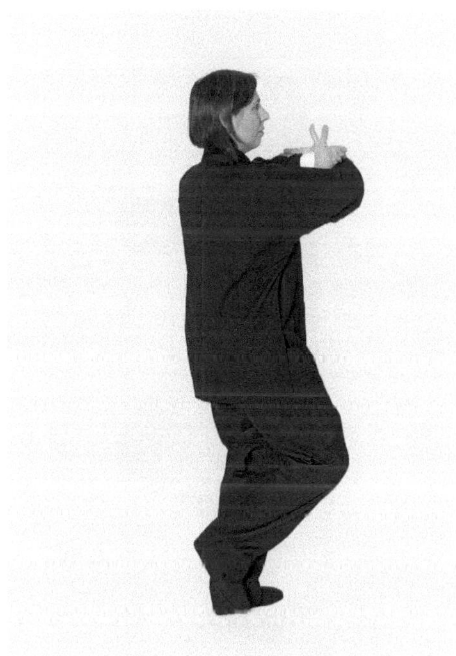

- Hände drehen; Arme öffnen / Standbein strecken; Kick mit rechter Ferse (W).
- Linkes Knie beugen / rechten Fuß hinter linkes Knie / rechte Hand vor die Brust führen / Unterarm waagrecht (»Buddha-Hand«: Daumen zum Körper, Finger zeigen nach oben) / linke Hand sinkt auf Schulterhöhe.
- Rechten Fuß parallel zum linken aufsetzen (etwas breiter als schulterbreit, NW). Gewicht auf rechts (Körper nach W) / beide Arme im flachen »Push« (»Yin-Hände«, rechte vor der linken).

37. Den Tiger schlagen rechts und links

Rechts (SO)

- Linke Handfläche »Yang« drehen. Körper drehen (SO) / lunarer Schritt mit links diagonal / linke Hand sinkt neben linken Oberschenkel / rechte Hand steigt auf Schläfenhöhe (großer Ball).

- Gewicht verlagern / beide Fäuste ballen / linke Faust vor die Schläfe heben (Handgelenk abgeknickt, Handrücken zeigt zur Schläfe) / rechte Faust gerade nach vorn in Magenhöhe (Unterarm waagrecht, »Yin-Hand«, rechten Fuß um 45° eindrehen).

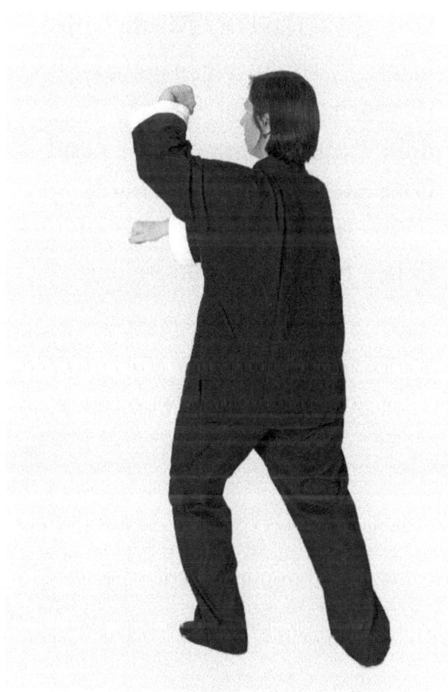

Links (NW)

- Fäuste öffnen / Hände drehen (Ball halten). Linken Fuß um 90° eindrehen (SW); Gewicht links. Körper nach NW drehen / lunarer Schritt mit rechts diagonal / großen Ball entstehen lassen (rechte Hand neben rechten Oberschenkel, linke am Kopf).

- Gewicht verlagern / Fäuste ballen, rechte Faust vor die Schläfe heben (Handrücken zeigt zur Schläfe) / linke Faust sinkt nach unten und boxt nach vorn in Magenhöhe (Unterarm waagrecht, »Yin-Hand«, linken Fuß um 45° eindrehen).

38. Kick mit der rechten Ferse (W)

- Fäuste öffnen; Hände wechseln: linker Arm »Peng« / rechte Hand senken (wie Wolkenhände, Gewicht bleibt rechts). Körper drehen / linken Fuß auf der Ferse ausdrehen (SW; Fußspitze in der Luft, Gewicht bleibt rechts).

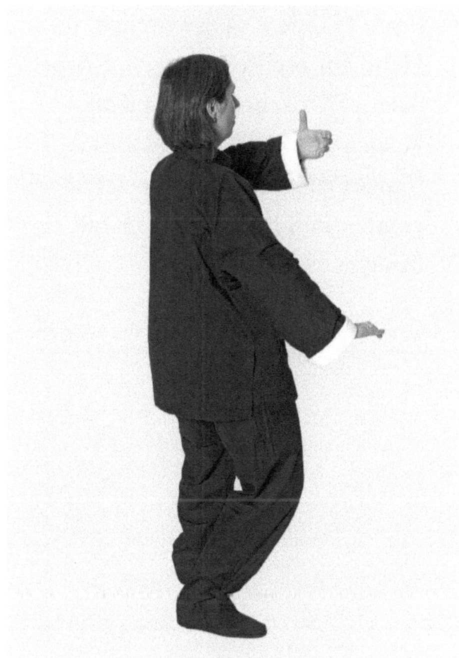

- Gewicht auf links verlagern / rechte Hand schließt zum Händekreuzen; Hände drehen; Arme öffnen / Standbein strecken; Kick mit rechter Ferse.

39. **Mit beiden Fäusten die Ohren des Gegners treffen** (NW)

- Beide Hände »Yang« drehen; linke Hand zur rechten bringen. Körper nach NW drehen; linkes Knie beugen / »Yang-Hände« senken (Finger zum rechten Oberschenkel) / rechten Fuß hinter linkes Knie bringen.

- Lunarer Schritt mit rechts diagonal (NW) / Fäuste ballen; Fäuste drehen. Gewicht verlagern auf rechts / Fäuste halbkreisförmig auf Ohrhöhe steigen lassen.

40. Kick mit links (W), **Drehung und Kick mit rechts** (W)

- Rechten Fuß auf der Ferse etwas ausdrehen (N) / Fäuste öffnen; Gewicht ganz auf rechts / Hände kreuzen (linke Hand außen).

- Hände drehen; Arme öffnen / Standbein strecken; Kick mit linker Ferse (W).

- Linke Hand »Yang« drehen; etwas nach links Schwung holen; Drehung auf dem rechten Fußballen; Landung auf den linkem Ballen (Gewicht links, linken Fuß nach SW, rechter Fuß dreht auf dem Ballen nach W: Stellung »leerer Ballenschritt« links) / linkes Handgelenk kommt im Bogen vor das rechte (Körper nach W, Hände nach SW, wie bei »Händekreuzen«).

- Arme drehen und öffnen; Kick rechts (W).

41. Schritt nach vorn und ablenken, aufhalten und boxen (Ban Lan Chui, W)

- Rechte Faust ballen; mit rechtem Ellenbogen rechtes Knie berühren (Knie oben, Unterarm waagrecht); linkes Knie beugen.

- Schräger Schritt rechts nach vorn auf die Ferse (NW); Gewicht beginnen auf rechts zu verlagern / rechter Faustrücken boxt im aufrechten Bogen nach vorn (von oben nach unten). Gewicht ganz auf rechts verlagern / linke Hand mit »Push« nach vorn / rechte Faust an rechte Hüfte ziehen.

- Linken Fuß neben den rechten führen / die linke Hand etwas heranziehen (Daumen zum Körper, Finger aufrecht).

- Lunarer Schritt mit links nach W; Gewicht verlagern / Fauststoß rechts (Faust nach vorn-oben auf Schulterhöhe zur linken Hand führen, Daumen dreht nach oben, linker Daumen berührt rechten Unterarm innen, linke Finger aufrecht.

42. Wie verschlossen und verriegelt (W)

- Linke Hand aufrecht unter rechtem Unterarm hindurchführen; beide Hände drehen (»Yang-Hände«). Gewicht auf rechts / Körper dabei nach rechts drehen (NW) / die Arme auseinanderziehen (rechte Hand vor die Hüfte, linke Hand geht etwas vor). Rechten Arm ausschwingen (NO, linke Hand bleibt vorn, Handgelenke rund).

- Körper etwas nach W drehen / beide Hände vor die Schultern (Handgelenke gleich abknicken, Finger aufstellen). Gewicht nach vorn verlagern / beide Hände im »Push« (An, Vorwärtsstellung W).

43. Hände kreuzen (N)

- Handflächen leicht nach vorn drehen (Arme werden leicht rund). Gewicht auf rechts verlagern; Körper nach N drehen / linker Fuß dreht auf der Ferse mit (N). Gewicht auf links / Arme etwas öffnen.

- Schritt rechts parallel schulterbreit neben den linken/ Finger nach unten drehen. Gewicht auf beide Füße / Hände nach unten führen; Handgelenke kreuzen (Handgelenke berühren sich, rechte Hand unten, »Yang-Hände«) und auf Schulterhöhe heben (Arme bilden mit dem Körper einen großen Kreis, Daumen zeigen nach oben).

Die Form Teil 3 – Ein Ausblick

Teil 3 der Form ist etwa so lang wie Teil 2. In ihm verbinden sich Elemente aus Teil 1 und Teil 2. In der Tabelle am Ende des Buches »Übersicht der Form (lunar/solar)« ist Teil 3 der Form enthalten. Die Übungsanleitung für diesen Teil können Sie sich auf der Website der Taji Akademie (www. taiji-anders.de) oder auf der Website des Verlages (www.weltinnenraum.de) herunterladen. Wie der dritte Teil der Form aussieht, ist auch auf der DVD *Das Innere Taijiquan* zu sehen.

DREIZEHNTES KAPITEL

AtemtypTaiji für Ausatmer/Solare

Körperhaltung und -bewegung beim Ausatmer

Wie im zwölften Kapitel bereits erwähnt, formen die verschieden betonten Atembewegungen beim Ein- und beim Ausatmer den Körper unterschiedlich. Was durch die beiden Kegel (siehe elftes Kapitel) bildhaft dargestellt wird, hat seine realen Entsprechungen in der Körperhaltung.

Ausatmer/solar: leicht nach vorn geneigte Körperhaltung

Geschieht der Atemvorgang im unteren Rumpf, wie es idealtypisch für den Ausatmer gilt, bedeutet das, dass der Ausatmer – in der Taiji-Haltung – ein leichtes Hohlkreuz braucht, damit das Becken entspannt »hängen« kann, um so die Atmung zu ermöglichen. Das Becken des Ausatmers ist also leicht nach vorn gekippt (das Kippen »nach hinten« meint hier eine Bewegung, die zu einer Reduktion der physiologischen Lendenlordose, des »Hohlkreuzes«, führt. Das Kippen »nach vorn« bewirkt das Gegenteil, eine Hyperlordose (Hohlkreuz) der Lendenwirbelsäule).

Die Beckenhaltung hat wiederum Auswirkung auf die Wirbelsäule: Das Hohlkreuz oder der »Knick« des Ausatmers trägt diese nicht im eigentlichen Sinne, sondern fängt sie eher auf. Mit anderen Worten: Die Wirbelsäule des Ausatmers »hängt« und wird nicht vom Becken getragen, sondern von den Muskeln und Sehnen der Beine. Der Ausatmer gleicht die Krümmung im Lendenwirbelbereich dadurch aus, dass er den Nacken streckt, indem er das Kinn hereinnimmt. Die Belastung der Füße geschieht in der Fußmitte, wechselt zwischen Fußballen und »Fersenbalkon« (dem Übergang von der Ferse zum Mittelfuß). Die Knie sollen bei den Solaren – wie beim Lunaren – immer zwischen 2. und 3. Zeh stehen, aber nicht über die Zehen hinaus gebeugt werden.

Grundlagen der Form für Ausatmer

Es handelt sich um 81 Einzelformen[1]. Zu Beginn – und am Ende – steht der Übende ausgerichtet nach Norden.[2] Alle Bewegungen gehen in alle Himmelsrichtungen, außer nach Süden.[3]

Der solare Schritt nach vorn

(zur Vorwärtsstellung)

Der hintere Fuß wird im schulterbreiten Abstand direkt nach vorn geführt und bleibt dabei entspannt. Die Ferse wird aufgesetzt (Zehen knapp über dem Boden) und der Fuß sogleich abgelegt; erst dann beginnt die Verlagerung des Körpergewichtes.

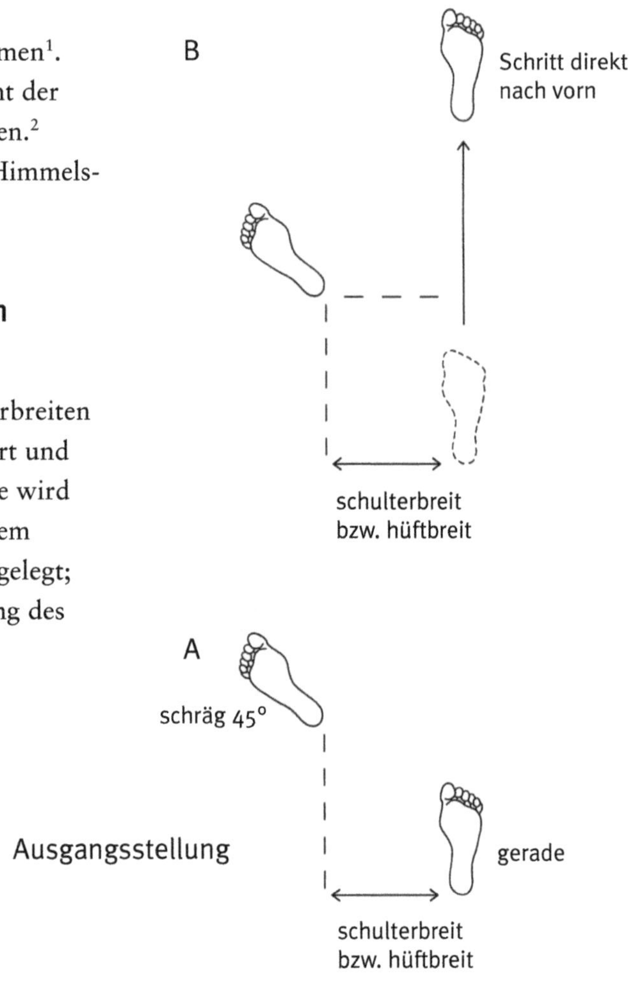

»Leerer Schritt« (Gewicht auf dem hinteren Bein)

»Leerer Fersenschritt«

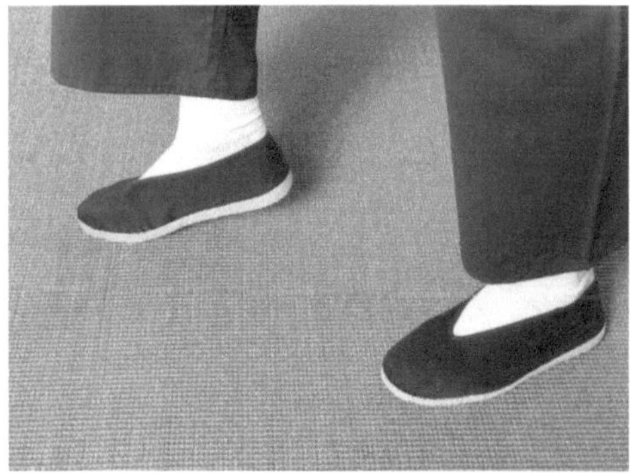

»Leerer Ballenschritt«

Fußspitze bzw. Ferse des »leeren« Fußes möglichst flach, Knie gebeugt lassen.

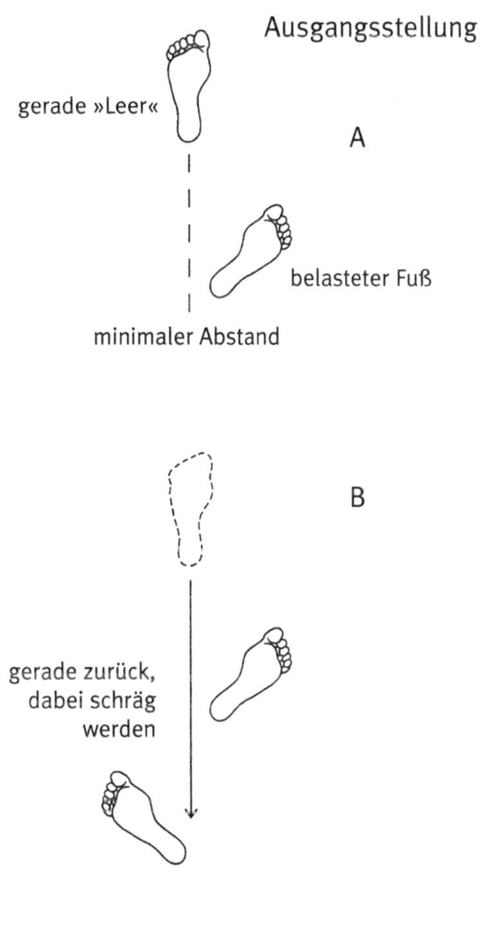

Schritt zurück

Beim Schritt zurück (lunar und solar / »Affe«) ist der Fuß entspannt, das heißt, die Ferse ist flach über dem Boden, wird aber nicht zuerst (wie beim Vorwärtsschritt) aufgesetzt.

Seitwärtsschritt

Beim Seitwärtsschritt (Anfang der Form und »Wolkenhände«) wird zuerst die Fußspitze aufgesetzt, der Fuß dann abgelegt und dann das Gewicht verlagert.

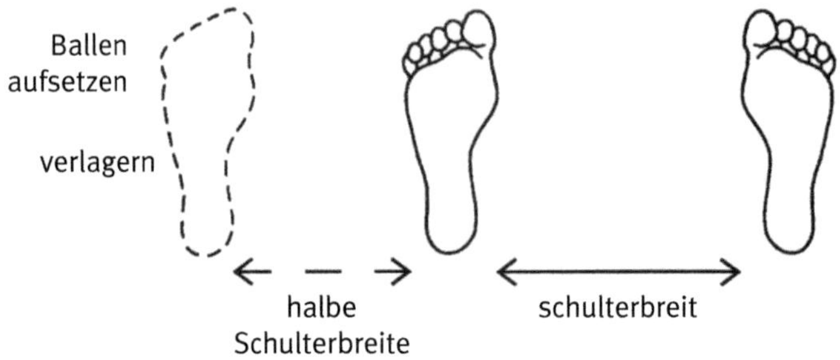

Hände-Basics

(immer wiederkehrende Elemente)

Beim »Ballhalten« ist das obere Handgelenk der »Yin-Hand« leicht abgeknickt, das untere der »Yang-Hand« rund (besser als »einen Ball halten« ist: etwas halten).

»Yang-Hand« heißt die Hand, deren Handfläche nach oben (Yang) zeigt. Die Grade der Ausrichtung sind unterschiedlich, das heißt, schon eine leichte Drehung in diese Position hinein gilt als »Yang-Hand«. Die Handgelenkstellung variiert je nach Höhe der Handposition.

»Yin-Hand« heißt die Hand, deren Handfläche nach unten (Yin) zeigt. Die Grade der Ausrichtung sind unterschiedlich, das heißt, schon eine leichte Drehung in diese Position hinein gilt als »Yin-Hand«. Die »Yin-Hand« ist immer leicht abgeknickt.

Taiji kennt »zwei Finger«: den geöffneten Daumen und die vier zusammenliegenden Finger. Die Finger sollen nicht gespreizt und der Daumen nicht angelegt werden. Der Raum zwischen Daumen und Zeigefinger heißt »Tigermaul«; es muss immer offen sein.

Peitschenarm

Bei der »Peitsche« wird das rechte Handgelenk gebeugt und die fünf Finger so zusammengelegt, als wolle man damit einen Tropfen Wasser aufnehmen.

Der Arm ist gebeugt, so dass die hängende Position des Ellenbogens beibehalten werden kann.

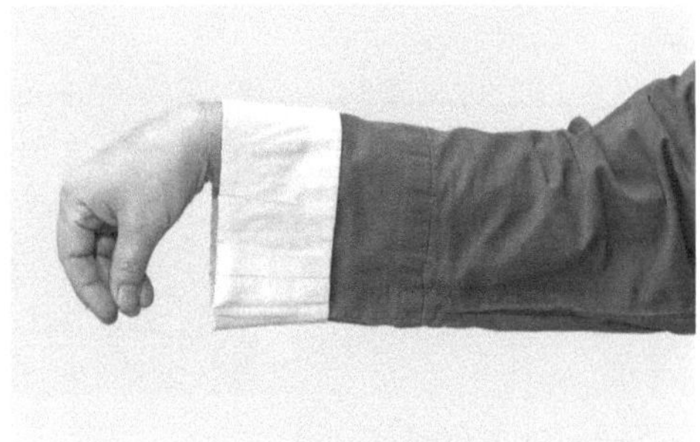

Faust

Die Taiji-Faust hat die Daumenspitze auf dem Mittelglied des Zeigefingers liegen. Sie wird locker geschlossen. Auch hier sind die Handgelenkstellungen zu beachten:

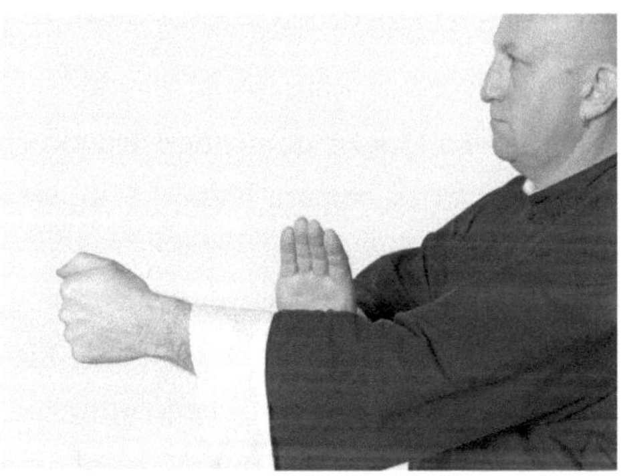

Gerade

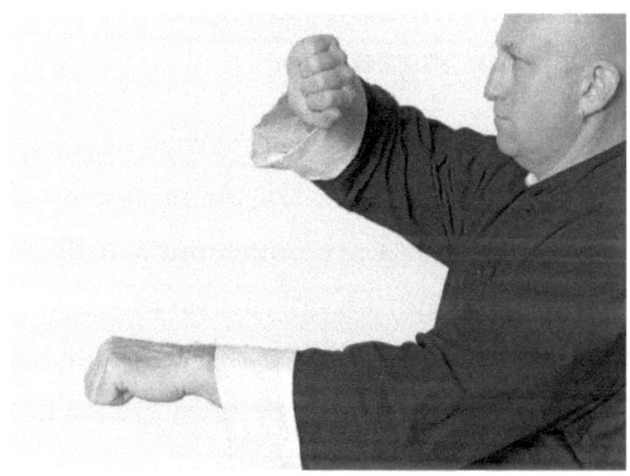

Unten gerade, oben geknickt

Leicht rund

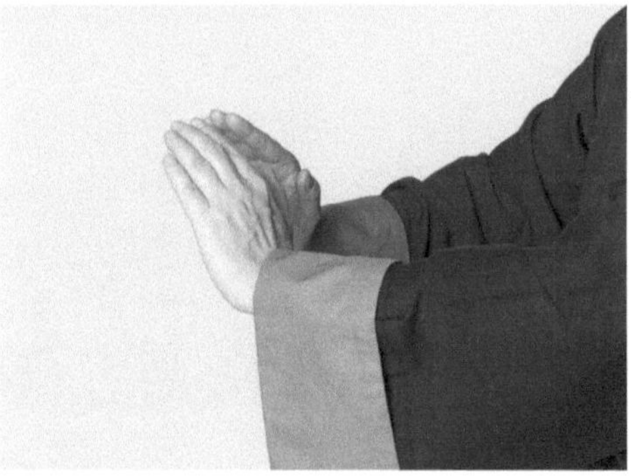

»Push« (Grundtechnik An)

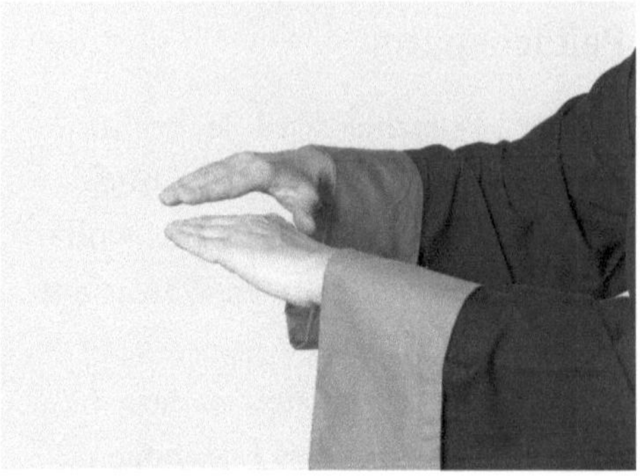

Flacher »Push«

Die Arme folgen dem Zentrum

Die Armbewegungen haben grundsätzlich kein Eigenleben, sondern folgen fast immer den Bewegungen des Rumpfes.

Mit den Armbewegungen die Brust weder überdehnen noch einengen

Bei den Solaren sind die Arme weniger gebeugt, also länger, damit der Brustkorb nicht geweitet wird. Die Arme dürfen aber auch nicht zu eng am Rumpf sein, weil sonst der Brustkorb eingeengt würde.

Wirbelsäule und Kopf: aufrecht

Die gesamte Wirbelsäule und der Kopf (bis zum Scheitelpunkt) bilden eine Einheit. Die Wirbelsäule ist gerade und gestreckt, der Rücken ist also nie krumm.

Bei den Solaren ist die Ausrichtung dabei von oben nach unten: Kopf und Rumpf »hängen« mit leichtem Hohlkreuz (»Knick«) auf den Oberschenkeln. Für die solare Kopfhaltung bedeutet das, dass die gesamte Halswirbelsäule in sich nicht bewegt werden soll.

Die Atmung

Die Atmung bleibt beim Ausüben der Form sich selbst überlassen. Durch die atemtypgerechte Körperhaltung entsteht die typengerechte Atmung mit der Zeit von selbst. Ziel ist, im Lauf der fortgeschrittenen Übung die Atembewegungen nach außen, in die Bewegungen der Arme und Beine hinein fortzusetzen *und nicht zu den Bewegungen geführt* zu atmen. Der richtige Atem entsteht von selbst. Das ist durchaus paradox: Der Körper lernt solche Bewegungen, die den Atem »formen« sollen, dabei darf man aber nichts mit dem Atem »machen«.

Alle Bewegungen werden »vom Geist geführt«

Alle Bewegungen sollen langsam, entspannt und gleichmäßig ausgeführt werden. »Vom Geist geführt« bedeutet zum einen, dass man *immer wach und konzentriert* bei der Ausführung der Übungen sein soll, und zum anderen, dass *die Aufmerksamkeit den Bewegungen voraus* sein soll. Wie sich das anfühlt, erfährt man, wenn man die Beschreibung der Form genau nachvollzieht, aus dem Verständnis erfolgen die Bewegungen. Wie das aussieht, zeigt die DVD *Das innere Taijiquan* (2011), auf der die Form lunar und solar dargestellt ist. Dann »führt der Geist den Körper«. Diese »Geistes-Haltung« sollte man beständig beibehalten und die Übungen nie rein mechanisch ausführen, auch wenn man sie schon gut beherrscht.

Übungshilfe zur Form

- Die Fotos zeigen immer die Endposition (der Yin- beziehungsweise Yang-Phasen).
- Semikolon: Bewegungen werden nacheinander ausgeführt.
- Schrägstrich: Bewegungen werden gleichzeitig ausgeführt.
- Punkt: Ende einer Phase
- Erläuterungen zum Ablauf stehen in Klammern.
- Die Richtungen der Bewegungen (N, W, O, NW, NO, SO, SW) sind am Ende des Namens angegeben.

AtemtypTaiji für Ausatmer

Die Form Teil 1

1. Vorbereitung und Beginn der Form (N)

- Stellung nach N / Füße zusammen.

- Schulterbreiter Schritt mit rechts auf die Fußspitze. Rechte Fußspitze parallel und schulterbreit aufsetzen; rechte Ferse ablegen / dabei leicht die Knie beugen / Becken kippt / Oberkörper neigt sich leicht nach vorn (Kopf bleibt aufrecht, es entsteht ein leichter Knick im Lendenwirbelbereich). Die Handgelenke leicht abknicken / die Handflächen zeigen zum Boden / Finger leicht gekrümmt. Die Hände sind seitlich vor den Oberschenkeln (die Daumen berühren diese, das Gewicht ruht auf beiden Füßen, zu 70 % auf dem Vorfuß).

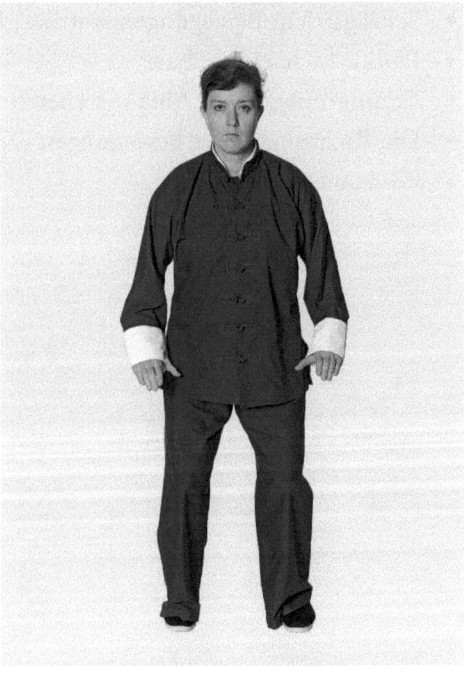

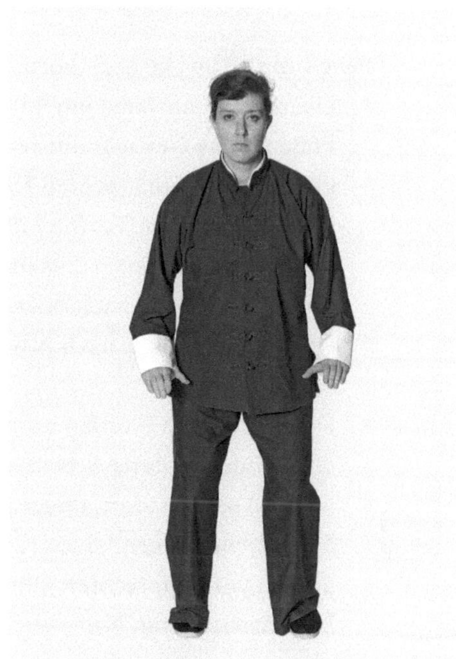

- Die Handgelenke runden / die Hände nach vorn und oben bis in Schulterhöhe steigen lassen (Arme lang, Ellenbogen aber gebeugt lassen; so entsteht ein langes Oval).

- Die Handgelenke leicht abknicken und die Arme senken (zurück in die Ausgangsposition seitlich vor die Oberschenkel).

- Die Hände gehen ein Stück nach rechts und steigen dann nach links: Am Ende der Bewegung ist die linke Hand in Schulterhöhe nach NW ausgerichtet / der Daumen zeigt zum Körper, und die rechte Hand ist vor der Brustmitte (mit dem Daumen ebenfalls zum Körper, beide Handgelenke leicht abgeknickt).

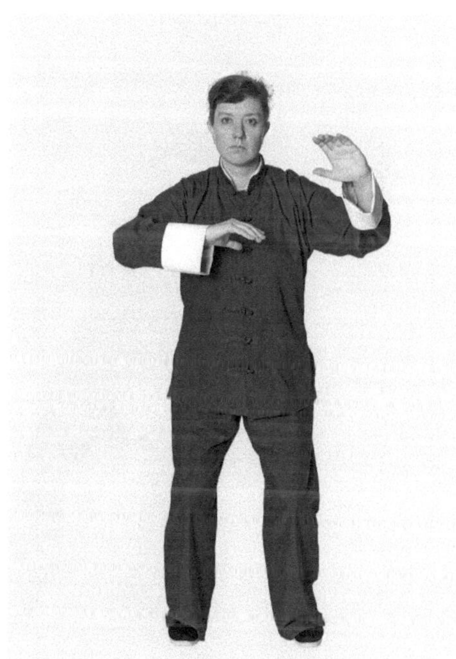

2. Am Schwanz festgehaltener Vogel[4]

(Schritt nach vorn zum Peng, Lü, Ji, An; N)

Peng links (Abwehr nach vorn oben, N)

- Die rechte Fußspitze um 45° ausdrehen (Gewicht weiterhin auf beiden Füßen). Das Gewicht auf rechts verlagern / das Zentrum bzw. der Oberkörper dreht zum rechten Knie / sinkt dabei etwas mehr in der Leiste ein in Richtung rechten Vorfuß / die rechte Hand geht tief über das rechte Knie / die linke Hand dreht und sinkt abgeknickt unter die rechte / dabei dreht die linke Handfläche nach oben (»Yang-Hand«; am Ende halten beide Hände einen kleinen Ball, nach NW).

- Den Blick nach Norden ausrichten / die linke Ferse löst sich dabei ein wenig vom Boden. Solarer Schritt schulterbreit nach Norden auf die linke Ferse; linken Vorfuß sofort ablegen. Gewicht auf links verlagern / die linke Hand in Mundhöhe steigen lassen (Daumen nach oben) / die Finger der rechten Hand drehen vor dem rechten Oberschenkel nach außen (parallel zum rechten Fuß, Vorwärtsstellung, N).

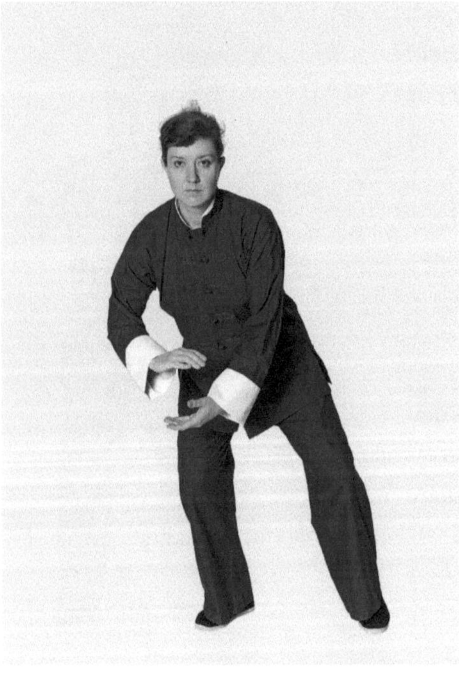

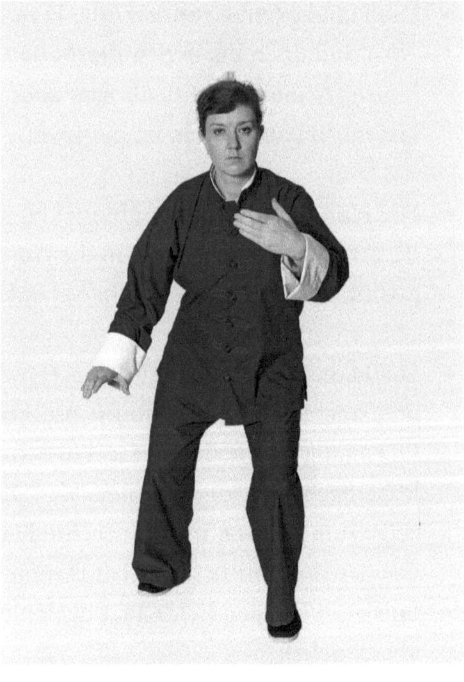

Peng rechts, mit beiden Händen (O)

- Die rechte Hand auf gleicher Höhe unter die linke führen / rechte und linke Hand zum Ball drehen. Mit dem Gewicht ganz auf links / den Blick nach Osten ausrichten / die rechte Ferse vom Boden lösen (Die Körperhaltung bleibt nach vorn geneigt).

- Rechter solarer Schritt (O). Danach das Gewicht nach vorn verlagern / dabei die rechte Hand in Mundhöhe nach vorn steigen lassen / die linke folgt (so dass beide Hände am Ende einen kleinen Ball halten: rechtes Handgelenk rund, linkes Handgelenk leicht abgeknickt, Finger nach O). Fast am Ende der Verlagerung dreht der linke Fuß um 45° auf der Ferse ein / in der Lendenwirbelsäule loslassen (Vorwärtsstellung O).

Lü (Streichen, NO)

- Beide Hände drehen (die rechte Handfläche nach unten, die linke Handfläche nach oben drehen). Das Gewicht auf links verlagern / beide Hände sinken zum linken Knie. Am Ende bilden die langen Arme einen ovalen Kreis (beide Hände in gleicher Höhe, Hände wie ein »T«, Blick bleibt nach O).

Ji (Drücken, O)

- Das Gewicht bleibt links. Die Hände drehen zum kleinen Ball; die linke Handkante berührt den rechten Daumenballen (der linke Daumen berührt den rechten Unterarm innen). Dann das Gewicht nach vorn verlagern / die Hände steigen auf Brusthöhe nach vorn (die Ellenbogen etwas tiefer als die Handgelenke).

An (Stoßen, »Push«, O)

- Die linke Hand schiebt sich über rechten Handrücken; Hände schulterbreit auseinanderziehen / dabei die Handflächen nach unten drehen. Zurückverlagern auf links / dabei die Handgelenke Richtung Achseln ziehen (Ellenbogen sinken, »Tigermaul« geöffnet, Finger zeigen nach vorn).

- Nun die Handgelenke abknicken; das Gewicht wieder nach vorn verlagern / »Push« mit beiden Händen (als ob man einen kleinen Ball schöbe, Arme werden dabei lang, Ellenbogen gebeugt). Am Ende Vorwärtsstellung nach Ost (»Tigermaul« geöffnet, Zeigefinger aufrecht, leicht nach vorn geneigt).

Yin-Yang-Fische

- Zurücksitzen auf links / linker Unterarm klappt zum rechten Ellenbogen.
- Körper nach links (NW) drehen / rechter Fuß dreht um 90° auf der Ferse nach N / Hände mit flachem »Push« nach NW (Fingerspitzen richten sich nach NW) / linke Hand führ / rechte Hand folgt dahinter. Am Ende beide Hände nach NW (»Yin-Hände«).
- Zurücksitzen auf rechts / rechte Hand klappt zur linken Ellenbeuge.
- Körper nach rechts (NO drehen) / flacher »Push« nach NO (rechte Hand führt, linke dahinter; »Yin-Hände«).

3. **Einfache Peitsche** (W)

- Rechte Hand bildet den »Haken« (Arm wird nicht ganz ausgestreckt); linke Handfläche dreht zur rechten Schulter (Daumen nach oben). Blick nach W / mit dem Gewicht ganz auf rechts den linken Fuß zum solaren Schritt nach W aufsetzen (linke Hand bleibt vor dem Körper).

- Linkes Handgelenk abknicken / Gewicht nach vorn verlagern / dabei »Push« mit links nach W (Zeigefinger leicht noch vorn geneigt, Daumen zum Körper). Hinteren Fuß um 45° gegen Ende der Verlagerung auf der Ferse eindrehen / rechter gebeugter Arm (nach N) geht mit.

4. Hände heben und Schritt nach vorn (N)

- Gewicht vom linken Vorfuß nehmen; den linken Fuß nach NW drehen. Gewicht wieder ganz auf links und den Körper etwas nach N drehen / linker Arm geht mit / rechte Ferse lösen / rechten Arm etwas heranziehen.

- »Leerer Fersenschritt« mit rechts; Handgelenke abknicken; Hände schräg nach vorn / oben führen (rechter Arm lang, linker kürzer).

- Beide Hände drehen (die rechte Handfläche nach unten, die linke Handfläche nach oben drehen). Körper nach NW beugen / beide Hände sinken zum linken Knie: Lü (am Ende bilden die langen Arme einen ovalen Kreis: beide Hände in gleicher Höhe, Hände wie ein »T«, Blick bleibt nach N).

- Beide Hände drehen (kleinen Ball halten); schulterbreiter Schritt zur solaren Vorwärtsstellung mit rechts nach N; Fuß ablegen; verlagern (rechter Ellenbogen zielt nach N, über dem rechten Knie, kaum anheben); linke Hand geht zu rechten Ellenbeuge. Beide Arme auseinanderziehen (linke Hand sinkt seitlich vor linken Oberschenkel, rechte Hand klappt auf Halshöhe, Vorwärtsstellung, »Peng« rechts).

5. Weißer Kranich breitet seine Flügel aus[5] (W)

- Gewicht ganz auf rechts / Blick und Körper in Richtung W ausrichten / rechte Hand dreht mit / linke Ferse lösen.

- »Leeren Ballenschritt« mit links. Rechte Hand sinkt auf Magenhöhe; dreht (Daumen nach unten, Handgelenk knickt ab) / und steigt in Schläfenhöhe (Handfläche nach außen, Finger schräg nach oben) / linke Hand seitlich vor linken Oberschenkel (Finger parallel zum Oberschenkel, Gewicht: hinten 90 %, vorn 10 %).

6. Kniestreifen[6] (W)

Links

- Rechte Hand sinkt vor die rechte Hüfte / dreht dabei zur »Yang-Hand« / linke Hand steigt vor die rechte Schulter (beide Hände halten einen großen Ball). Rechter Unterarm schwingt aus (etwas über N hinaus); der Arm wird lang (beide Hände in gleicher Höhe, linke Handfläche nach unten, rechte nach oben, »Yin-Yang-Hände«).

- Rechter Unterarm klappt an die rechte Schulter / solarer Schritt mit links (schulterbreit auf die Ferse); Fuß ablegen. Rechtes Handgelenk abknicken; Gewicht verlagern / Kniestreifen links über das linke Knie (linke Hand sinkt neben linkes Knie) / rechte Hand mit »Push« nach vorn. Rechten Fuß gegen Ende der Verlagerung um 45° eindrehen (Vorwärtsstellung).

7. Hände wie beim Pipaspielen[7] (W)

- Rechten Fuß an den linken etwas herannehmen; dann auf der gleichen Stelle wieder aufsetzen. Gewicht auf rechts / rechtes Handgelenk etwas heranziehen (Daumen zum Körper, Handgelenk bleibt abgeknickt).

- »Leerer Fersenschritt« links; rechter Arm dreht den Daumen nach oben (Finger nach W, Handgelenk gerade); linken Arm heben zum »Pipaspielen« (Handgelenk in Schulterhöhe, rechter Arm kurz, linker Arm lang, beide Handgelenke gerade.

8. Kniestreifen (W)

Links

- Rechte Hand sinkt vor die rechte Hüfte / dreht dabei zur »Yang-Hand« / linke Hand klappt vor die rechte Schulter (beide Hände halten einen großen Ball). Rechter Unterarm schwingt aus (etwas über N hinaus); der Arm wird lang (beide Hände in gleicher Höhe, linke Handfläche nach unten, rechte nach oben, »Yin-Yang-Hände«) / linker Fuß auf der Ferse.

- Rechter Unterarm klappt an die rechte Schulter / solarer Schritt mit links (schulterbreit auf die Ferse); Fuß ablegen. Rechtes Handgelenk abknicken; Gewicht verlagern / Kniestreifen über das linke Knie (linke Hand sinkt neben linkes Knie) / rechte Hand »Push« nach vorn. Rechten Fuß gegen Ende der Verlagerung um 45° eindrehen (Vorwärtsstellung).

Rechts

- Linken Fuß auf der Ferse um 45° ausdrehen (flach ablegen) / linke Hand dreht zur »Yang-Hand« / rechte Hand klappt vor die linke Schulter (beide Hände halten einen großen Ball). Gewicht ganz auf links / linker Unterarm schwingt aus (etwas über S hinaus); der Arm wird lang (beide Hände in gleicher Höhe, rechte Handfläche nach unten, linke nach oben; »Yin-Yang-Hände«).

- Linker Unterarm klappt an die linke Schulter / solarer Schritt mit rechts (schulterbreit auf die Ferse); Fuß ablegen. Linkes Handgelenk abknicken; Gewicht verlagern / Kniestreifen rechts über das rechte Knie (rechte Hand sinkt neben rechtes Knie) / linke Hand im »Push« nach vorn (Vorwärtsstellung).

Links

- Rechten Fuß auf der Ferse um 45° ausdrehen (flach ablegen) / rechte Hand dreht zur »Yang-Hand« / linke Hand klappt vor die rechte Schulter (beide Hände halten einen großen Ball). Gewicht ganz auf rechts / rechter Unterarm schwingt aus (etwas über N hinaus); der Arm wird lang (beide Hände in gleicher Höhe, linke Handfläche nach unten, rechte nach oben; »Yin-Yang-Hände«).

- Rechter Unterarm klappt an die rechte Schulter/ solarer Schritt mit links (schulterbreit auf die Ferse); Fuß ablegen. Rechtes Handgelenk abknicken; Gewicht verlagern / Kniestreifen über das linke Knie (linke Hand sinkt neben linkes Knie) / rechte Hand im »Push« nach vorn (Vorwärtsstellung).

9. Hände wie beim Pipaspielen (W)

- Rechten Fuß an den linken etwas herannehmen; dann auf die gleiche Stelle wieder zurücksetzen. Gewicht ganz auf rechts / rechtes Handgelenk etwas heranziehen (Daumen zum Körper, Handgelenk bleibt abgeknickt).

- »Leerer Schritt« mit links auf die Ferse; rechter Arm dreht den Daumen nach oben (Finger nach W, Handgelenk gerade); linken Arm heben zum »Pipaspielen« (Handgelenk in Schulterhöhe, rechter Arm kurz, linker Arm lang, beide Handgelenke gerade).

10. Kniestreifen (W)

Links

- Rechte Hand sinkt vor die rechte Hüfte / die Hand dreht dabei zur »Yang-Hand« / linke Hand klappt vor die rechte Schulter (beide Hände halten einen großen Ball). Rechter Unterarm schwingt aus (etwas über N hinaus); der Arm wird lang (beide Hände in gleicher Höhe, linke Handfläche nach unten, rechte nach oben, »Yin-Yang-Hände«) / linker Fuß auf der Ferse.

- Rechter Unterarm klappt an die rechte Schulter / solarer Schritt mit links (schulterbreit auf die Ferse); Fuß ablegen. Rechtes Handgelenk abknicken; Gewicht verlagern / Kniestreifen über das linke Knie (linke Hand sinkt neben linkes Knie) / rechte Hand im »Push« nach vorn. (Vorwärtsstellung).

11. Schritt nach vorn, ablenken, aufhalten und boxen[8] (Ban Lan Chui, W)

- Rechte Hand bildet eine Faust; Daumen nach unten drehen / linken Fuß auf der Ferse um etwas weniger als 45° ausdrehen (Fuß ablegen, Gewicht ca. 60 %) / linke Hand zur »Yang-Hand« drehen. Körper beugen / Faust vor die linke Hand senken (Daumen nach unten).

- Gewicht ganz auf links / die Arme nach links ausschwingen (Ellenbogen tief, rechte Faust klappt vor die Brust, linke Hand »Yang«).

- Solarer Schritt mit rechts schräg nach vorn (NW); Gewicht beginnen auf rechts zu verlagern / rechter Faustrücken boxt im aufrechten Bogen nach vorn; danach alles Gewicht auf rechts verlagern / rechte Faust auf rechten Oberschenkel ziehen / linke Hand im »Push« nach vorn (rechter Fuß steht schräg).

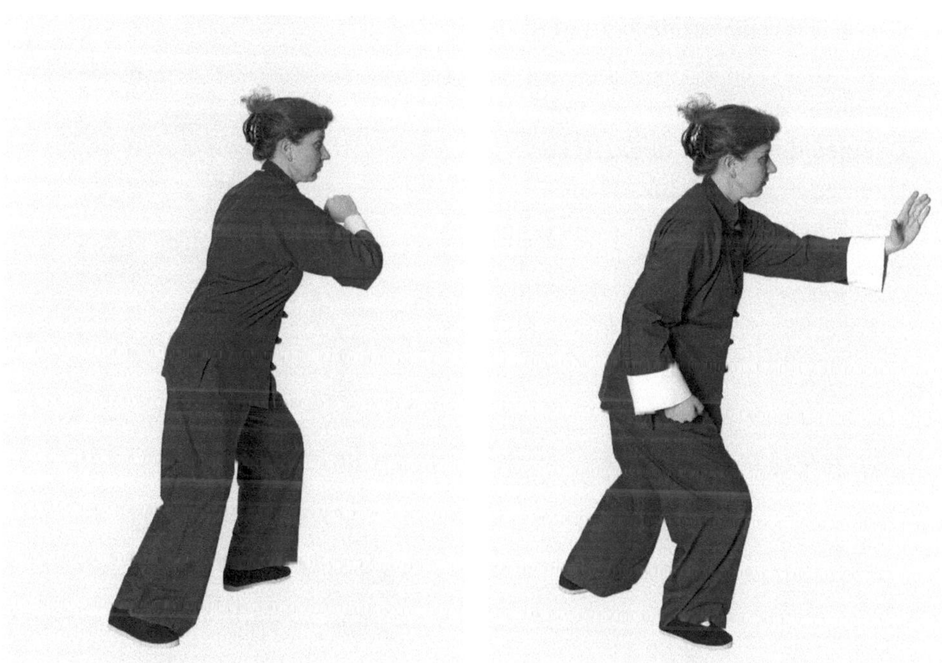

- Solarer Schritt mit linkem Fuß schulterbreit nach W (Gewicht bleibt rechts).

- Gewicht verlagern mit Fauststoß rechts (Faust nach vorn-oben zur linken Hand führen, rechter Daumen dreht nach oben, linker Daumen berührt rechtes Handgelenk innen, linke Finger aufrecht, Vorwärtsstellung).

12. Wie verschlossen und verriegelt[9] (W)

- Linke Hand aufrecht unter rechten Unterarm hindurchführen; beide Hände drehen (»Yang-Hände«).

- Gewicht zurück auf rechts / Körper nach rechts drehen (NW) / die Arme auseinanderziehen (rechten Unterarm vor rechten Oberschenkel, linke Hand geht nach vorn, W, Blick bleibt nach W). Rechte Hand ausschwingen (etwas über N hinaus).

- Rechte Hand vor den Körper, linke etwas zurückziehen (Handgelenke in Schulterhöhe abknicken, Finger aufstellen). Gewicht nach vorn verlagern / beide Hände im »Push« (An, Vorwärtsstellung).

13. Hände kreuzen[10] (N)

- Beide Daumen etwas zueinanderdrehen (Ellenbogen bleiben tief).
- Gewicht auf rechts verlagern / linken Fuß auf der Ferse nach N drehen / Hände gehen mit.

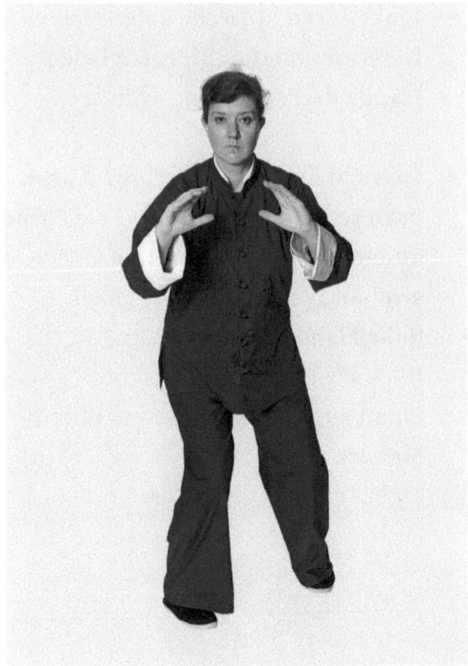

- Gewicht auf links / Hände gehen etwas auseinander. Schritt mit rechts parallel schulterbreit neben den linken Fuß / Finger nach unten drehen. Gewicht auf beide Füße / Hände im großen ovalen Kreis nach unten führen. Handgelenke kreuzen (Handgelenke berühren sich, rechte Hand außen – »Yang-Hände«) und auf Schulterhöhe heben (ovalen Kreis bilden).

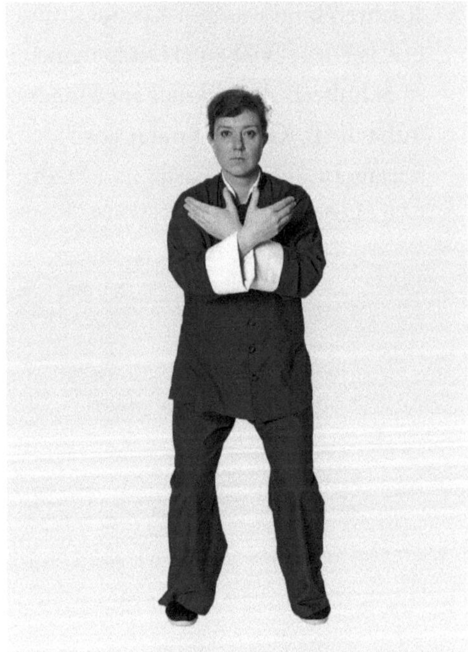

Die Form Teil 2

14. Den Tiger umarmen und zurück in die Berge (SO)

- Gewicht auf rechts / Körper nach rechts drehen / linken Fuß auf der Ferse um 45° eindrehen / linke Hand unter die rechte sinken lassen / Hände drehen zum Ballhalten (links »Yang-Hand«, rechts »Yin-Hand«). (keine Abb.)

- Gewicht auf links / linker Arm schwingt aus nach NW. Solarer Schritt rechts diagonal (SO) zur Vorwärtsstellung. Verlagern / Arme wie beim Kniestreifen; linken Fuß auf der Ferse um 45° eindrehen.

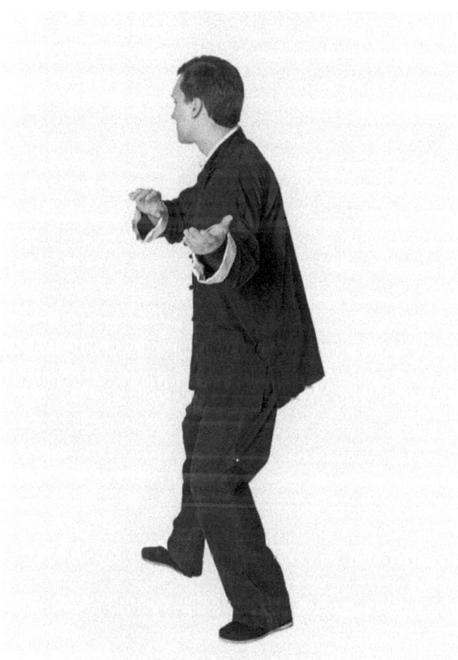

Lü (Streichen, SO)

- Rechte Hand heben (Handgelenk locker, Ellenbogen tief); beide Hände drehen (die rechte Handfläche nach unten, die linke Handfläche nach oben drehen). Das Gewicht auf links verlagern / beide Hände sinken zum linken Knie (Am Ende bilden die langen Arme einen ovalen Kreis, beide Hände in gleicher Höhe, Hände wie ein »T«, Blick bleibt nach SO).

Ji (Drücken, SO)

- Das Gewicht bleibt links. Hände drehen zum kleinen Ball; die linke Handkante berührt den rechten Daumenballen (der linke Daumen berührt den rechten Unterarm innen). Gewicht nach vorn verlagern / die Hände steigen auf Brusthöhe nach vorn (Ellenbogen etwas tiefer als die Handgelenke).

An (Stoßen, »Push«, SO)

- Linke Hand schiebt sich über den rechten Handrücken; Hände schulterbreit auseinanderziehen / dabei die Handflächen nach unten drehen. Zurückverlagern auf links / dabei die Handgelenke Richtung Achseln ziehen (Ellenbogen sinken, »Tigermaul« geöffnet, Finger zeigen nach vorn).

- Nun die Handgelenke abknicken; das Gewicht wieder nach vorn verlagern / »Push« mit beiden Händen (als ob man einen kleinen Ball schöbe, Arme werden dabei lang, Ellenbogen gebeugt). Am Ende Vorwärtsstellung nach SO (»Tigermaul« geöffnet, Zeigefinger aufrecht, leicht nach vorn geneigt).

Yin-Yang-Fische

- Zurücksitzen auf links / linker Unterarm klappt zur rechten Ellenbeuge.

- Körper nach links (N) drehen / rechter Fuß dreht um 90° auf der Ferse nach N / Hände im flachen »Push« nach NW (Fingerspitzen zeigen nach N, linke Hand führt, rechte Hand folgt dahinter, am Ende beide Hände nach N, »Yin-Hände«).

- Zurücksitzen auf rechts / rechte Hand klappt zur linken Ellenbeuge.

- Körper nach rechts (O) drehen / flacher »Push« nach O (rechte Hand führt, linke Hand dahinter, »Yin-Hände«).

- Linke Hand kommt nach vorn (Arme werden rund); solarer Schritt mit links diagonal (NW) / Arme mitnehmen (Hände in Schulterhöhe, Daumen zum Körper, Handgelenke abgeknickt).

- Verlagern auf links / Arme im flachen »Push« in die Ecke mit den Handkanten, Daumen zum Körper / rechten Fuß um 45° eindrehen.

15. Unterm Ellenbogen hervorboxen (W)

- Rechten Fuß schulterbreit parallel zum linken flach aufsetzen; Gewicht auf rechts / Körper etwas nach W drehen (linken Fuß liegen lassen) / Hände in Schulterhöhe heben (Ellenbogen sinken, Daumen zum Körper).

- »Leerer Fersenschritt« mit links nach W; rechte Faust ballen und unter linken Ellenbogen bringen (rechter Daumen nach oben, linke Hand nach W).

16. Zurückweichen und die Affen vertreiben (fünf Mal W, rückwärtsgehend)

1. Endstellung links

- Beide Handflächen »Yang« drehen / Körper nach rechts drehen / rechte Hand neben den rechten Oberschenkel / linke Hand am Platz; rechter Arm schwingt aus nach NO (Handgelenke in gleicher Höhe).

- Flacher Schritt mit links zurück; Fuß schräg aufsetzen / rechte Hand klappt vor die Schulter (Handgelenk rund, Finger nach W); Gewicht auf links verlagern / linke Hand zum linken Oberschenkel ziehen (»Yang-Hand«) / rechtes Handgelenk abknicken und mit »Push« nach vorn; rechten Fuß auf der Ferse gerade drehen (W).

2. Endstellung rechts

- Beide Handflächen »Yang« drehen / Körper nach links drehen / linke Hand neben den linken Oberschenkel / rechte Hand am Platz; linker Arm schwingt aus nach SO (Handgelenke in gleicher Höhe).

- Flacher Schritt mit rechts zurück; Fuß schräg aufsetzen / linke Hand klappt vor die Schulter (Handgelenk rund, Finger nach W); Gewicht auf rechts verlagern / rechte Hand zum rechten Oberschenkel ziehen (»Yang-Hand«) / linkes Handgelenk abknicken und mit »Push« nach vorn; linken Fuß auf der Ferse gerade drehen (W).

3. Endstellung links

- Beide Hände »Yang« drehen / Körper nach rechts drehen / rechte Hand neben den rechten Oberschenkel / linke Hand am Platz; rechter Arm schwingt aus nach NO (Handgelenke in gleicher Höhe).

- Flacher Schritt mit links zurück; Fuß schräg aufsetzen / rechte Hand klappt vor die Schulter (Handgelenk rund, Finger nach W); Gewicht auf links verlagern / linke Hand zum linken Oberschenkel ziehen (»Yang-Hand«) / rechtes Handgelenk abknicken und mit »Push« nach vorn; rechten Fuß auf der Ferse gerade drehen (W).

4. Endstellung rechts

- Beide Handflächen »Yang« drehen / Körper nach links drehen / linke Hand neben den linken Oberschenkel / rechte Hand am Platz; linker Arm schwingt aus nach SO (Handgelenke in gleicher Höhe).

- Flacher Schritt mit rechts zurück, Fuß schräg aufsetzen / linke Hand klappt vor die Schulter (Handgelenk rund, Finger nach W); Gewicht auf rechts verlagern / rechte Hand zum rechten Oberschenkel ziehen (»Yang-Hand«) / linkes Handgelenk abknicken und im »Push« nach vorn; linken Fuß auf der Ferse gerade drehen (W).

5. Endstellung links

- Beide Handflächen »Yang« drehen / Körper nach rechts drehen / rechte Hand neben den rechten Oberschenkel / linke Hand am Platz; rechter Arm schwingt aus nach NO (Handgelenke in gleicher Höhe).

- Flacher Schritt mit links zurück, Fuß schräg aufsetzen / rechte Hand klappt vor die Schulter (Handgelenk rund, Finger nach W); Gewicht auf links verlagern / linke Hand zum linken Oberschenkel ziehen (»Yang-Hand«) / rechtes Handgelenk abknicken und im »Push« nach vorn; rechten Fuß auf der Ferse gerade drehen (W).

17. Diagonales Fliegen[11] (N)

- Linke Handfläche »Yin« drehen / rechte Hand »Yang« drehen und unter die linke Hand bringen (Ball halten über linkem Knie).

- Blick nach N; solarer Schritt mit rechts nach N; verlagern auf rechts / rechter Arm »fliegt« (»Yang-Hand«) auf Mundhöhe nach N / linke Hand geht vor den linken Oberschenkel / linken Fuß um 45° eindrehen.

- Gewicht zurück auf links / beide Daumen nach oben drehen (Handgelenke gerade).

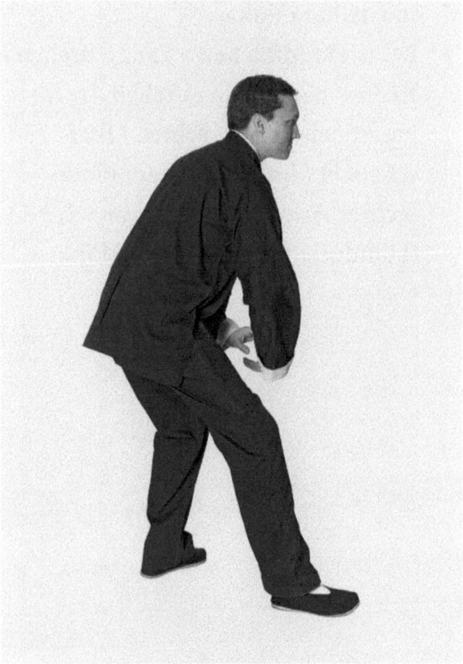

18. Hände heben und Schritt nach vorn (N)

- »Leerer Fersenschritt« mit rechts; Handgelenke abknicken; Hände schräg nach vorn-oben führen (rechter Arm lang / linker Arm kürzer).

- Beide Hände drehen (rechte Handfläche nach unten, die linke Handfläche nach oben drehen); Körper nach NW beugen / beide Hände sinken zum linken Knie (Lü, am Ende bilden die langen Arme einen ovalen Kreis: beide Hände in gleicher Höhe, Hände wie ein »T«, Blick bleibt nach N).

- Beide Hände drehen (kleinen Ball halten); schulterbreiter Schritt zur solaren Vorwärtsstellung mit rechts nach N; Fuß ablegen; verlagern (rechter Ellenbogen zielt nach N, über dem rechten Knie, kaum anheben); linke Hand geht zur rechten Ellenbeuge). Beide Arme auseinanderziehen (linke Hand sinkt seitlich vor linken Oberschenkel, rechte Hand klappt auf Halshöhe) in der Vorwärtsstellung; »Peng« rechts.

19. Weißer Kranich breitet seine Flügel aus (W)

- Gewicht ganz auf rechts / Blick und Körper in Richtung W ausrichten / rechte Hand dreht mit / linke Ferse lösen.

- »Leeren Ballenschritt« mit links. Rechte Hand sinkt auf Magenhöhe; dreht (Daumen nach unten, Handgelenk knickt ab) / steigt in Schläfenhöhe (Handfläche nach außen, Finger schräg nach oben) / linke Hand seitlich vor linken Oberschenkel (Finger parallel zum Oberschenkel, Gewicht hinten 90 %, vorn 10 %).

20. Kniestreifen (W)

- Rechte Hand sinkt vor die rechte Hüfte / dreht dabei zur »Yang-Hand« / linke Hand steigt vor die rechte Schulter (beide Hände halten einen großen Ball). Rechter Unterarm schwingt aus (etwas über N hinaus); der Arm wird lang (beide Hände in gleicher Höhe, linke Handfläche nach unten, rechte nach oben, »Yin-Yang-Hände«).

- Rechter Unterarm klappt an die rechte Schulter / solarer Schritt mit links (schulterbreit auf die Ferse); Fuß ablegen. Rechtes Handgelenk abknicken; Gewicht verlagern / Kniestreifen links über das linke Knie (linke Hand sinkt neben linkes Knie) / rechte Hand im »Push« nach vorn. Rechten Fuß gegen Ende der Verlagerung um 45° eindrehen (Vorwärtsstellung).

21. Nadel auf dem Meeresboden (W)

- Rechten Fuß etwas an den linken herannehmen; dann auf derselben Stelle wieder aufsetzen; Gewicht ganz auf rechts / rechtes Handgelenk etwas heranziehen (Daumen zum Körper, Handgelenk bleibt abgeknickt).

- »Leerer Ballenschritt« links; Körper beugen / Finger der rechten Hand »stechen« nach unten (zeigen vor die linken Zehen, Handgelenk gerade, linke Hand bleibt).

22. Fächerform aus dem Rücken heraus[12] (W)

- Körper etwas nach rechts drehen / rechte Hand dreht zur »Yin-Hand«/ linkes »Tigermaul« umfasst rechtes Handgelenk.

- Solarer Schritt mit links; verlagern / die Arme auseinanderziehen zum »Fächer« (Hände gleiche Höhe, linke Hand im »Push«).

23. **Körperdrehung und verdeckter Faustschlag** (O)

- Linken Fuß auf der Ferse um 90° eindrehen / Körper nach N drehen / linke Hand geht mit / rechte Hand zur Faust machen und zur linken Ellenbeuge bringen (Daumen zum Körper, Stellung nach N); solarer Schritt mit rechts (O).

- Gewicht verlagern auf rechts / rechter Faustrücken boxt im aufrechten Bogen nach vorn; linke Hand im »Push« / rechte Faust zum rechten Oberschenkel ziehen / den linken Fuß eindrehen.

24. Schritt nach vorn und ablenken, aufhalten und boxen (Ban Lan Chui, O)

- Rechte Faust heben (»Kinnhaken«); Faust und linke Hand drehen. Gewicht auf links verlagern / Körper leicht nach links drehen / Arme in Brusthöhe ausschwingen (nach N).

- Rechten Fuß »solar« schräg aufsetzen; Gewicht beginnen auf rechts zu verlagern / rechter Faustrücken boxt im aufrechten Bogen nach vorn; danach alles Gewicht auf rechts verlagern / rechte Faust an den rechten Oberschenkel ziehen / linke Hand mit »Push« nach vorn (rechter Fuß steht schräg).

- Solarer Schritt links; linke Hand etwas heranziehen (Gewicht bleibt rechts).

- Verlagern mit Fauststoß rechts (Faust nach vorn-oben zur linken Hand führen / rechter Daumen dreht nach oben, linker Daumen berührt rechtes Handgelenk innen, linke Finger aufrecht, Vorwärtsstellung).

25. Am Schwanz festgehaltener Vogel (O)

Schritt nach vorn

- Linke Hand unter rechten Unterarm; Faust öffnen; Handflächen »Yin« drehen. Gewicht auf rechts / Hände auseinander- und zurückziehen vor das rechte Knie (lange Arme, Blick bleibt nach O).

- Linken Fuß auf der Ferse ausdrehen (SO) / linke Hand »Yang« drehen; Gewicht auf links verlagern / linke Hand »fliegt« in die Diagonale (Körper nach links drehen).

Peng rechts, mit beiden Händen (O)

- Rechte Hand unter die linke bringen (Ball vor dem Körper, links »Yang-Hand«, rechts »Yin-Hand«); solarer Schritt rechts.

- Das Gewicht nach vorn verlagern / dabei die rechte Hand in Mundhöhe nach vorn steigen lassen / die linke Hand folgt (so dass beide Hände am Ende einen kleinen Ball halten, rechtes Handgelenk rund, linkes leicht abgeknickt, Finger nach O).

Lü (Streichen, NO)

- Beide Hände drehen (rechte Handfläche nach unten, die linke Handfläche nach oben drehen). Das Gewicht auf links verlagern / beide Hände sinken zum linken Knie (am Ende bilden die langen Arme einen ovalen Kreis, beide Hände in gleicher Höhe, Hände wie ein »T«, Blick bleibt nach O).

Ji (Drücken, O)

- Das Gewicht bleibt links.
  Die Hände drehen zum kleinen Ball; die linke Handkante berührt den rechten Daumenballen (der linke Daumen berührt den rechten Unterarm innen). Dann das Gewicht nach vorn verlagern / die Hände steigen auf Brusthöhe nach vorn (Ellenbogen etwas tiefer als die Handgelenke).

An (Stoßen, »Push«, O)

- Linke Hand schiebt sich über den rechten Handrücken; Hände schulterbreit auseinanderziehen / dabei die Handflächen nach unten drehen. Zurückverlagern auf links / dabei die Handgelenke Richtung Achseln ziehen (Ellenbogen sinken, »Tigermaul« geöffnet, Finger zeigen nach vorn).

- Nun die Handgelenke abknicken; das Gewicht wieder nach vorn verlagern / »Push« mit beiden Händen (als ob man einen kleinen Ball schöbe, Arme werden dabei lang, Ellenbogen gebeugt). Am Ende Vorwärtsstellung nach O (»Tigermaul« geöffnet, Zeigefinger aufrecht, leicht nach vorn geneigt).

Yin-Yang-Fische

- Zurücksitzen auf links / linker Unterarm klappt zum rechten Ellenbogen.

- Körper nach links (NW) drehen / rechter Fuß dreht um 90° auf der Ferse nach N / Hände mit flachem »Push« nach NW (Fingerspitzen richten sich nach NW, linke Hand führt; rechte Hand folgt dahinter; am Ende beide Hände nach NW, »Yin-Hände«).

- Zurücksitzen auf rechts / rechte Hand klappt zur linken Ellenbeuge.

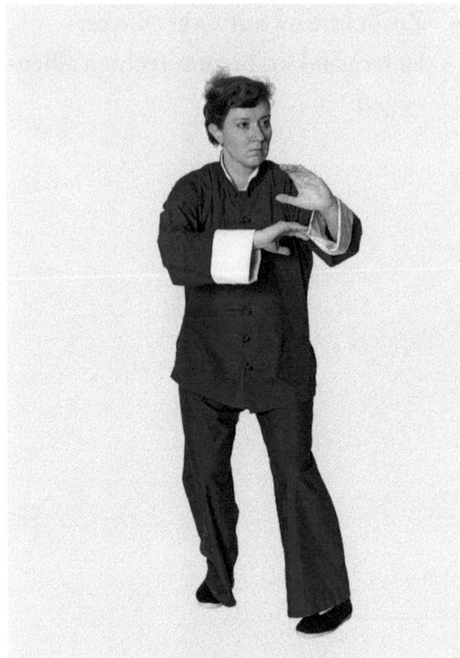

- Körper nach rechts (NO drehen) / flacher »Push« nach NO (rechte Hand führt, linke dahinter, »Yin-Hände«).

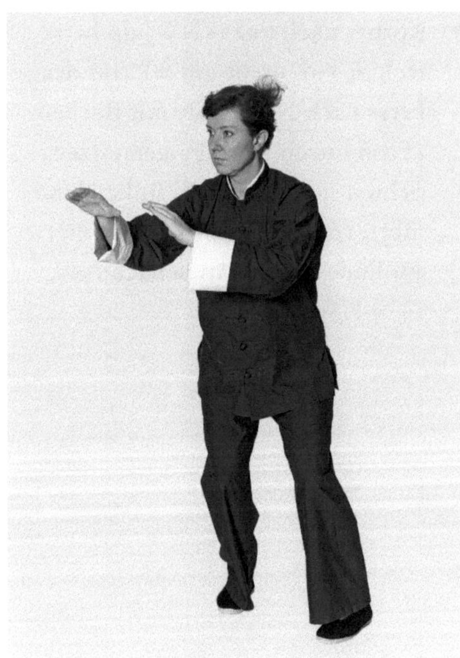

26. Einfache Peitsche (W)

- Rechte Hand bildet den »Haken« (Arm wird nicht ganz ausgestreckt); linke Handfläche dreht zur rechten Schulter (Daumen nach oben). Blick nach W / mit dem Gewicht ganz auf rechts den linken Fuß zum solaren Schritt nach W aufsetzen (linke Hand bleibt vor dem Körper).

- Linkes Handgelenk abknicken / Gewicht nach vorn verlagern / »Push« mit links nach W (Zeigefinger leicht noch vorn geneigt, Daumen zum Körper); hinteren Fuß gegen Ende der Verlagerung um 45° auf der Ferse eindrehen, rechter gebeugter Arm (nach N) geht mit.

27. Wolkenhände links und rechts (vier Schritte nach W, Körper nach N)

- Linken Fuß auf der Ferse um 90° nach N drehen / linken Arm in Schulterhöhe mitdrehen (Hand unverändert) / Gewicht auf links.

- Rechte Hand öffnen; senken / zur »Yang-Hand« drehen; unter die linke Hand bringen (Ball halten) / rechten Fuß flach zurücksetzen (parallel, schulterbreit).

- Hände wechseln (steigende Hand innen): rechte Hand in Halshöhe heben (Daumen nach oben) / linke Hand senken (»Yin-Hand«). Gewicht auf rechts verlagern / Körper leicht nach rechts drehen / Arme mitnehmen. Ball halten.

- Hände wechseln: linke Hand heben / rechte Hand senken; Schritt mit links auf die Spitze (etwas mehr als schulterbreit); Fuß ablegen. Gewicht verlagern auf links / Körper leicht nach links drehen / Hände mitnehmen; rechten Fuß nachsetzen. Ball halten. Hände wechseln etc.

- Insgesamt vier Schritte nach links. Beim vierten Schritt Gewicht auf rechts / rechte Hand oben lassen / linke Hand in Brusthöhe heben (Handfläche zur Brust).

28. Einfache Peitsche (W)

- Rechten Arm zum Peitschenarm (halb gebeugt); Blick nach W / solarer Schritt mit links (W, linke Hand bleibt vor dem Körper).

- Linkes Handgelenk abknicken / Gewicht nach vorn verlagern / »Push« mit links nach W (Zeigefinger leicht noch vorn geneigt, Daumen zum Körper). Hinteren Fuß um 45° gegen Ende der Verlagerung auf der Ferse eindrehen / rechter gebeugter Arm (nach N) geht mit.

29. Das Pferd am Hals tätscheln[13] (W)

- Handflächen nach oben drehen (»Yang-Hände«) / Gewicht zurück auf rechts. Linker »leerer Ballenschritt« / rechte Hand vor die Schulter klappen. Die linke Hand an den Oberschenkel ziehen / rechte Hand zum »Push« nach vorn (W).

30. Kick mit der Fußspitze rechts und links[14]

Rechts (NW)

- Linke Hand vor / rechte Hand zurücknehmen (Ball); solaren Schritt links diagonal / Gewicht verlagern / rechtes Handgelenk geht zum linken Handgelenk (beide Hände auf Magenhöhe). Blick nach NW / Arm mit »Push« nach NW (linke Hand bleibt).

- Rechte Hand schließt wie beim »Händekreuzen« (Blick bleibt NW).

- Hände drehen / Arme öffnen (in Schulterhöhe); Standbein etwas strecken; Kick mit rechts Fußspitze nach NW (rechter Arm über rechtes Bein).

Links (SW)

- Solarer Schritt rechts diagonal (SW) aufsetzen (Gewicht bleibt links) / rechte Hand »Yang« drehen / linke Hand sinkt vor die rechte Achsel.

- Gewicht verlagern / linkes Handgelenk geht zum rechten (beide Handgelenke auf Magenhöhe) / Blick nach SW; »Push« mit links nach SW (rechte Hand bleibt). (keine Abb.)

- Linke Hand schließt (Blick bleibt SW).

- Hände drehen; Arme öffnen; dann Standbein etwas strecken; Kick mit linker Fußspitze nach SW.

31. Drehung und Kick mit der linken Ferse (O)

- Auf der rechten Ferse (Standbein) den Fuß nach S drehen (linkes Knie senken) / rechter Arm schließt (wie beim »Händekreuzen«, rechtes Handgelenk vor linkem, Blick und linkes Knie nach O, Hände nach SO).

- Hände drehen; Arme öffnen; Kick mit linker Ferse nach O.
  Variante: Vor der Drehung den linken Fuß hinter den rechten auf der Spitze aufstellen.

32. Kniestreifen links und rechts (O)

Links

- Solarer Schritt mit links (O); aufsetzen (Gewicht bleibt rechts) / linker Ellenbogen tief vor den Körper (Hand wird zur »Yin-Hand«) / rechte Hand sinkt auf Schulterhöhe (Handgelenk bleibt abgeknickt).

- Gewicht verlagern / Kniestreifen links über das linke Knie (linke Hand sinkt neben linkes Knie / rechte Hand im »Push« nach vorn) (O). Rechter Fuß gegen Ende der Verlagerung um 45° eindrehen (Vorwärtsstellung O).

Rechts

- Linken Fuß auf der Ferse um 45° ausdrehen (flach ablegen, NO) / linke Hand dreht zur »Yang-Hand« / rechte Hand klappt vor die linke Schulter (beide Hände halten einen großen Ball). Gewicht ganz auf links / linker Unterarm schwingt aus (etwas über N hinaus); der Arm wird lang (beide Hände in gleicher Höhe, rechte Handfläche nach unten, linke nach oben, »Yin-Yang-Hände«).

- Linker Unterarm klappt an die linke Schulter / solarer Schritt mit rechts (schulterbreit auf die Ferse); Fuß ablegen. Linkes Handgelenk abknicken; Gewicht verlagern / Kniestreifen rechts über das rechte Knie (rechte Hand sinkt neben rechtes Knie) / linke Hand im »Push« nach vorn (Vorwärtsstellung O).

33. Schritt nach vorn und boxen nach unten (O)

- Rechten Fuß auf der Ferse um 45° nach außen drehen (SO) / Hände drehen zum Ball (rechte »Yang-Hand« am rechten Oberschenkel, linker Ellenbogen tief vor dem Körper).

- Solarer Schritt mit links / rechts Faust ballen; Gewicht verlagern / nach unten boxen / mit linker Hand Knie streifen.

34. **Drehung und verdeckter Faustschlag** (W)

- Linken Fuß um 90° auf der Ferse eindrehen (S); Gewicht ganz auf links / linke Hand und rechte Faust heben (linke Hand vor linke Schulter) / rechte Faust zur linken Ellenbeuge bringen (Daumen zum Körper, Stellung nach S). Solarer Schritt mit rechts (W).

- Gewicht verlagern auf rechts / rechter Faustrücken boxt im aufrechten Bogen nach vorn / linke Hand zum »Push« / rechte Faust zum rechten Oberschenkel ziehen / den linken Fuß eindrehen (Vorwärtsstellung W).

35. Schritt nach vorn und ablenken, aufhalten und boxen (Ban Lan Chui, W)

- Rechte Faust heben (»Kinnhaken«) / Faust und linke Hand drehen. Gewicht auf links verlagern / Körper nach links drehen / Arme in Brusthöhe ausschwingen (S).

- Rechten Fuß solar schräg aufsetzen; Gewicht beginnen auf rechts zu verlagern / rechter Faustrücken boxt im aufrechten Bogen nach vorn; danach das ganze Gewicht auf rechts verlagern / rechte Faust auf rechten Oberschenkel ziehen / linke Hand im »Push« nach vorn (rechter Fuß steht schräg).

- Solarer Schritt links; linke Hand etwas heranziehen.
- Gewicht verlagern / Fauststoß rechts (Faust nach vorn-oben zur linken Hand führen, rechter Daumen dreht nach oben, linker Daumen berührt rechtes Handgelenk innen, linke Finger aufrecht, Vorwärtsstellung W).

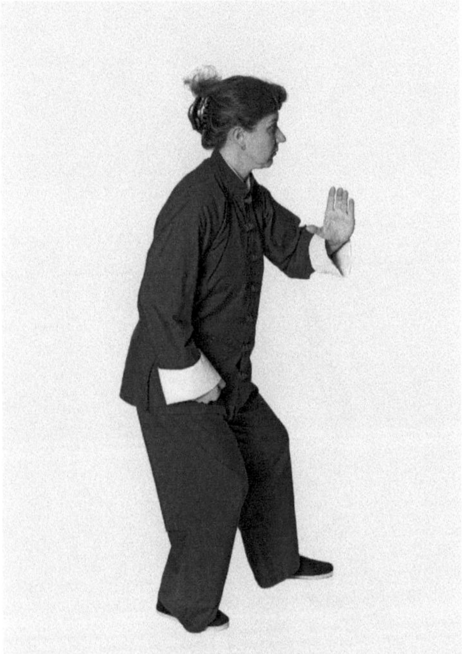

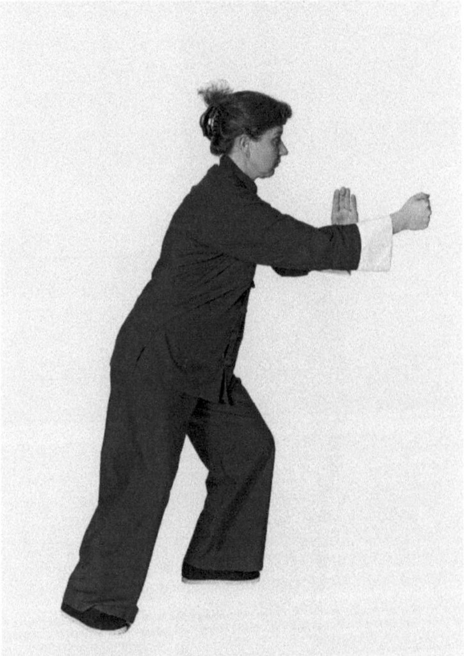

36. Kick mit rechter Ferse (W)

- Linke Hand unter rechten Unterarm; Faust öffnen; Handflächen »Yin« drehen. Gewicht auf rechts / Hände auseinander- und zurückziehen vor das rechte Knie (lange Arme, Blick bleibt nach W).

- Linken Fuß auf der Ferse nach links drehen (SW) / linke Hand »Yang« drehen; Gewicht auf links verlagern / linke Hand »fliegt« in die Diagonale (Körper nach links drehen).

- Rechte Hand dreht zur »Yang-Hand« und kommt unter die linke / Hände kreuzen.

- Hände drehen; Arme öffnen; Kick mit rechter Ferse.

- Rechten Fuß parallel zum linken aufsetzen (etwas breiter als schulterbreit) / rechte Hand vor die Brust führen, Ellenbogen tief (»Buddha-Hand«) / linke Hand sinkt auf Schulterhöhe.

- Gewicht auf rechts / beide Arme im »Push« (»Yin-Hände«, W).

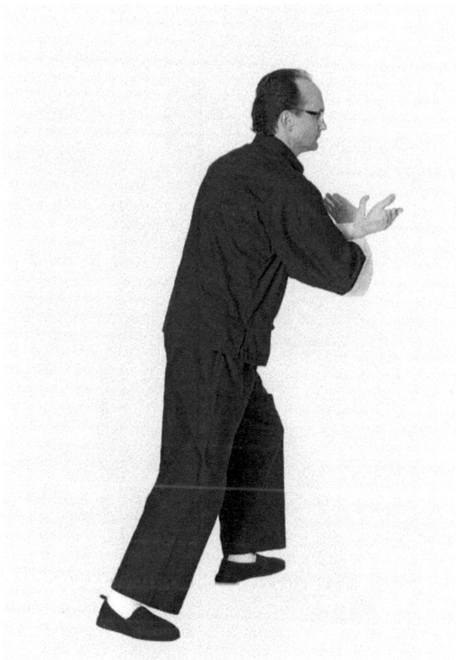

37. Den Tiger schlagen rechts und links

Rechts (SO)

- Blick nach SO / Hände zum Ball (linke Hand wird zur »Yang-Hand«). Solaren Schritt links diagonal (NW).

- Gewicht verlagern / beide Fäuste ballen; linke Faust im Bogen zur Schläfe heben / rechte Faust sinkt und boxt in Magenhöhe nach vorn (SO).

Links (NW)

- Fäuste öffnen / linken Fuß um 90° eindrehen; Hände drehen zum Ballhalten (linke Hand oben, rechte unten); Gewicht links. Blick nach SW; solaren Schritt rechts diagonal (NW).

- Gewicht verlagern / beide Fäuste ballen; rechte Faust im Bogen zur Schläfe heben / linke Faust sinkt und boxt in Magenhöhe nach vorn (NW).

38. Kick mit der rechten Ferse (W)

- Fäuste öffnen; Hände wechseln (wie Wolkenhände). Linken Fuß auf der Ferse nach außen drehen (SW, flach ablegen).

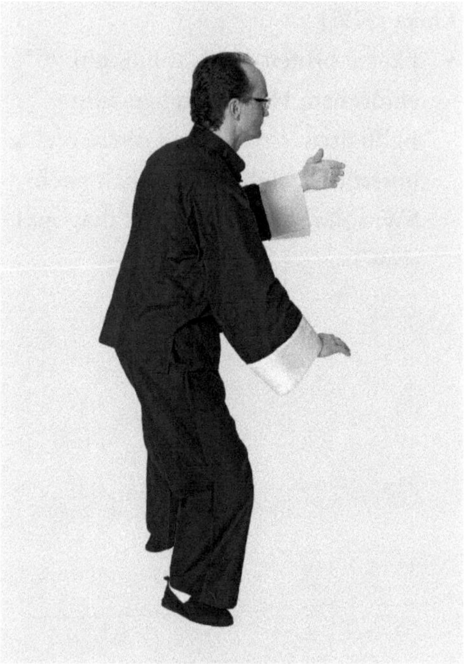

- Gewicht auf links verlagern / rechtes Handgelenk schließt zum Händekreuzen vor dem linken; Hände drehen; Arme öffnen; Kick mit rechter Ferse (W).

39. Mit beiden Fäusten die Ohren des Gegners treffen (NW)

- Beide Handflächen »Yang« drehen; linke Hand zur rechten bringen (Gewicht bleibt links). Solarer Schritt rechts diagonal (NW) aufsetzen / »Yang-Hände« senken Finger zum rechten Knie).

- Fäuste ballen / Gewicht verlagern auf rechts / Fäuste drehen und auf Ohrhöhe steigen lassen (NW).

40. Kick mit links (W), Drehung und Kick mit rechts (W)

- Fäuste öffnen; Handgelenke kreuzen (linke Hand vor der rechten).

- Hände drehen; Arme öffnen; Kick links (W).

- Linke Hand »Yang« drehen; Drehung auf dem rechten Fußballen; Landung auf links (Gewicht links, linker Fuß nach SW, rechter Fuß dreht auf dem Ballen nach W: Stellung »leerer Ballenschritt« links) / linkes Handgelenk kommt im Bogen vor das rechte (wie beim »Hände-kreuzen«, Hände nach SW).

- Hände drehen; Arme öffnen; Kick rechts (W).

41. Schritt nach vorn und ablenken, aufhalten und boxen (Ban Lan Chui, W)

- Rechte Faust ballen (Ellenbogen tief) / rechten Fuß schräg (NW) solar aufsetzen.

- Gewicht auf rechts zu verlagern beginnen / rechter Faustrücken boxt im aufrechten Bogen nach vorn; danach das ganze Gewicht auf rechts verlagern / rechte Faust auf rechten Oberschenkel ziehen / linke Hand mit »Push« nach vorn (rechter Fuß steht schräg).

- Solarer Schritt mit linkem Fuß schulterbreit nach W (Gewicht bleibt rechts); linke Hand etwas heranziehen.

- Gewicht verlagern mit Fauststoß rechts (Faust nach vorn-oben zur linken Hand führen, rechter Daumen dreht nach oben, linker Daumen berührt rechtes Handgelenk innen, linke Finger aufrecht, Vorwärtsstellung W).

42. Wie verschlossen und verriegelt (W)

- Linke Hand aufrecht unter rechtem Unterarm hindurchführen; beide Hände drehen (»Yang-Hände«); Gewicht auf rechts / Körper nach NW drehen / die Arme auseinanderziehen (rechter Unterarm vor rechtem Oberschenkel, linke Hand geht nach vorn, Blick bleibt nach W). Rechte Hand ausschwingen (etwas über N hinaus).

- Rechte Hand vor den Körper; linke Hand etwas zurückziehen (Handgelenke in Schulterhöhe abknicken, Finger aufstellen). Gewicht nach vorn verlagern / beide Hände im »Push« (An, Vorwärtsstellung).

43. Hände kreuzen (N)

- Beide Daumen etwas zueinanderdrehen (Ellenbogen bleiben tief). Gewicht auf rechts verlagern / linken Fuß auf der Ferse nach N drehen / Hände gehen mit.

- Gewicht auf links / Hände gehen etwas auseinander. Schritt mit rechts parallel schulterbreit neben den linken Fuß / Finger nach unten drehen. Gewicht auf beide Füße / Hände im großen ovalen Kreis nach unten führen. Handgelenke kreuzen (Handgelenke berühren sich, »Yang-Hände«, rechte Hand außen); Hände in Schulterhöhe heben (ovalen Kreis bilden).

Die Form Teil 3 – Ein Ausblick

Teil 3 der Form ist etwa so lang wie Teil 2. In ihm verbinden sich Elemente aus Teil 1 und Teil 2. In der Tabelle am Ende des Buches »Übersicht der Form (lunar/solar)« ist Teil 3 der Form enthalten. Die Übungsanleitung für diesen Teil können Sie sich auf der Website der Taji Akademie (www. taiji-anders.de) oder auf der Website des Verlages (www.weltinnenraum.de) herunterladen. Wie der dritte Teil der Form aussieht, ist auch auf der DVD *Das Innere Taijiquan* zu sehen.

Anhang

Berechnungstabellen zum Atemtyp

Wenn Sie selbst Ihren Atemtyp herausfinden möchten, können Sie in den nachfolgenden Tabellen unter Ihrem Geburtsdatum nachschlagen.

Die Tabellen wurden von Bert Aufdemkamp neu berechnet und beziehen sich auf die nördliche Hemisphäre, Zeitzone MEZ, Uhrzeit 12:00 Uhr (ohne Sommerzeit).

Anwendung: Man suche das Geburtsjahr und die Zeile für den Geburtsmonat. Die Spalte, in der der Geburtstag in einem Intervall enthalten oder explizit angegeben ist, gibt einen Hinweis auf den Atemtyp der Person. Es gilt: Lu = Lunar (Einatmer), So = Solar (Ausatmer), ? = Fragezeichen (der Atemtyp ist nicht eindeutig berechenbar, eine individuelle Typenbestimmung ist unbedingt erforderlich).

Achtung: Den Tabellen liegen vereinfachte Konstellationen zugrunde. Deshalb muss der herausgefundene Atemtyp durch einen erfahrenen Terlusollogen® oder eine andere erfahrene Person verifiziert werden.

Die Verwendung der Tabellen geschieht auf eigene Gefahr. Diese Tabellen erlauben ein schnelles Nachsehen, sie sind allerdings ungenau und erheben keinen Anspruch auf völlige Korrektheit der Ergebnisse.

Bert Aufdemkamp

**Jahre: 1904, 1923, 1942, 1961, 1980, 1999 ...
und alle vergangenen und folgenden 19 Jahre**

Januar	1-14, 21-31 = Lu	17, 18 = So	15, 16, 19, 20 ?
Februar	1-10, 22-29 = Lu	13-19 = So	11, 12, 20, 21 ?
März	1-9, 26-31 = Lu	12-23 = So	10, 11, 24, 25 ?
April	1-5, 27-30 = Lu	8-24 = So	6, 7, 25, 26 ?
Mai	1, 2, 28, 29 = Lu	5-25 = So	3, 4, 26, 27, 30, 31 ?
Juni		1-26, 30 = So	27-29 ?
Juli	26-29 = Lu	1-23 = So	24, 25, 30, 31 ?
August	22-30 = Lu	1-19 = So	20, 21, 31 ?
September	19-30 = Lu	2-16 = So	1, 17, 18 ?
Oktober	1, 16-31 = Lu	4-13 = So	2, 3, 14, 15 ?
November	1, 2, 12-30 = Lu	5-9 = So	3, 4, 10, 11 ?
Dezember	1-4, 9-31 = Lu		5-8 ?

**Jahre: 1905, 1924, 1943, 1962, 1981, 2000 ...
und alle vergangenen und folgenden 19 Jahre**

Januar	1-3, 8-30 = Lu		4-7, 31 ?
Februar	10-27 = Lu	2-6 = So	1, 7-9, 28 ?
März	14-26 = Lu	2-11, 29-31 = So	1, 12, 13, 27, 28 ?
April	15-23 = Lu	1-12, 25-30 = So	13, 14, 24 ?
Mai	17-20 = Lu	1-14, 23-31 = So	15, 16, 21, 22 ?
Juni		1-15, 19-30 = So	16-18 ?
Juli	16, 17 = Lu	1-13, 20-31 = So	14, 15, 18, 19 ?
August	12-18 = Lu	1-9, 21-31 = So	10, 11, 19, 20 ?
September	9-19 = Lu	1-6, 22-30 = So	7, 8, 20, 21 ?
Oktober	6-21 = Lu	1-3, 25-31 = So	4, 5, 22-24 ?
November	2-22, 30 = Lu	26, 27 = So	1, 23-25, 28, 29 ?
Dezember	1-24, 28-31 = Lu		25-27 ?

**Jahre: 1906, 1925, 1944, 1963, 1982, 2001 …
und alle vergangenen und folgenden 19 Jahre**

Januar	1-21, 29-31 = Lu	23-26 = So	22, 27, 28 ?
Februar	1-17 = Lu	20-27 = So	18, 19, 28 ?
März	2-16 = Lu	19-31 = So	1, 17, 18 ?
April	4-13 = Lu	16-30 = So	1-3, 14, 15 ?
Mai	6-10 = Lu	1-3, 13-31 = So	4, 5, 11, 12 ?
Juni		1-4, 9-30 = So	5-8 ?
Juli		1-3, 9-31 = So	4-8 ?
August	2-6, 30, 31 = Lu	10-27 = So	1, 7-9, 28, 29 ?
September	1-8, 26-30 = Lu	11-23 = So	9, 10, 24, 25 ?
Oktober	1-10, 24-31 = Lu	13-21 = So	11, 12, 22, 23 ?
November	1-11, 20-30 = Lu	14-17 = So	12, 13, 18, 19 ?
Dezember	1-13, 17-31 = Lu		14-16 ?

**Jahre: 1907, 1926, 1945, 1964, 1983, 2002 …
und alle vergangenen und folgenden 19 Jahre**

Januar	1-11, 17-31 = Lu	14 = So	12, 13, 15, 16 ?
Februar	1-7, 19-28 = Lu	10-15 = So	8, 9, 16-18 ?
März	1-7, 23-31 = Lu	9-20 = So	8, 21, 22 ?
April	1-3, 24-30 = Lu	6-21 = So	4, 5, 22, 23 ?
Mai	26-28 = Lu	3-23, 30, 31 = So	1, 2, 24, 25, 29 ?
Juni		1-24, 27-30 = So	25, 26 ?
Juli	24-26 = Lu	1-21, 29-31 = So	22, 23, 27, 28 ?
August	20-27 = Lu	1-17, 30, 31 = So	18, 19, 28, 29 ?
September	16-28 = Lu	1-14 = So	15, 29, 30 ?
Oktober	14-30 = Lu	2-11 = So	1, 12, 13, 31 ?
November	10-30 = Lu	3-7 = So	1, 2, 8, 9 ?
Dezember	1, 2, 8-31 = Lu	5 = So	3, 4, 6, 7 ?

Jahre: 1908, 1927, 1946, 1965, 1984, 2003 …
und alle vergangenen und folgenden 19 Jahre

Januar	1, 6-28 = Lu	31 = So	2-5, 29, 30 ?
Februar	7-25 = Lu	1-4, 28,29 = So	5, 6, 26, 27 ?
März	10-23 = Lu	1-7, 26-31 = So	8, 9, 24, 25 ?
April	12-20 = Lu	1-8, 22-30 = So	9-11, 21 ?
Mai	14-17 = Lu	1-11, 20-31 = So	12, 13, 18, 19 ?
Juni		1-12, 16-30 = So	13-15 ?
Juli	13, 14 = Lu	1-10, 17-31 = So	11, 12, 15, 16 ?
August	9-15 = Lu	1-6, 18-31 = So	7, 8, 16, 17 ?
September	6-16 = Lu	1-3, 19-30 = So	4, 5, 17,18 ?
Oktober	3-18, 30, 31 = Lu	21-28 = So	1, 2, 19, 20, 29 ?
November	1-19, 27-30 = Lu	22-24 = So	20, 21, 25, 26 ?
Dezember	1-21, 25-31 = Lu		22-24 ?

Jahre: 1909, 1928, 1947, 1966, 1985, 2004 …
und alle vergangenen und folgenden 19 Jahre

Januar	1-18, 26-31 = Lu	21-23 = So	19, 20, 24, 25 ?
Februar	1-14, 27, 28 = Lu	17-24 = So	15, 16, 25, 26 ?
März	1-13, 31 = Lu	16-28 = So	14, 15, 29, 30 ?
April	1-10 = Lu	12-29 = So	11, 30 ?
Mai	2-7 = Lu	10-31 = So	1, 8, 9 ?
Juni	4 = Lu	6-30 = So	1-3, 5 ?
Juli	31 = Lu	1, 6-28 = So	2-5, 29, 30 ?
August	1-3, 27-31 = Lu	6-24 = So	4, 5, 25, 26 ?
September	1-4, 23-30 = Lu	7-20 = So	5, 6, 21, 22 ?
Oktober	1-6, 20-31 = Lu	9-18 = So	7, 8, 19 ?
November	1-7, 17-30 = Lu	11-14 = So	8-10, 15, 16 ?
Dezember	1-10, 14-31 = Lu		11-13 ?

Jahre: 1910, 1929, 1948, 1967, 1986, 2005 ...
und alle vergangenen und folgenden 19 Jahre

Januar	1-8, 14-31 = Lu	11 = So	9, 10, 12, 13 ?
Februar	1-4, 15-28 = Lu	7-12 = So	5, 6, 13, 14 ?
März	1-3, 19-31 = Lu	6-16 = So	4, 5, 17, 18 ?
April	21-27 = Lu	3-17, 30 = So	1, 2, 18-20, 28, 29 ?
Mai	23-25 = Lu	1-20, 27-31 = So	21, 22, 26 ?
Juni		1-21, 24-30 = So	22, 23 ?
Juli	21-23 = Lu	1-18, 26-31 = So	19, 20, 24, 25 ?
August	17-24 = Lu	1-14, 27-31 = So	15, 16, 25, 26 ?
September	13-25 = Lu	1-10, 28-30 = So	11, 12, 26, 27 ?
Oktober	11-27 = Lu	1-8, 30, 31 = So	9, 10, 28, 29 ?
November	7-28 = Lu	1-4 = So	5, 6, 29, 30 ?
Dezember	4-29 = Lu	1, 2 = So	3, 30, 31 ?

Jahre: 1911, 1930, 1949, 1968, 1987, 2006 ...
und alle vergangenen und folgenden 19 Jahre

Januar	3-25 = Lu	28-31 = So	1, 2, 26, 27 ?
Februar	4-22 = Lu	1, 25-28 = So	2, 3, 23, 24 ?
März	8-21 = Lu	1-5, 24-31 = So	6, 7, 22, 23 ?
April	9-17 = Lu	1-6, 20-30 = So	7, 8, 18, 19 ?
Mai	11-14 = Lu	1-8, 17-31 = So	9, 10, 15, 16 ?
Juni		1-9, 14-30 = So	10-13 ?
Juli	11 = Lu	1-8, 14-31 = So	9, 10, 12, 13 ?
August	7-12 = Lu	1-4, 15-31 = So	5, 6, 13, 14 ?
September	4-13 = Lu	1, 16-28 = So	2, 3, 14, 15, 29, 30 ?
Oktober	1-15, 28-31 = Lu	18-25 = So	16, 17, 26, 27 ?
November	1-16, 24-30 = Lu	19-21 = So	17, 18, 22, 23 ?
Dezember	1-18, 22-31 = Lu		19-21 ?

Jahre: 1912, 1931, 1950, 1969, 1988, 2007 ...
und alle vergangenen und folgenden 19 Jahre

Januar	1-15, 23-31 = Lu	18-20 = So	16, 17, 21, 22 ?
Februar	1-12, 24-29 = Lu	15-21 = So	13, 14, 22, 23 ?
März	1-10, 27-31 = Lu	13-24 = So	11, 12, 25, 26 ?
April	1-6, 28-30 = Lu	9-25 = So	7, 8, 26, 27 ?
Mai	1-4, 30, 31 = Lu	6-27 = So	5, 28, 29 ?
Juni		3-27 = So	1, 2, 28-30 ?
Juli	27-30 = Lu	1-25 = So	26, 31 ?
August	24-31 = Lu	3-21 = So	1, 2, 22, 23 ?
September	1, 20-30 = Lu	4-17 = So	2, 3, 18, 19 ?
Oktober	1-3, 17-31 = Lu	6-14 = So	4, 5, 15, 16 ?
November	1-4, 13-30 = Lu	7-11 = So	5, 6, 12 ?
Dezember	1-6, 11-31 = Lu		7-10 ?

Jahre: 1913, 1932, 1951, 1970, 1989, 2008 ...
und alle vergangenen und folgenden 19 Jahre

Januar	1-4, 10-31 = Lu	7 = So	5, 6, 8, 9 ?
Februar	1, 11-28 = Lu	4-8 = So	2, 3, 9, 10 ?
März	16-28 = Lu	3-13, 31 = So	1, 2, 14, 15, 29, 30 ?
April	17-24 = Lu	1-14, 27-30 = So	15, 16, 25, 26 ?
Mai	19-21 = Lu	1-16, 24-31 = So	17, 18, 22, 23 ?
Juni		1-17, 20-30 = So	18, 19 ?
Juli	17-19 = Lu	1-15, 22-31 = So	16, 20, 21 ?
August	14-20 = Lu	1-11, 23-31 = So	12, 13, 21, 22 ?
September	10-21 = Lu	1-7, 24-30 = So	8, 9, 22, 23 ?
Oktober	7-23 = Lu	1-5, 26-31 = So	6, 24, 25 ?
November	4-24 = Lu	1, 27, 28 = So	2, 3, 25, 26, 29, 30 ?
Dezember	1-25, 29-31 = Lu		26-28 ?

Jahre: 1914, 1933, 1952, 1971, 1990, 2009 …
und alle vergangenen und folgenden 19 Jahre

Januar	1-22, 31 = Lu	25-27 = So	23, 24, 28-30 ?
Februar	1-18 = Lu	21-28 = So	19, 20 ?
März	4-18 = Lu	1, 21-31 = So	2, 3, 19, 20 ?
April	5-14 = Lu	1, 2, 17-30 = So	3, 4, 15, 16 ?
Mai	7-11 = Lu	1-4, 14-31 = So	5, 6, 12, 13 ?
Juni		1-5, 10-30 = So	6-9 ?
Juli	7 = Lu	1-5, 10-31 = So	6, 8, 9 ?
August	4-8, 31 = Lu	1, 11-28 = So	2, 3, 9, 10, 29, 30 ?
September	1-9, 28-30 = Lu	13-25 = So	10-12, 26, 27 ?
Oktober	1-11, 25-31 = Lu	15-22 = So	12-14, 23, 24 ?
November	1-13, 21-30 = Lu	16-18 = So	14, 15, 19, 20 ?
Dezember	1-15, 19-31 = Lu		16-18 ?

Jahre: 1915, 1934, 1953, 1972, 1991, 2010 …
und alle vergangenen und folgenden 19 Jahre

Januar	1-12, 19-31 = Lu	15, 16 = So	13, 14, 17, 18 ?
Februar	1-9, 20-28 = Lu	11-17 = So	10, 18, 19 ?
März	1-8, 25-31 = Lu	11-21 = So	9, 10, 22-24 ?
April	1-4, 26-30 = Lu	7-23 = So	5, 6, 24, 25 ?
Mai	1, 2, 28, 29 = Lu	5-25 = So	3, 4, 26, 27, 30, 31 ?
Juni		1-25, 29, 30 = So	26-28 ?
Juli	25-28 = Lu	1-22, 31 = So	23, 24, 29, 30 ?
August	21-29 = Lu	1-19 = So	20, 30, 31 ?
September	18-30 = Lu	1-15 = So	16, 17 ?
Oktober	15-31 = Lu	3-12 = So	1, 2, 13, 14 ?
November	1, 12-30 = Lu	4-9 = So	2, 3, 10, 11 ?
Dezember	1-3, 9-31 = Lu	6 = So	4, 5, 7, 8 ?

Jahre: 1916, 1935, 1954, 1973, 1992, 2011 ...
und alle vergangenen und folgenden 19 Jahre

Januar	1, 2, 8-30 = Lu		3-7, 31 ?
Februar	9-26 = Lu	1-6, 29 = So	7, 8, 27, 28 ?
März	12-25 = Lu	1-9, 27-31 = So	10, 11, 26 ?
April	13-21 = Lu	1-10, 24-30 = So	11, 12, 22, 23 ?
Mai	16-18 = Lu	1-12, 21-31 = So	13-15, 19, 20 ?
Juni		1-13, 17-30 = So	14-16 ?
Juli	14, 15 = Lu	1-12, 18-31 = So	13, 16, 17 ?
August	11-16 = Lu	1-8, 19-31 = So	9, 10, 17, 18 ?
September	7-17 = Lu	1-4, 21-30 = So	5, 6, 18-20 ?
Oktober	4-20 = Lu	1, 2, 23-29 = So	3, 21, 22, 30, 31 ?
November	1-21, 28-30 = Lu	24, 25 = So	22, 23, 26, 27 ?
Dezember	1-23, 26-31 = Lu		24, 25 ?

Jahre: 1917, 1936, 1955, 1974, 1993, 2012 ...
und alle vergangenen und folgenden 19 Jahre

Januar	1-19, 27-31 = Lu	22-24 = So	20, 21, 25, 26 ?
Februar	1-15 = Lu	18-25 = So	16, 17, 26-28 ?
März	1-15 = Lu	17-30 = So	16, 31 ?
April	2-11 = Lu	14-30 = So	1, 12, 13 ?
Mai	4-9 = Lu	1, 11-31 = So	2, 3, 10 ?
Juni	5 = Lu	1, 2, 8-30 = So	3, 4, 6, 7 ?
Juli		1, 2, 7-29 = So	3-6, 30, 31 ?
August	1-5, 28-31 = Lu	8-25 = So	6, 7, 26, 27 ?
September	1-6, 24-30 = Lu	9-22 = So	7, 8, 23 ?
Oktober	1-8, 22-31 = Lu	11-19 = So	9, 10, 20, 21 ?
November	1-9, 18-30 = Lu	12-16 = So	10, 11, 17 ?
Dezember	1-12, 16-31 = Lu		13-15 ?

**Jahre: 1918, 1937, 1956, 1975, 1994, 2013 ...
und alle vergangenen und folgenden 19 Jahre**

Januar	1-9, 16-31 = Lu	12, 13 = So	10, 11, 14, 15 ?
Februar	1-6, 17-28 = Lu	8-14 = So	7, 15, 16 ?
März	1-5, 21-31 = Lu	8-18 = So	6, 7, 19, 20 ?
April	1, 22-29 = Lu	4-19 = So	2, 3, 20, 21, 30 ?
Mai	25, 26 = Lu	1-21, 29-31 = So	22-24, 27, 28 ?
Juni		1-22, 26-30 = So	23-25 ?
Juli	22-24 = Lu	1-19, 28-31 = So	20, 21, 25-27 ?
August	18-25 = Lu	1-16, 28-31 = So	17, 26, 27 ?
September	15-26 = Lu	1-12, 29, 30 = So	13, 14, 27, 28 ?
Oktober	12-28 = Lu	1-9 = So	10, 11, 29-31 ?
November	8-30 = Lu	1-6 = So	7 ?
Dezember	6-31 = Lu	3 = So	1, 2, 4, 5 ?

**Jahre: 1919, 1938, 1957, 1976, 1995, 2014 ...
und alle vergangenen und folgenden 19 Jahre**

Januar	4-27 = Lu	30, 31 = So	1-3, 28, 29 ?
Februar	5-23 = Lu	1, 2, 26-28 = So	3, 4, 24, 25 ?
März	9-22 = Lu	1-6, 25-31 = So	7, 8, 23, 24 ?
April	11-19 = Lu	1-7, 21-30 = So	8-10, 20 ?
Mai	13-16 = Lu	1-10, 19-31 = So	11, 12, 17, 18 ?
Juni		1-11, 15-30 = So	12-14 ?
Juli	13 = Lu	1-10, 16-31 = So	11, 12, 14, 15 ?
August	9-14 = Lu	1-6, 17-31 = So	7, 8, 15, 16 ?
September	5-15 = Lu	1, 2, 18-29 = So	3, 4, 16, 17, 30 ?
Oktober	2-17, 29-31 = Lu	20-27 = So	1, 18,19, 28 ?
November	1-18, 26-30 = Lu	21-23 = So	19, 20, 24, 25 ?
Dezember	1-20, 24-31 = Lu		21-23 ?

Jahre: 1920, 1939, 1958, 1977, 1996, 2015 …
und alle vergangenen und folgenden 19 Jahre

Januar	1-17, 25-31 = Lu	20-22 = So	18, 19, 23, 24 ?
Februar	1-13, 26-29 = Lu	16-23 = So	14, 15, 24, 25 ?
März	1-12, 29-31 = Lu	14-26 = So	13, 27, 28 ?
April	1-8, 30 = Lu	11-27 = So	9, 10, 28, 29 ?
Mai	1-5 = Lu	8-29 = So	6, 7, 30, 31 ?
Juni	1 = Lu	4-29 = So	2, 3, 30 ?
Juli	29-31 = Lu	3-26 = So	1, 2, 27, 28 ?
August	1, 25-31 = Lu	4-22 = So	2, 3, 23, 24 ?
September	1, 2, 21-30 = Lu	5-18 = So	3, 4, 19, 20 ?
Oktober	1-4, 19-31 = Lu	7-16 = So	5, 6, 17, 18 ?
November	1-5, 15-30 = Lu	8-12 = So	6, 7, 13, 14 ?
Dezember	1-7, 12-31 = Lu		8-11 ?

Jahre: 1921, 1940, 1959, 1978, 1997, 2016 …
und alle vergangenen und folgenden 19 Jahre

Januar	1-6, 12-31 = Lu	9 = So	7, 8, 10, 11 ?
Februar	1, 2, 13-28 = Lu	5-10 = So	3, 4, 11, 12 ?
März	1, 2, 17-29 = Lu	5-14 = So	3, 4, 15, 16, 30, 31 ?
April	18-25 = Lu	1-15, 28-30 = So	16, 17, 26, 27 ?
Mai	20-22 = Lu	1-17, 25-31 = So	18, 19, 23, 24 ?
Juni		1-18, 22-30 = So	19-21 ?
Juli	19, 20 = Lu	1-16, 24-31 = So	17, 18, 21-23 ?
August	15-22 = Lu	1-12, 25-31 = So	13, 14, 23, 24 ?
September	12-23 = Lu	1-9, 26-30 = So	10, 11, 24, 25 ?
Oktober	9-25 = Lu	1-6, 28-31 = So	7, 8, 26, 27 ?
November	5-26 = Lu	1, 2, 29 = So	3, 4, 27, 28, 30 ?
Dezember	2-27, 31 = Lu		1, 28-30 ?

Jahre: 1922, 1941, 1960, 1979, 1998, 2017 ...
und alle vergangenen und folgenden 19 Jahre

Januar	1-23 = Lu	26-29 = So	24, 25, 30, 31 ?
Februar	1-20 = Lu	23-28 = So	21, 22 ?
März	6-19 = Lu	1-3, 22-31 = So	4, 5, 20, 21 ?
April	7-16 = Lu	1-4, 18-30 = So	5, 6, 17 ?
Mai	9-13 = Lu	1-6, 16-31 = So	7, 8, 14, 15 ?
Juni		1-7, 12-30 = So	8-11 ?
Juli	9 = Lu	1-6, 12-31 = So	7, 8, 10, 11 ?
August	5-10 = Lu	1-3, 13-30 = So	4, 11, 12, 31 ?
September	2-11, 29, 30 = Lu	14-26 = So	1, 12, 13, 27, 28 ?
Oktober	1-13, 26-31 = Lu	16-23 = So	14, 15, 24, 25 ?
November	1-14, 23-30 = Lu	17-20 = So	15, 16, 21, 22 ?
Dezember	1-16, 20-31 = Lu		17-19 ?

Übersicht der Form (lunar/solar)

Die Form Teil 1

	Chinesisch	Pinyin	Wörtliche Übersetzung	Form lunar	Form solar
1	预备势	Yubei Shi	**Vorbereitung** (der Form)		
	起势	Qi Shi	**Beginn** (der Form)		
2	揽雀尾	Lan Quewei	**Am Schwanz festgehaltener Vogel** Peng links		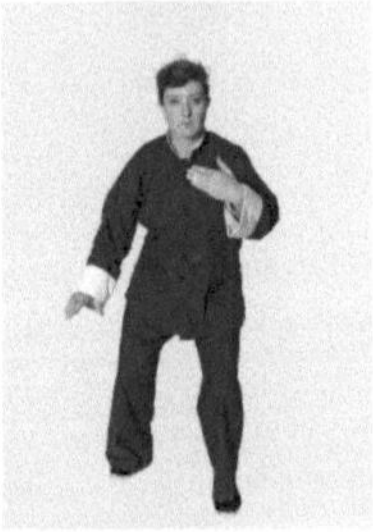
			Peng rechts (O)		

			Lü (NO)		
			Ji (O)		
			An (O)		
	八卦鱼	Bagua Yu	Yin-Yang-Fische	 	 

3	单鞭	Dan Bian	**Einfache Peitsche**		
4	提手上势	Ti Shou Shang Shi	**Hände heben und Schritt nach vorn**	 	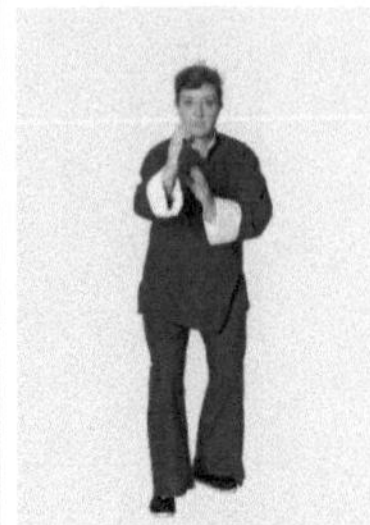 
5	白鹤晾翅	Baihe Liang Chi	**Weißer Kranich breitet seine Flügel aus**		
6	(左) 搂膝拗步	(Zuo) Lou Xi Ao Bu	**Kniestreifen / Diagonalschritt links**		

7	手挥琵琶	Shou Hui Pipa	**Hände wie beim Pipaspielen**		
8	(左、右、左) 搂膝拗步	(Zuo, You, Zuo) Lou Xi Ao Bu	**Kniestreifen / Diagonalschritt links**		
			rechts		
			links		
9	手挥琵琶	Shou Hui Pipa	**Hände wie beim Pipaspielen**		

10	(左) 搂膝拗步	(Zuo) Lou Xi Ao Bu	**Kniestreifen / Diagonalschritt links**		
11	进步搬拦捶	Jin Bu Ban Lan Chui	**Schritt nach vorn und ablenken, aufhalten, boxen**		
12	如封似闭	Ru Feng Si Bi	**Wie verschlossen und verriegelt**		
13	十字手	Shi Zi Shou	**Hände kreuzen**		

Die Form Teil 2

	Chinesisch	Pinyin	Wörtliche Übersetzung	Form lunar	Form solar
14	抱虎归山	Bao Hu Gui Shan	**Den Tiger umarmen und zurück in die Berge**		
			Lü (SO)		
			Ji (SO)		
			An (SO)		

	八卦鱼	Bagua Yu	Yin-Yang-Fische	 	 
15	肘底（看）捶	Zhou Di (Kan) Chui	**Unterm Ellenbogen hervorboxen**		
16	(左、右、左) 倒撵猴	(Zuo, You, Zuo) Dao Nian Hou	**Zurückweichen und die Affen vertreiben** (links, rechts, links)		

17	斜飞式	Xie Fei Shi	**Diagonales Fliegen**		
18	提手上势	Ti Shou Shang Shi	**Hände heben und Schritt nach vorn**		

19	白鹤凉翅	Bei He Liang Chi	**Weißer Kranich breitet seine Flügel aus**		

20	左搂膝拗步	Zuo Lou Xi Ao Bu	**Kniestreifen / Diagonalschritt** links		
21	海底针	Hai Di Zhen	**Nadel auf dem Meeresboden**		
22	扇通背	Shan Tong Bei	**Fächerform aus dem Rücken heraus**		
23	转身撇捶	Zhuan Shen Pie Shen Chui	**Körperdrehung und verdeckter Faustschlag**		
24	进步搬拦捶	Jin Bu Ban Lan Chui	**Schritt nach vorn und ablenken, aufhalten, boxen**		

25	上步揽 雀尾	Shang Bu Lan Quewei	**Am Schwanz festgehaltener Vogel**		
			Peng rechts (O)		
			Lü (NO)	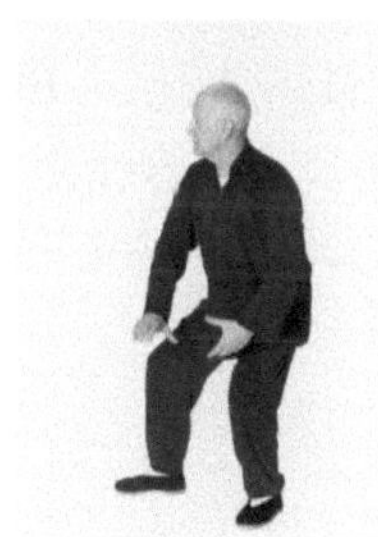	
			Ji (O)		
			An (O)		

26	八卦鱼	Bagua Yu	Yin-Yang-Fische	 	 
	单鞭	Dan Bian	**Einfache Peitsche**		
27	（左、右） 云手	(Zuo, You) Yun Shou	**Wolkenhände links und rechts** (vier Schritte)	 	 

28	单鞭	Dan Bian	**Einfache Peitsche**		
29	高探马	Gao Tan Ma	**Das Pferd am Hals tätscheln**		
30	右、左分脚	(You, Zuo) Fen Jiao	**Kick mit der Fußspitze rechts und links**	 	 
31	转身左蹬脚	Zhuan Shen Zuo Deng Jiao	**Drehung und Kick mit der linken Ferse**		

32	左、右 搂膝拗步	Zuo, You Lou Xi Ao Bu	**Kniestreifen links und rechts**	 	 
33	进步栽锤	Jin Bu zai Chui	**Schritt nach vorn und boxen nach unten**		
34	转身撇 身捶	Zhuan Shen Pie Shen Chui	**Drehung und verdeckter Faustschlag**		
35	进步搬 拦捶	Jin Bu Ban Lan Chui	**Schritt nach vorn und ablenken, aufhalten, boxen**		

36	右蹬脚	You Deng Jiao	**Kick mit rechter Ferse**		
37	左、右打虎式	Zuo, You Da Hu Shi	**Den Tiger schlagen rechts und links**	 	 
38	回身右蹬脚	Hui Shen You Deng Jiao	**Kick mit rechter Ferse**		
39	双峰灌耳	Shuang Feng Guan Er	**Mit beiden Fäusten die Ohren des Gegners treffen**		

40	左蹬脚	Zuo Deng Jiao	**Kick mit links**		
	转身右蹬脚	Zhuan Shen You Deng Jiao	**Drehung und Kick mit rechts**		
41	进步搬拦锤	Jin Bu Ban Lan Chui	**Schritt nach vorn und ablenken, aufhalten, boxen**		
42	如封似闭	Ru Feng Si Bi	**Wie verschlossen und verriegelt**		
43	十字手	Shi Zi Shou	**Hände kreuzen**		

Die Form Teil 3

	Chinesisch	Pinyin	Wörtliche Übersetzung	Form lunar	Form solar
44	抱虎归山	Bao Hu Gui Shan	**Den Tiger umarmen und zurück in die Berge**		
			Lü (SO)		
			Ji (SO)		
			An (SO)		

	八卦鱼	Bagua Yu	Yin-Yang-Fische	 	 
45	斜单鞭	Xie Dan Bian	**Diagonale Peitsche**		
46	（右、左、右）野马分鬃	Ye Ma Fen Zong	**Das Wildpferd schüttelt seine Mähne**		

47	揽雀尾	Lan Quewei	**Am Schwanz festgehaltener Vogel** Peng links		
			Peng rechts		
			Lü (NO)		

			Ji (O)		
			An (O)		
	八卦鱼	Bagua Yu	Yin-Yang-Fische	 	 
48	斜单鞭	Dan Bian	**Einfache Peitsche**		

49	玉女穿梭	Yu Nü Chuan Suo	**Die schöne Weberin am Webstuhl**		

50	揽雀尾	Lan Quewei	**Am Schwanz festgehaltener Vogel** Peng links		

			Peng rechts		
			Lü (NO)	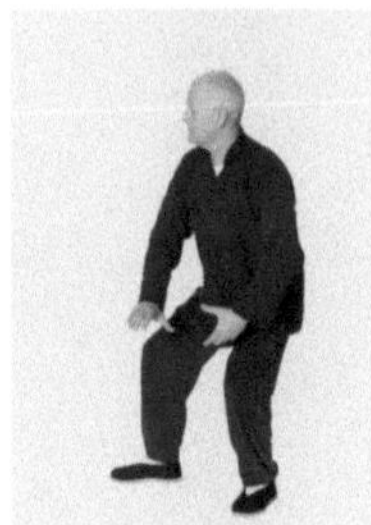	
			Ji (O)		
			An (O)		
	八卦鱼	Bagua Yu	Yin-Yang-Fische		

51	斜单鞭	Dan Bian	**Einfache Peitsche**		
52	左右云手	Zuo You Yun Shou	**Wolkenhände**	 	 
53	单鞭	Dan Bian	**Einfache Peitsche**		

<table>
<tr><td>54</td><td>蛇身下势</td><td>She Shen
Xia Shi</td><td>Wie eine Schlange am Boden gleiten</td><td></td><td></td></tr>
<tr><td>55</td><td>（左、右）
金鸡独立</td><td>(Zuo, You)
Jin Ji Du Li</td><td>Goldener Hahn steht auf einem Bein
(links, rechts)</td><td>
</td><td>
</td></tr>
<tr><td>56</td><td>(左、右、
左）
倒撵猴</td><td>(Zuo,
You, Zuo)
Dao Nian
Hou</td><td>Zurückweichen und die Affen vertreiben
(links, rechts,
links)</td><td>
</td><td>
</td></tr>
</table>

57	斜飞势	Xi Fei Shi	**Diagonales Fliegen**		
58	提手上势	Ti Shou Shang Shi	**Hände heben, Schritt nach vorn**	 	 
59	白鹤凉翅	Bei He Liang Chi	**Weißer Kranich breitet die Flügel aus**		
60	左搂膝拗步	(Zuo) Lou Xi Ao Bu	**Kniestreifen / Diagonalschritt links**		

61	海底针	Hai Di Zhen	**Nadel auf dem Meeresboden**		
62	扇通背	Shan Tong Bei	**Fächerform aus dem Rücken heraus**		
63	转身白蛇吐信	Zhuan Shen Bei She Tu Xin	**Drehung und Faustschlag** (»Weiße Schlange«)		
64	进步搬拦捶	Jin Bu Ban Lan Chui	**Schritt nach vorn, ablenken, aufhalten, boxen**		
65	上步揽雀尾	Shang Bu Lan Quewei	**Am Schwanz festgehaltener Vogel**		

			Peng rechts		
			Lü (NO)		
			Ji (O)		
			An (O)		
	八卦鱼	Bagua Yu	Yin-Yang-Fische		

66	单鞭	Dan Bian	**Einfache Peitsche**		
67	左右云手	Zuo You Yun Shou	**Wolkenhände**	 	 
68	单鞭	Dan Bian	**Einfache Peitsche**		

69	高探马穿掌	Gao Tan Ma Chuan Zhang	**Das Pferd tätscheln und flache Hand nach vorn**		
70	十字腿	Shi Zi Tui	**Fersenstoß über Kreuz**		
	进步指裆锤	Jin Bu Zhi Dang Chui	**Schritt vor und auf die unteren Partien boxen**		
71	上步搬雀尾	Shang Bu Lan Quewei	**Am Schwanz festgehaltener Vogel**		
			Peng rechts		

			Lü (NO)		
			Ji (O)		
			An (O)		
	八卦鱼	Bagua Yu	Yin-Yang-Fische	 	 

72	单鞭	Dan Bian	**Einfache Peitsche**		
73	蛇身下势	She Shen Xia Shi	**Wie eine Schlange am Boden gleiten**		
74	上步七星	Shang Bu Qi Xing	**Schritt nach vorn und sieben Sterne bilden**		
75	退步跨虎	Tui Bu Kua Hu	**Schritt zurück und auf dem Tiger reiten**		
76	转身摆莲	Zhuan Shen Bai Lian	**Drehung und horizontaler Kick** (»Lotosstreifen«)		

77	弯弓射虎	Wan Gong She Hu	**Den Bogen spannen und auf den Tiger zielen**		
78	进步搬拦捶	Jin Bu Ban Lan Chui	**Schritt nach vorn, ablenken, aufhalten, boxen**		
79	如封似闭	Ru Feng Si Bi	**Wie verschlossen und verriegelt**		
80	十字手	Shi Zi Shou	**Hände kreuzen**		
81	还原	Huan Yuan	**Zurück zur Ausgangsstellung**		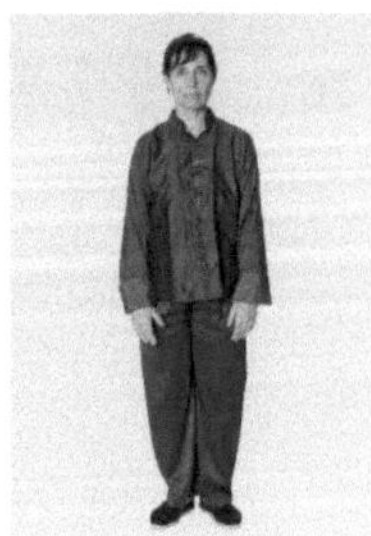

Anmerkungen

Vorwort

1 Schellenbaum, *Die Wunde der Ungeliebten*, S. 120

Einführung

1 Anders, *Das chinesische Schattenboxen Taichi*. Bis dahin gab es lediglich die Übersetzung eines amerikanischen Lehrbuchs von Edward Maisel in Deutschland. Die in »*Schattenboxen*« abgebildete Form ist »Williams Chens Taichi Chuan«, eine Variante der kurzen Yang-Form von Zheng Manqing, vgl. Kap, 8, Anm. 8.
2 *Schattenboxen leichtgemacht*, Beijing 1983
3 In diesem Buch wird, anders als in der ersten Auflage von 2004, die Pinyin-Umschrift verwendet.
4 Vgl. D. Wile, *Lost T'ai chi Classics*
5 »Gongfu« bedeutet so viel wie »Fähigkeiten, die man durch Übung erlangt«.
6 Bauer, *China und die Hoffnung auf Glück*, im Folgenden zitiert als »Bauer 1«
7 Traditionell formuliert sind es im Falle des Yang-Stils folgende Punkte:
»Familie«: Yang-Familien-Mitgliedern wird das gesamte Wissen vermittelt. Die Methoden und Schlüssel werden in der Familie streng beachtet, und sie sind sehr ernst zu nehmen. Obwohl alle Familienmitglieder lernen, wollen nicht alle unterrichten und Meisterschüler annehmen.
»Meisterschüler«: (»tudi«, englisch »disciple«) Im Allgemeinen muss ein Schüler eine gewisse Zeit bei seinem Lehrer lernen, bevor er als Meisterschüler in Betracht gezogen wird. Die Annahme hängt von verschiedenen Kriterien ab. Meisterschüler müssen Begabung und verschiedene gute Eigenschaften besitzen: Ehrlichkeit, Freundlichkeit und Loyalität gegenüber der Yang-Familie. Als Meisterschüler angenommen, werden ihnen Fähigkeiten vermittelt, die zu einem Grad des Verständnisses führen, der den der »normalen« Schüler weit übersteigt, so dass sie in der Lage sind, dem Meister bei der Aufgabe zu helfen, den Yang-Familienstil zu verbreiten. Einem Meisterschüler ist es gestattet, im Namen der Yang Familie zu unterrichten, Meisterschüler können ihre eigenen Meisterschüler annehmen. Alle

Meisterschüler werden im Stammbaum des Yang-Stils aufgeführt, aber nicht in der Traditionslinie der Yang-Familie, denn nur mit Genehmigung der Yang-Familie können Schüler den Namen der Yang-Familie nutzen. Viele Lehrer sagen, sie unterrichteten den »echten« Yang-Stil oder besäßen die »vergessenen Geheimnisse« etc. Es ist außerordentlich wichtig, dass Taiji-Übende mit äußerster Vorsicht diese Ansprüche überprüfen. Yang-Stil Taijiquan ist sowohl eine außerordentliche Kampfkunst wie auch eine einzigartige Methode, die Gesundheit zu erhalten. Die Prinzipien und Anwendungen sind nur so wertvoll und wirksam wie die Quelle, aus denen sie stammen.

8 Qi: »Luft, Dampf, Hauch, Äther, Energie; auch Temperament, Kraft, Atmosphäre, ...die vitale Energie, die Lebenskraft, der kosmische Geist, der alle Dinge durchdringt und belebt.« (*Das Lexikon des Taoismus*, S. 23)

9 Es gibt im Chinesischen eine Redewendung, die heißt: 乾 脆 俐 落 gān cuì lì luò, die bedeutet, dass man etwas unkompliziert und direkt, der Situation angemessen, nicht mehr und nicht weniger macht.

10 zit. n. Draeger/Smith, *Asian Figthing Arts*, S. 38

11 Es gab und gibt die chinesischen Meister, die außer Taiji noch die anderen Inneren Kampfkünste Bagua und Xingyi (Baguazhang und Xingyiquan) praktizieren, und in den Gründerzeiten des 19. Jahrhunderts auch zwei oder sogar mehrere verschiedene Taiji-Stile, aus denen dann ein neuer entstand.

12 Rainer Landmann, a. a. O.

13 Anders 3, 2009

Teil 1

Erstes Kapitel

1 Bauer, *Geschichte der chinesischen Philosophie*, S. 22, im Folgenden zitiert als »Bauer 2«

2 *Deutsche Denker über China*, S.11

3 Bauer 2, S. 24

4 Der Ausdruck Tian-Di (Himmel und Erde) bezeichnet das Universum; der Herrscher Wang vereinigt in seiner Person die Ebenen von Himmel, Erde und Menschheit, wie auch das Schriftzeichen 王 Wang erkennen lässt.

5 Lehnten Quietisten und Hedonisten die Fesselung des Menschen in ethischer Hinsicht ab, so wandten sich die Sophisten gegen seine Einschränkung durch die Sprache.

6 Arthur Waley, in: Bauer 2, S. 84

7 Bauer 2, S. 90

8 *Frühling und Herbst des Herrn Lü*

9 zit. n. Bauer 2, S. 137

10 Bauer 2, S.47. Siehe auch Fiedeler, S.82: »Der Ansatz ist überraschend modern, nämlich von einer Art, die wir heute als evolutionstheoretisch bezeichnen würden ... Das Grundmuster der 64 Hexagramme im Yijing weist eine vollkommene und strukturelle Übereinstimmung mit den 64 Nukleotidtripletts der Erbsubstanz DNA auf. Diese aber bilden die Grundlage des genetischen Codes, der molekularbiologischen Basis allen Lebens auf der Erde.« Auch der binäre Code der Computer-Technik lässt sich auf das Yijing zurückführen.

11 Bauer 2, S.127

12 Die Legende berichtet, dass Laozi, nachdem er sich in die westlichen Gebirge zurückgezogen hatte – wo er am Grenzpass dem Zöllner sein *Daodejing* überlassen hatte – als Buddha wiedergekehrt sei und Indien »missioniert« habe.

13 1.Was ist Leiden? Die Geburt ist Leiden, das Alter auch, die Krankheit auch, der Tod auch. Auch das Verbundensein mit Nichtliebem und das Getrenntsein von Liebem ist Leiden. Und dass man wünscht und trachtet und nicht erlangt, auch das ist Leiden. Im Ganzen also: Die fünf Verzweigungen des Anklammerns an das Irdische sind Leiden. Das ist das Leiden.
2. Was ist die Entstehung des Leidens? Es ist jener Durst, der von Wiedergeburt zu Wiedergeburt führende, von Freude und Leidenschaft begleitete, hier und dort seine Freude findende: der Durst nach Lust, der Durst nach Werden, der Durst nach Aufhören des Werdens. Das ist die Entstehung des Leidens.
3. Was ist die Aufhebung des Leidens? Es ist eben die restlose Unterdrückung und Aufhebung jenes von Wiedergeburt zu Wiedergeburt führenden, von Freude und Leid begleiteten, hier und dort seine Freude findenden, in der Geburt hervortretenden und beim Tode zurückkehrenden Durstes. Das ist die Aufhebung des Leidens.
4. Was ist der zur Aufhebung des Leidens führende Weg? Es ist das der edle achtteilige Pfad, der da heißt: rechtes Glauben, rechtes Denken, rechtes Reden, rechtes Handeln, rechtes Gedenken, rechtes Streben, rechtes Leben; und rechtes Sichversenken. Das ist der zur Aufhebung des Leidens führende Pfad. (in: Bauer 2, S.170)

14 Bauer 1, S. 218

15 Bauer 1, S. 244

16 ebd.

17 Die Zen-Mönche waren davon wohl weniger betroffen, waren doch im Zen die Grenzen zwischen Mönchen und Laien durchlässig. Weite Wanderschaften und körperliche Arbeit hatten die Zen-Mönche viel mehr in die Gesellschaft hineingeführt, als das in anderen Glaubensrichtungen der Fall war. Die (buddhistischen) Shaolin-Mönche allerdings lebten in klösterlicher Abgeschiedenheit, die sie nur verließen, um als Kämpfer dem Kaiser oder einem Fürsten beizustehen.

18 *Lexikon des Taoismus*, S. 59

Zweites Kapitel

1 Die drei Lehren haben am Leben des Menschen teil: »der Konfuzianismus als Religion der Pietät und der Familie; der Volkstaoismus als Religion der Gemeinde, der die zeremonielle Reinigung des Wohnorts obliegt; der Buddhismus als Religion des Todes und der Welt in ihrer Gesamtheit.« (Eberhard, *Lexikon chinesischer Symbole*, S. 64)

2 »freie Nachdichtung« nach Siou

3 *Huainanzu,* Kap. 7, zit. n. Fiedeler, S. 11

4 Zhou Dunyi (1017–1073), Shao Yong (1011–1077); Zhang Zhai (1020–1077), die Brüder Cheng Yi (1033–1108) und Cheng Hao (1032–1085) und während des 12. Jahrhunderts Zhu Xi (1130–1200) und Lu Jiuyuan (1139–1193)

5 vgl. Kubny, *Qi – Lebenskraftkonzepte in China*, S. 300

6 vgl. Kubny 300/301

7 zit. n. Bauer 2, S. 253/254

Drittes Kapitel

1 Dazu kam im Daoismus Yang Sheng, den »Geist zu nähren«, um Unsterblichkeit zu erlangen, Oberbegriff für beide ist Yang-Xing, »die Pflege der innerer Natur«.

2 Yayame, *Die Heilkraft des Qi*, S. 88 ff.

3 Diese zweifache Ausrichtung von Bewegung ist m. E. der entscheidende Unterschied von Qigong zum Sport, fehlt doch beim Sport, zumal beim Leistungssport, die kontemplative Komponente einer »Bewegung nach innen«. Ein Beispiel, wie auch im Osten entstandene Bewegungsübungen sich in westlicher Kultur veränderten und zu »Sport« wurden, zeigt die Entstehung der westlichen Gymnastik. Jesuiten sollen im 17. Jh. Qigong-Übungen aus China nach Schweden gebracht haben: Qi verschwand daraus, weil es als Konzept nicht existierte, und übrig blieben reine Körperübungen.

4 Pálos, *Atem und Meditation*, S 35/36

5 Die Haut ist Yang, das Körperinnere Yin. Die Brust ist Yang, der Bauch Yin. Herz und Leber sind Yang-Organe, Milz, Lungen und Nieren Yin-Organe. Yin und Yang gehören jedoch zusammen, immer ist Yang in Yin enthalten wie auch umgekehrt. So ist der Bauch Yin, die Leber aber Yang: Das ist Yang im Yin. Die Brust ist Yang, die Lunge aber Yin: Das ist Yin im Yang. Daraus folgt, dass es keinen Sinn hat, bei Lebewesen von reinem Yin oder Yang zu sprechen: Ein Mann ist mehr Yang als Yin, eine Frau mehr Yin als Yang; als ideale Mischung gilt das Verhältnis 70 zu 30. (Empfehlenswert: Antonius Pollmann, *Fünf Wandlungsphasen in fünf Streichen*)

6 Pálos, S. 33

7 In der Definition von therapeutischem Qigong ist es nicht eindeutig, ob nur die Atemübungen in Ruhe oder auch Bewegungsübungen dazu gehören.

8 Die Variante von Taijiquan jedoch, die als gesundheitsfördernde »Heilübung« im Zusammenhang der chinesischen Medizin eingesetzt wird, ist Äußeres Taijiquan, das mit dem Inneren nichts mehr gemein hat: Größtmögliche Entspannung zu erreichen und mit wenig Belastung den Organismus zu stärken kann keine Jin-Kraft entwickeln. Aber auch die »übernatürlichen« Kräfte des esoterischen Qigong sind nicht Bestandteil von Innerem Taijiquan, wie in Richtungen, bei denen der Angreifer besiegt wird, indem er am Boden liegend mit »inneren Kräften« so festgehalten wird, dass er Schaum vor den Mund bekommt, ebenso wenig die Kunststücke des sogenannten »harten« Qigong, sich Flaschen auf dem Kopf zu zerschlagen, so dass nur diese zerbrechen und nicht der Kopf, oder mit einem scharfen Messer auf der – unverletzt bleibenden – Zunge herumzuschneiden.

9 zit. n. Chang (Hg.), *Gesundheit und Fitness aus dem Reich der Mitte*, S. 59

10 Yearning K. Chen, eigentlich Chen Yan-Lin, auch Chen Gong, wurde bekannt durch einen Streit mit seinem Lehrer Yang Chengfu; Chen soll in dessen Besitz befindliche Schriften heimlich kopiert und 1932 veröffentlicht haben. Das Zitat stammt aus einem anderen Buch, Y. K. Chen., *Tai Chi Chuan. Its Effects and Practical Applications*, S. 12.

Viertes Kapitel

1 zit. n. Schleichert, *Klassische chinesische Philosophie*, S. 138. In den Motiven des Aufsteigens zum Himmel, des Fliegens und des Reitens auf dem Wind oder auf Sonne und Mond findet die daoistische Mystik ihren charakteristischen Ausdruck. In der Auffassung, wie real diese »Himmelsfahrten« seien, unterscheidet sich der philosophische vom religiösen Daoismus. Für Ersteren sind diese Darstellungen der Ausdruck subjektiver Erfahrungen in der Meditation, für den religiösen Daoismus sind es objektive Erlebnisse, die tatsächlich stattgefunden haben und von den Adepten selbst erreicht werden können.

2 Bauer 1, S. 68/69

3 Bauer 1, S. 152

4 der chinesische »Methusalem«, der 800 Jahre alt geworden sein soll; er gilt als der Begründer der sexuellen Praktiken zur Lebensverlängerung.

5 zit. n. Bauer 1, S.157. Ge Hong (283–343), Arzt, Alchemist und Autor einer Enzyklopädie der Methoden zur Erlangung der Unsterblichkeit.

6 Vgl. Mokusen Miyuki, *Das Kreisen des Lichts*

7 Er heilte Kranke durch das Rezitieren magischer Formeln und durch geweihtes Wasser. Weil er als Honorar fünf Scheffel Reis verlangte, gab dies seiner Bewegung den Namen »Fünf-Scheffel-Reis-Daoismus«. Seine »Sekte der Himmelsmeister«

wird auch als der (historische) Beginn des religiösen Daoismus angesehen, als dessen »eigentlicher« Begründer der legendäre »Gelbe Kaiser« gilt. Allerdings wurden Titel und Funktionen eines »Himmlischen Meisters« im Jahre 1288 von Kublai Khan für erblich erklärt, so dass es des Inneren Elixiers zumindest zur Erlangung des Titels nicht mehr bedurfte.

8 In der »Schule der Rechten Einheit« leb(t)en die Priester mit ihren Familien in der Nähe eines Klosters, die Priester der »Schule der Verwirklichung der Wahrheit« dagegen in strengem Zölibat. Der religiöse und der Volksdaoismus sind bis heute lebendig; während der Regierungszeit Maos vor allem in Taiwan, Südostasien und unter den Auslandschinesen. Seit 1990 ist die Ausbildung daoistischer Mönche auch in der VR China wieder erlaubt, mit nicht unerheblichem Einfluss auf die Wiederbelebung (angeblich) historischer Formen von Taijiquan. Als der Wudang-Berg, der Legende nach Entstehungsort von Taijquan durch Zhang Sanfeng, Ende des letzten Jahrhunderts wieder mit Taiji »besiedelt« werden durfte, wurden lebende Meister zum Consulting herangezogen. Wie das wohl früher ausgesehen haben mochte, was nun als jahrhundertalte Tradition wiederauftauchen sollte?

Fünftes Kapitel

1 zit. n. Schleichert, S. 79

2 Bauer 1, S. 78

3 zit. n. Schleichert, S. 81

4 zit. n. Kubny, S. 148

5 zit. n. Bauer 1, S. 78. Von Yang Zhu selbst ist nichts direkt überliefert, sondern andere Autoren haben sich mit ihm auseinandergesetzt und ihn natürlich zitiert. So bei Zhuangzi und im Lü-shi Chun-qiu (Frühling und Herbst des Lü Bu-wei, 3. Jh. v. u. Z.) und im Liezi (»Das wahre Buch vom quellenden Urgrund«), einem daoistischen Werk aus dem 4. oder 5. Jh. v. u. Z.

6 »Yang Zhu sprach: ‚Es gibt einen alten Spruch: Im Leben Mitleid füreinander, im Tod Verzicht. Dieser Spruch ist vollkommen. Der Weg des Mitleids füreinander besteht nicht bloß aus Gefühlen; man kann denen, die viel zu tun haben, helfen, den Hungrigen Essen geben, die Frierenden wärmen und jenen, die sich in Schwierigkeiten befinden, helfen, sie durchzustehen. Der Weg des Verzichts bedeutet nicht, dass man nicht um einander trauerte, sondern dass man (den Toten) keine Perlen und Edelsteine in den Mund legt, sie nicht in gestickte Gewänder kleidet, keine Tieropfer darbringt und keine Opfergeräte aufstellt.« (zit. n. Schleichert, S. 80)

Sechstes Kapitel

1 Um nochmals über den Fluss zu kommen: Wenn Inneres Taijiquan dem durchs Wasser watenden Zen-Mönch am nächsten kommt, dann lehrt die Äußere Kampfkunst, den Fluss zu überspringen. Und das Ballett tanzt auf der Brücke.

Siebtes Kapitel

1 Fünf ist eine der wichtigsten Zahlen der chinesischen Zahlenmystik. Ihr entsprechen die fünf Weltrichtungen (die vier Haupthimmelsrichtungen und die Mitte), die fünf Farben, fünf Gerüche, fünf Geschmacksrichtungen. Ein großes chinesisches Wörterbuch führt 12 Bedeutungen des Wortes »fünf« auf und 1148 Zusammensetzungen mit »fünf«. (s. Eberhard S. 97) Die Zahl Fünf ist Yang, die Zahl Acht Yin. Ungerade Zahlen sind Yang, gerade sind Yin. Aber 5 ist 3 + 2, enthält daher beides, Yin und Yang, und eignet sich daher besonders gut als Mitte. In zwei sehr alten Diagrammen, dem Hetu (Karte vom Gelben Fluss) und dem Luoshu (Schrift vom Luo-Fluss, einem magischen Quadrat), steht die Zahl Fünf im Zentrum.

2 Manche Taiji-Bücher ordnen jeder Einzelform ein bestimmtes Hexagramm zu, aber bis auf die ersten vier Grundtechniken, bei denen Übereinstimmung besteht, gibt es dabei starke Unterschiede (vgl. Da Liu).

3 Die Zahl der Einzelformen steht in Beziehung zum Daodejing mit seinen 81 Kapiteln. Eine alte kosmologische Vorstellung besagt, dass China ein Einundachtzigstel der Erde bedecke, umgeben von neun Kontinenten.

4 In der Gewichtsverlagerung, die immer im Verhältnis 70/30 sein soll, findet sich die Symbolik der »kleinen vollkommenen Zahl Zehn«, denn 7 + 3 ergibt 10; sogar wenn ein Bein in der Luft ist wie beim Kick, gilt diese Aufteilung weiter.

5 So wie es als Bonmot in China heißt: Nach außen, im gesellschaftlichen Leben, Konfuzianer, zu Hause Daoist.

6 Bauer 1, S. 564

7 Zum Vergleich von Taijiquan und daoistischer Meditation siehe Weng Shang Huang, *Fundamentals of Tai Chi Ch'uan*, S.179 ff. und Anders, 2009.

8 Der Philosoph Dong Zhongshu beschrieb im 2. Jh. v. u. Z. Qi als farblose, durchsichtige Substanz, die den Menschen im Universum umgibt wie das Wasser den Fisch.

9 Varianten des Yang-Stils lehren, das Körpergewicht immer in der Fußmitte zu haben, was aber nicht den natürlichen Bewegungen des Körpers entspricht: in Ruhe auf dem Rückfuß, in Bewegung auf dem Vorderfuß; aber sicherlich lässt sich die »Mitte« des Fußes philosophisch trefflich begründen. Der große Wunsch, die »Geborgenheit« des Menschen im Bezug der einzelnen Elemente von Taijiquan zur

kosmologischen Ordnung, in diesem Einzelfall zur »Mitte«, aufzuzeigen, ist manchmal eben doch eher spekulativ als naturwissenschaftlich. Anschauungsmaterial für dieses Bestreben findet man reichlich in Song, Band 1.

10 Diese Aufzählung ist weder vollständig noch systematisch; sie soll lediglich einen Eindruck von der komplexen polaren Struktur von Taijiquan vermitteln.

11 zit. n. Bauer 2, S. 56. Und es würde auch nichts nützen, würde man seine Ernährung vernachlässigen.

12 Paradoxerweise erwächst gerade durch dieses »Verlieren« eine sehr starke Vitalität, es ist also keinerlei quietistische Askese damit gemeint.

Achtes Kapitel

1 Smullyan, *Das Tao der Stille*, S.122

2 Jin ist kein spezifischer, nur auf Taijiquan bezogener Begriff; er wird in allen chinesischen Kampfkünsten verwendet und nach deren jeweiligen Zielen und Gebrauch definiert und verstanden. Im Taijiquan meint Jin zweierlei: einmal die Vitalität des gesunden Organismus, die durch die Übung erlangt wird, und zum anderen die Jin-Kraft. »Es gibt viele Richtungen der Kampfkünste, die verschiedene Arten von Chin [Jin] hervorbringen, aber Tai Chi ist entspannt und locker und bringt ein Chin hervor, das gleichzeitig weich und hart ist.« (Chen Weiming, *T'ai Chi Ch'uan Ta Wen*, S. 38)

Chen Weiming (1881–1958), eine der wichtigsten Persönlichkeiten für die Entwicklung des Taiji in der ersten Hälfte des 20. Jahrhunderts, war Gelehrter und Schriftsteller und hatte vor Taiji bei Yang Chengfu auch Xingyi und Bagua praktiziert. Er verbreitete das Wissen von Yang Chengfu in drei Büchern von 1925 bis 1929; 1925 gründete er in Shanghai seine »Schule der sanften Kampfkunst« (Zhi-Rou Quan She), wo auch Yang Chengfu seit 1928 lehrte, den er auch nach Südchina brachte.

Jin ist »dehnbar und ohne Form, konzentriert und gesammelt, rund und elastisch. Auf fortgeschrittener Entwicklungsstufe ist es wie Stahl, und doch fühlen wir uns nach jeder Übung erfrischt, als sei jede Zelle in unserem Körper neu aufgeladen. Wir sind ausgeglichen und die Lebensgeister geweckt. Wir empfinden Freude, Stärke, Leichtigkeit und Ruhe in uns.« (Wen–Shang Huang, S. 29)

Wen-shan Huang (Huang Wenshan), Soziologe und Philosoph, Schüler von Chen Weiming und Dong Yingjie (1898–1961, 4. Generation Yang-Stil-Taiji), war Mittler zwischen Ost und West, Herausgeber von über 100 Büchern über Taiji im asiatischen Raum und Übersetzer von Rousselle und Needham ins Chinesische.

3 Von Jin unterschieden wird Li, Muskel- oder Schwungkraft oder »schwerfällige« Kraft, auch zum Teil mit »Rohkraft« wiedergegeben: »Gebrauch der Muskeln, um die Knochen zu einem festen System zusammenzubinden. Diese Gewohnheit und

der daraus folgende Einsatz dieses starren Systems beim Schlagen oder Wegschleudern [des Gegners] ist den Taiji-Techniken genau entgegengesetzt.« (Lo/Inn/Annacker/Foe, *The Essence of T'ai Chi Ch'uan*, S. 99)

4 Die Bezeichnung Jin-Kraft, wie sie hier verwendet wird, meint einen – wie immer auch beschreib- oder erklärbaren – energetischen Grund dieser Kraft, die mit dem wachsenden Grad des Könnens den Gebrauch von Muskelkraft immer weniger erfordert, bis hin zur großen Meisterschaft, in der kein sichtbarer physisch-körperlicher Einsatz mehr nötig ist.

5 Schleichert, S. 91

6 Damit ist nicht die Sinnidentität mit der Erleuchtung im Zen gemeint. Vielleicht könnte man bei Taijiquan von »Realisation der Wirklichkeit« sprechen – im Unterschied zu ihrer Erkenntnis (die im Zen übrigens auch durch jahrelanges Stillsitzen vorbereitet sein will), weil die Wirklichkeit von Taiji (als kosmologische Vorstellung) realisiert wird; auch eine Erkenntnis, so sie denn der Wirklichkeit entspricht.

7 So wie Geschmack entsteht, wenn alle Zutaten nach sorgfältiger Vorbereitung zusammengekocht worden sind; in gewisser Weise sind die Zutaten Geist, Körper, Qi durch die Übungspraxis auch »zusammengekocht« worden.

8 Cheng Man-ch'ing, S. 107/108
Cheng Man-ch'ing (Zheng Manqing, 1899–1974), Schüler von Yang Chengfu, der den Yang-Stil 1964 nach Amerika brachte und die traditionelle Form nicht nur in der Länge, sondern auch um wesentliche Inhalte kürzte.

9 Sung 1, S. 223

10 Lo/Inn/Annacker/Foe, S. 98

11 der in der Zen-Praxis durchaus ein realer Schlag mit dem Stock oder eine andere unerwartete Handlung des Meisters sein kann.

Neuntes Kapitel

1 eigentlich drei, aber der älteste verstarb früh

2 in Pinyin korrekt: Yang Chengpu

3 Sein zweiter Sohn Yang Zhenduo ist das Oberhaupt der Yang-Familie in der VR China, in deren Taiji-Öffentlichkeit Yang Shouzhong, außer in den Familien-Stammbäumen, nicht vorkommt.

Zehntes Kapitel

1 Erich Wilk, *Typenlehre*, Minden 1949; leider vergriffen

2 Beide konnten jedoch ganz reine Töne erzeugen. Der eine führte den Bogen beim Abstrich mit gebeugter Hand, der andere mit zum Handrücken eingeknicktem

Handgelenk. Ihm selbst gelangen reine Töne nur mit gebeugtem Handgelenk beim Abstrich.

3 Hagena, 2000, Klappentext

4 Der Einfluss von Sonne und Mond auf den Menschen wird mit dem Wort »Energie« umschrieben.

5 Offensichtlich wird das Atemzentrum im Gehirn um den Zeitpunkt der Geburtsstunde dahingehend geprägt. Die in der Geburtsstunde dominante Energie bestimmt damit den Atemtyp. Überwiegt zum Zeitpunkt der Prägung des Atemzentrums die »Mondenergie«, so wird dieser Mensch ein Einatmertyp (= lunarer Typ). Überwiegt die »Sonnenenergie«, so wird der Mensch ein Ausatmertyp (= solarer Typ). Erich Wilk war Einatmer (lunar).

6 Da die genauen Umstände für die Prägung des Atemtypus noch nicht vollständig bekannt sind bzw. wissenschaftlich untersucht wurden, geht die Berechnungsmethodik von vereinfachten Annahmen aus. Dadurch ergibt sich eine »Grauzone« in einem Bereich, wo »Sonnenenergie« und »Mondenergie« in einer ähnlichen Größenordnung vorliegen. Zur Sicherheit gelten Menschen dieser »Grauzone« als sogenannte »Fragezeichen«, bis ihr Typ durch weitergehende Beobachtungen oder Untersuchungen bestimmt werden kann., z.B. durch die Methode des FriederAnders:AtemtypQigong®.

7 Dehnungszonen sind »wärmebedürftig«. Heilung kann durch »feuchte Wärme« unterstützt werden. Die »Wärmebedürftigkeit« von Verengungszonen ist »gering«. Heilung kann durch »trockene Kälte« unterstützt werden. Ihr Wärmebedarf muss durch passende Bekleidung berücksichtig werden.

Elftes Kapitel

1 Rainer Landmann, *Taijiquan, Konzepte und Prinzipien einer Bewegungskunst*, Hamburg, 2002

2 Wie es der Autor mit Volker E. Brauner und Alexander Zock versucht hat, siehe Anders, 2009

3 Vgl. *Magazin für chinesische Kampfkunst* (wuhun), Heft 1, Nürnberg 2006

4 Begreift man Taiji als den Pol, der Himmel und Erde verbindet und der Teil der »Weltachse« ist, wird auch die Bezeichnung »Inneres Taiji« klar: die Taiji-Bewegungen, die sich um die Weltachse Taiji drehen, d.h. sie in sich enthalten.

5 Lu K'uan-Yü (Lu Kuanyu) a. a. O. S. 212. Was hier »Bauchatmung« genannt wird, ist eine »Zwerchfellatmung« (im Unterschied zur »Brustatmung« oder »Rippenatmung«). Bei der Bauch- oder Zwerchfellatmung wird aber, nach heutigen Erkenntnissen, das Zwerchfell nicht durch die Lunge abwärts gedrückt, sondern umgekehrt: Das Zwerchfell kontrahiert sich, entfaltet die Lunge nach unten und drückt dabei gleichzeitig auch die Bauchorgane nach unten. Die Ausatmung ist richtig

beschrieben: Hier sind die Bauchmuskeln aktiv. Der Autor Lu K'uan-Yü zitiert einen Erfahrungsbericht vom Anfang des 20. Jahrhunderts.

6 a. a. O., S 213

7 Stephen T. Chang, S. 184

8 Lu K'uan-Yü., S. 214

Zwölftes und dreizehntes Kapitel (Die Fußnoten beziehen sich gleichermaßen auf die lunare wie auch die solare Form)

1 Da es möglich ist, die Bewegungen unterschiedlich zusammenzufassen, kann man auch 108 oder 124 Einzelformen zählen – ebenfalls Zahlen von symbolischer Bedeutung – oder über 150, wenn man einfach alle durchnummeriert.

2 Man nimmt »Nord« lediglich als Orientierung für die Ausrichtung der Bewegungen, d. h., es wird nicht wirklich nach Norden hin ausgerichtet geübt, es muss aber innerhalb einer Ausführung der Form an der einmal gewählten Ausrichtung festgehalten werden.

3 Was damit zusammenhängen mag, dass nur der Kaiser in China nach Süd blicken durfte, oder auch damit, dass man beim Kampf nicht in die Sonne schauen wollte.

4 Im Vergleich von Taiji und Terlusollogie® muss die atemtypische Sitzhaltung genommen werden, nicht die aufrecht stehende Körperhaltung. Taiji: Bewegung wie im Sitzen.

Man findet die Übersetzungen: »Den Schwanz des Vogels greifen«, »*Grasp the Bird's Tail*«, »Den Vogel am Schwanz fassen« (so Song, Band 2, S. 133, 283), der diese Deutung wie folgt rechtfertigt: »›Den Vogel beim Schwanz fassen‹ bedeutet, die Vorwärts- und Rückwärtsbewegung eines Vogels zu kontrollieren, so dass er keine Möglichkeit hat, sich nach eigenem Willen zu bewegen. Mit diesem Bild wird beschrieben, wie in dieser Figur alle Hand- und Faustangriffe des Gegners pariert werden können. Der Vogel steht hier für die angreifenden Hände und Arme des Gegners.«

Nach H. Schultz (mündliche Mitteilung) muss man davon ausgehen, dass in 揽雀尾 *lǎn quèwěi* 揽 lǎn bedeutet: mit einem Seil oder Strick befestigen, festbinden (es ist ein anderes Lan als in *Ban Lan Chui*, dort 拦 Lán: stoppen, parieren, abblocken). Also ergibt sich für die ganze Bewegungsfolge das Bild: Ein Vogel wird am Schwanz festgehalten, kann zwar Flügel (Arme) und Beine bewegen, aber nicht entfliehen, probiert deswegen alle Bewegungsformen durch. Übersetzung also: *Ein Vogel wird am Schwanz festgehalten*, oder: *Am Schwanz festgehaltener Vogel*. Das heißt, der »Vogel« steht hier nicht für die angreifenden Hände und Arme des Gegners, sondern für den Übenden.

5 nämlich zum Trocknen (so die wörtliche Übersetzung). »Der Kranich lässt die Flügel glänzen«.

6 Die Bezeichnung (Zuo) Lou Xi Ao Bu beschreibt (a) das Kniestreifen links – gemeint ist ein Raffen des (traditionell chinesisch) langen Gewandes, während man den Push mit rechts ansetzt, und (b) einen Diagonalschritt mit links. »Diagonal« bezieht sich darauf, dass Arme und Beine sich immer »über Kreuz« verbunden in die gleiche Richtung (nach vorn oder hinten) bewegen, wobei also obere und untere Gliedmaßen paarweise gegengleich arbeiten, was bei den Taiji-Bewegungen sonst eher nicht die Regel ist, deswegen wird es hier eigens so benannt. Andere Bewegungen wie »Peitsche« oder »Fächer« realisieren den »Passgang«. Unter Passgang oder Pass versteht man eine Gangart von Vier- und Mehrbeinern, die sich aus der abwechselnden Bewegung der jeweils rechten oder linken Gliedmaßen (Arm und Bein) bildet. Der Passgang ist beim Menschen eine Technik, eine Leiter zu besteigen. Beim Skilanglauf spricht man von Passgang, wenn Beinabstoß und Stockeinsatz einer Seite gleichzeitig ausgeführt werden und nicht – wie beim normal üblichen Diagonalschritt – jeweils gegengleich.

7 Die Hände spielen die Pipa, die linke greift, die rechte schlägt die Saiten an.

8 Ban = etwas wegbewegen, nämlich den angreifenden Arm des Gegners; Lan (ein anderes Lan als in 2. Lan Quewei) = abblocken, parieren, den Weg verstellen, das bezieht sich offenbar auf den anderen angreifenden Arm des Gegners; Chui = Boxen.

9 »Wie verschlossen und verriegelt« bezieht sich offenbar auf die Bewegungen 13 *und* 14 (Hände kreuzen). Feng = versiegeln, verriegeln, Bi = verschließen. »Tür öffnen und schließen« ist nicht korrekt, da in der Bezeichnung (und auch in der Bewegungsfolge hier) das Öffnen nicht vorkommt. Die auf die Bewegungen 13 und 14 bezogene Bezeichnung lässt sich auch verstehen als »Scheinbarer Abschluss«, (*»Apparent Close Up«*). Es sieht so aus, als sei die Bewegungsfolge zu Ende, dabei schließt sie nur den ersten (und ebenso dann den zweiten) Teil ab, und danach geht es weiter.

10 »Hände kreuzen« wie das Schriftzeichen für »zehn«.

11 Nicht »Flug in die Diagonale«, sondern Flug in *der* Diagonalen bzw. diagonaler Flug oder Diagonalflug oder ganz korrekt: »Figur des diagonalen Fliegens«. Nicht zu verwechseln mit »Diagonalschritt«, hier handelt es sich um »Passgang«.

12 Auch »Die Arme wie einen Fächer öffnen« genannt

13 Eine andere mögliche Übersetzung wäre: »Erkundungsritt (hoch zu Pferde)«

14 Wörtlich: »Auftrennender Fußstoß«. Der Fuß vollführt eine »sägende« Bewegung mit der Außenkante, die es erlaubt, sowohl die Fußspitze wie auch den Spann einzusetzen.

Literatur

Alavi Kia, Romeo/Schulze-Schindler, Renate: *Sonne, Mond und Stimme.* Bielefeld: Aurum, 2007

Anders, Frieder: *Das chinesische Schattenboxen Tai Chi.* Bern, München, Wien: O. W. Barth, 1977 (Anders 1)

Anders, Frieder (Hg.): *Taichi – Chinas lebendige Weisheit.* Düsseldorf und Köln: Diederichs, 1985; München, Irisiana, 2007 (Anders 2)

Anders, Frieder/Hechler, Judith: *Innere Kraft durch AtemtypQigong.* Stuttgart: Theseus, 2009

Anders, Frieder/Brauner, Volker/Zock, Alexander: *Taiji Atemenergetik und Biomechanik.* Bern: Huber, 2009 (Anders 3)

Bauer, Wolfgang: *China und die Hoffnung auf Glück.* München: Hanser, 1971 (Bauer 1)

Bauer, Wolfgang: *Geschichte der chinesischen Philosophie.* München: Beck, 2001 (Bauer 2)

Brecher, Paul: *Energieströme des Körpers.* Köln: Taschen, 2004

Chang Chung-Yuan: *Tao Zen und schöpferische Kraft.* Düsseldorf und Köln: Diederichs, 1980

Chang, Edward G. (Hg.): *Gesundheit und Fitness aus dem Reich der Mitte.* München: Scherz, 1987

Chang, Stephen T.: *Das Tao der ganzheitlichen Selbstheilung.* München: Heyne, 2001

Chen Wei-Ming: *T'ai Chi Ch'uan Ta Wen (Questions and Answers on T'ai Chi Ch'uan).* Berkeley: North Atlantic Books, 1986

Chen Wei-Ming: *Taiji Sword and other Writings.* Berkeley: North Atlantic Books, 2000

Chen, Yearning K.: *Tai-Chi Ch'uan.* Rockville: Wildside Press, 2003

Cheng Man-Ch'ing: *Dreizehn Kapitel zu T'ai Chi Ch'uan.* Basel: Sphinx, 1986

Chia, Mantak: *Tao Yoga.* München: Heyne, 2005

China im Aufbau (Hg.): *Schattenboxen leicht gemacht*. Beijing, 1983
Cohen, Kenneth: *Qigong*. Frankfurt a. M.: O. W. Barth, 2008
Cleary, Thomas: *Das Geheimnis der Goldenen Blüte*. Hamburg: Aurinia Verlag, 2011
Cleary, Thomas: *Das Tao der Politik (»Huainanzi«)*. Bern, München, Wien: O. W. Barth, 1991

Da Liu: *T'ai Chi Chuan und I Ching*. London: Routledge & Kegan Paul PLC, 1975
Darga, Martina: *Taoismus*. München: Diederichs, 2001
Das Lexikon des Taoismus. München: Goldmann, 1996
Davis, Barbara: *The Taijiquan Classics*. Berkeley: North Atlantic Books, 2004
Delza, Sophia: *Tai-Chi Ch'uan*. New York: State University of New York Press, 1986
Draeger, Donn F./Smith, Robert W.: *Asian Figthing Arts*. New York: Kodansha Intl, 1978

Eberhard, Wolfram: *Lexikon chinesischer Symbole*. Düsseldorf und Köln: Diederichs, 1983

Fiedeler, Frank: *Yin und Yang, Das kosmische Grundmuster in der Kultur Chinas*. München: Diederichs, 2003
Fu Zhongwen: *Mastering Yang Style Taijiquan*. Berkeley: North Atlantic Books, 1999

Geldsetzer, Lutz/Hong, Han-ding: *Chinesische Philosophie*. Stuttgart: Reclam, 2008
Gernet, Jaques: *Die chinesische Welt*. Frankfurt a. M.: Suhrkamp, 1988
Granet, Marcel: *Das chinesische Denken*. München: Piper, 1963
Granet, Marcel: *Die chinesische Zivilisation*. München: dtv, 1980

Hagena, Christian: *Grundlagen der Terlusollogie*. Stuttgart: Haug, 2000
Hagena, Charlotte/Hagena, Christian: *Konstitution und Bipolarität*. Stuttgart: Haug, 2005
Hempen, Carl-Hermann: *dtv-Atlas zur Akupunktur*. München: dtv, 1995
Herrigel, Eugen: *Zen in der Kunst des Bogenschießens*. Bern, München, Wien: O. W. Barth, 1972
Hertzer, Dominique: *Das Leuchten des Geistes und die Erkenntnis der Seele*. Frankfurt a. M.: Verlag für akademische Schriften, 2006
Hu Hsiang-fan: *China – Land zwischen Himmel und Erde*. Stuttgart: Theseus, 2008
Huai-Chin Nan/Wen Kuan Chu: *Tao and Longevity*. Shaftesbury: Red Wheel/Weiser, 1984
Hsia, Adrian (Hg.): *Deutsche Denker über China*. Frankfurt a. M.: Insel, 1985

Huang, Wen-Shan: *Fundamentals of Tai Chi Ch'uan*. Hongkong: South Sky Book, 1973

Jou, Tsung Hwa: *The Dao of Taijiquan*. Scottsdale: Tuttle Publishing, 2001

Jullien, François: *Über die Wirksamkeit*. Berlin: Merve, 1999

Jullien, François: *Über das Fade*. Berlin: Merve, 1999

Kaltenmark, Max: *Laotzu und der Taoismus*. Frankfurt a. M.: Suhrkamp, 1981

Kubny, Manfred: *Qi –Lebenskraftkonzepte in China*. Heidelberg: Haug, 1995

Kungfutse: *Gespräche Lun Yü*. München: Diederichs, 1989

Lade, Arnie: *Selbstheilung mit Qi*. Frankfurt a. M.: O. W. Barth, 2004

Landmann, Rainer: *Taijiquan, Konzepte und Prinzipien einer Bewegungskunst*. Hamburg: Institut für bewegungswissenschaftliche Anthropologie, 2002

Laotse: *Tao te king*, hrsg. v. Richard Wilhelm. Düsseldorf und Köln: Diederichs, 1978

Laozi: *Daodejing*, übers. v. Rainald Simon. Stuttgart: Reclam, 2009

Laudse: *Daudedsching*, übers. v. Ernst Schwarz. München: dtv, 1980

Lin Yutang: *Die Weisheit des Laotse*. Frankfurt a. M.: Fischer, 1986

Linck, Gudula: *Yin und Yang*. München: Beck, 2000

Lind, Monika/Lind, Gabi: *Taijiquan Qigong Lexikon*. Hamburg: Kolibri, 1995

Lo/Inn/Amacker/Foe: *The Essence of T'ai Chi Ch'uan*. Richmond: North Atlantic Books, 1979

Lu K'uan Yü: *Geheimnisse der chinesischen Meditation*. Freiburg: Bauer, 1984

Lu K'uan Yü: *Taoist Yoga*. New York: Weiser Books, 1973

Magazin für Chinesische Kampfkunst (wuhun). Nürnberg: Verlag Stefan Gätzner, 2006–2008

Miyuki, Mokusen: *Das Kreisen des Lichts*. Bern, München, Wien: O. W. Barth, 1975

Möller, Hans-Georg: *In der Mitte des Kreises*. Frankfurt a. M.: Insel, 2001

Needham, Joseph: *Wissenschaftlicher Universalismus*. Frankfurt a. M.: Suhrkamp, 1979

Olson, Stuart (Hg.): *Das Qi pflegen*. Bielefeld: Aurum, 1992

Olson, Stuart (Hg.): *Das Wesen des Taiji-Quan*. Bielefeld: Aurum, 2006

Pálos, Stephan: *Atem und Meditation*. Landsberg: mvg, 1994

Pollmann, Antonius: *Fünf Wandlungsphasen in fünf Streichen*. Stuttgart: Haug, 2001

Purce, Jill: *Die Spirale – Symbol der Seelenreise*. München: Kösel, 1988

Rousselle, Erwin: *Lau-Dsis Weg*. Frankfurt a. M.: Suhrkamp, 1987

Schellenbaum, Peter: *Die Wunde der Ungeliebten.* München: dtv, 2011

Schleichert, Hubert: *Klassische chinesische Philosophie.* Frankfurt a. M.: Klostermann, 1990

Seidler-Winkler, Brigitta: *Im Atemholen sind zweierlei Gnaden.* Saarbrücken: Pfau, 2004

Siou, Lily: *Ch'i kung.* Rutland: Tuttle, 1975

Smullyan, Raymond: Das Tao ist Stille. Frankfurt a. M.: Fischer, 2000

Song Z. J.: *T'ai-Chi Ch'üan – Die Grundlagen, 2 Bde.* München: Piper, 1991

Sonnenschmidt, Rosina: *Das Praxisbuch der solaren und lunaren Atemenergetik.* Wolfratshausen: Ehlers, 2007

Stiefvater, E. W./Stiefvater, I. R.: *Chinesische Atemlehre und Gymnastik.* Ulm: Haug, 1962

Todd, Mabel: *Der Körper denkt mit.* Bern: Huber, 2003

Trökes, Anna/Seyd, Margarete: *Yoga und Atemtypen.* Bielefeld: Aurum, 2008

Van Osten, René: *I Ging. Das Buch vom Leben.* Oberstdorf: Windpferd, 2000

Wile, Douglas (Hg.): *T'ai-chi Touchstones Yang Family Secret Transmissions.* New York: Sweet Ch'i Press, 1983

Wilhelm, Richard: *Das Geheimnis der Goldenen Blüte.* München: Diederichs, 2000

Yang Chengfu: *Das vollständige Buch von Form und Anwendung des Taijiquan,* hrsg. v. M. Wagner. Baden-Baden: Zehnthaus, 2011

Yang Chengfu: *The Essence and Applications of Taijiquan.* Berkeley: North Atlantic Books, 2005

Yang Shouchung/Stephan Hagen: *Die Praktische Seite des Tai Chi Chuan.* Hamburg: Kolibri, 1996

Yayama, Toshihiko: *Die Heilkraft des Qi.* Braunschweig: Aurum, 2001

Yijing – Das Buch der Wandlungen, hrsg. v. Dennis Schilling. Frankfurt a. M.: Verlag der Weltreligionen, 2009

Zhuangzi –Das klassische Buch daoistischer Weisheit. Frankfurt a. M.: Krüger, 1998

Über den Autor

© José Poblete

Frieder Anders

ist Taiji-Meister der 6. Generation in der Yang-Familientradition.

1973 Karlfried Graf Dürckheim gibt den ersten Hinweis auf Taiji, Ausbildung in Todtmoos-Rütte, Taiwan, New York und London.
1980 Frieder Anders eröffnet die erste professionelle Taiji-Schule in Deutschland.
1988 Erster Meisterschüler des Großmeisters K. H. Chu, London
2002 Großmeister K. H. Chu, Meister der 5. Generation, ernennt Frieder Anders als ersten Europäer zum Meister in der Yang-Familientradition.

Meister Frieder Anders ist Pionier auf dem Gebiet der Diagnostik und Pädagogik des AtemtypTaiji. Er ist Leiter der Taiji Akademie und hat mehrere Bücher über Taijiquan veröffentlicht.

Kontaktadresse

Frieder Anders
Homburger Landstraße 120A
60435 Frankfurt am Main
frieder.anders@taijiakademie.de
www.taijiakademie.de

Wir bedanken uns bei den Fotomodellen für ihren Einsatz

Bianca Breitfeld

Taly Duenas

Katharina S. Kadler

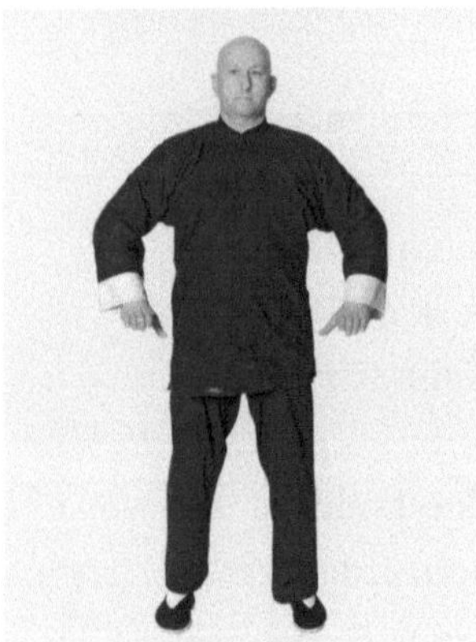

Andreas Korycik †
(Taiji-Meister)

Roland Pohl

Marion Schnoor

Florian Siebert

Klaus Vorpahl
(Taiji-Meister)